从零开始学
指数基金投资

晓苏◎编著

电子工业出版社
Publishing House of Electronics Industry
北京·BEIJING

内 容 简 介

2021年，金融已经渗透到经济发展的各个环节，随着全民投资趋势的发展，指数基金和指数ETF一定会成为市场上最重要的投资工具。

本书包含3篇内容，共11章。第1篇是投资理念篇，包括3章，讨论了我们为什么要投资、什么时候开始投资、投资和生活的关系等问题。同时，还讲述了指数基金的发展历史，以及它对投资行业及普通家庭生活的影响。第2篇是基础知识篇，共5章，介绍了投资指数基金需要掌握的一些基础金融知识，包括什么是指数、什么是指数基金、指数基金的分类等。第3篇是投资实战篇，共3章，介绍了在投资实操中可以使用的指标、工具，以及适合不同投资者的投资策略。

本书内容通俗易懂，案例丰富，实用性强，既适合投资小白和投资新手阅读，也适合有一定投资经验，却因为没有太多时间和精力来研究市场而收益不理想的投资者阅读。

未经许可，不得以任何方式复制或抄袭本书之部分或全部内容。
版权所有，侵权必究。

图书在版编目（CIP）数据

从零开始学指数基金投资 / 晓苏编著. —北京：电子工业出版社，2022.3
ISBN 978-7-121-42804-3

Ⅰ. ①从… Ⅱ. ①晓… Ⅲ. ①指数－基金－投资 Ⅳ. ①F830.59

中国版本图书馆 CIP 数据核字（2022）第 018379 号

责任编辑：黄爱萍　　　　　特约编辑：田学清
印　　刷：三河市兴达印务有限公司
装　　订：三河市兴达印务有限公司
出版发行：电子工业出版社
　　　　　北京市海淀区万寿路 173 信箱　　邮编：100036
开　　本：720×1000　1/16　　印张：17.25　　字数：310千字
版　　次：2022年3月第1版
印　　次：2022年9月第3次印刷
定　　价：79.00元

凡所购买电子工业出版社图书有缺损问题，请向购买书店调换。若书店售缺，请与本社发行部联系，联系及邮购电话：(010) 88254888，88258888。
质量投诉请发邮件至 zlts@phei.com.cn，盗版侵权举报请发邮件到 dbqq@phei.com.cn。
本书咨询联系方式：010-51260888-819，faq@phei.com.cn。

前　言

指数基金未来的发展趋势

1976年，约翰·博格发行第一只指数基金，距今只有短短不到50年的历史。指数基金从一开始就凭借管理成本低、分散风险、购买方便等特点，给传统投资行业造成了巨大的冲击。后来，随着指数基金管理成本的持续降低，发展出更加方便、便宜的指数ETF，彻底改写了投资行业的发展历史。

美国作为最大的金融市场，自2006年开始，资金不断地从主动管理型基金转向以指数基金和指数ETF为代表的被动管理型基金。根据晨星资讯的数据，截至2020年年末，美国股权投资市场中的被动管理型基金的规模已经达到5.7万亿美元，超过了主动管理型基金的规模。

造成这个结果的很大原因在于，互联网让更多的人开始接触并理解了金融市场、理财投资知识，金融投资不再是一个神秘的、复杂的、只有穿西服的名校精英们在玩的游戏。当人们发现自己付给基金公司高昂的管理费用不能带来应得的业绩回报的时候，转向投资指数基金就是必然会发生的事情。

在中国，金融市场起步比较晚，指数经历了20年才逐步完善，指数基金获得大家关注也就是近些年的事情。但是随着我国金融市场的健全和逐步完善，以指数基金和指数ETF为主导的被动管理型基金会成为市场上主要的投资产品。

同时，我国近几年开始提倡推行个人养老账户，以作为社保的补充。这要求我们每个人需要对自己的资产情况负责，对自己的老年生活负责，所以我们应该掌握必要的金融理财知识。

对普通投资者来说，指数基金便宜、简单，不用提心吊胆地天天去盯盘。了解指数基金，掌握基于指数基金的投资策略，会让我们在财富积累的道路上走得更自信和踏实，最终拥有有资产保障的丰富的人生。

笔者的使用体会

当我们谈到投资的时候,很多人直观的反应就是炒股票、如何看K线图、如何看财报、如何低买高卖,等等。但是,指数基金的投资不同于炒股票,这就要从建立健康、长期的投资理财观念开始。

巴菲特的老师——著名投资大师格雷厄姆说过:"股票短期是投票机,长期来看是称重器。"如果你选择了短期市场,就是选择了和"投票者"们一起被市场情绪所驱使,期待好运能够带来收益。你会忍不住每天看几次股票账户,密切关注你购买的股票所属上市公司的新闻,投资的情绪波动会带来巨大的心理负担和时间消耗,而最终的结果可能是亏损。

在经历了超过10年的股票投资之后,我开始认识到这个问题。随后,我便开始寻找对普通人来说不用耗费太多时间、精力,同时能够长期获得收益的投资方式。好在已经有很多投资大师,把他们毕生投资的发现写成了文字告诉我们。

对于长期投资,我们需要知道两个基本理念:首先,从长期来看股权的收益高于其他任何资产的收益;其次,利用复利是让资产长期增加的关键。然后,你需要的投资工具就是指数基金,包括指数ETF。

本书的特色

首先,本书站在全球金融发展的角度,让投资者了解了指数基金的发展过程,进而可以更准确地判断指数基金的发展方向。同时,本书又基于本土市场的数据,比较了不同市场中指数基金表现的异同,以及其中深刻的原因。如果我们只站在当下看中国市场的历史数据,就会认为中国是特殊的,很多结论不适合中国市场,却忽视了中国金融市场上从监管层到上市公司,以及投资者正在发生的变化。

其次,本书既有投资理念的说明,也有具体产品的分析,最重要的是,还有投资实践。而事实上这三者是不可区分的,只有建立了正确、完整的投资理念,才可能在投资的过程中将策略贯彻执行,最终获得预期的投资收益。

最后,本书尽量使用最新的市场数据来说明观点。金融类的科普书籍一定要基于当下的数据,因为市场在发展、变化,金融产品的创新也一刻不停。这也是本书较之前相同主题的书籍的意义所在。同样地,也希望之后会不断有人来基于新的信息和市场情况,撰写新的金融类书籍。

作为本书作者,我坚信通过讲解指数基金,可以让更多的人开始投资,让更多的家庭享受到社会整体经济发展的红利。

本书的内容

本书包含 3 篇内容。

- 投资理念篇,主要讨论了我们为什么要投资、什么时候开始投资、投资和生活的关系等问题。
- 基础知识篇,介绍了投资指数基金需要掌握的一些基础金融知识,包括什么是指数、什么是指数基金、指数基金的分类等。
- 投资实战篇,介绍了在投资实操中可以使用的指标、工具,以及适合不同投资者的投资策略。

作者介绍

晓苏,投资人,连续创业者,毕业于北京大学金融数学专业,曾创建数家公司,在风险投资领域中有 10 余年的经验,希望通过视频和文章,让更多的家庭能够通过投资实现财富积累,从而将更多的自由和热情投资到生活和热爱当中。

本书读者对象

- 任何对投资有兴趣却不知道如何开始的人。
- 炒股多年却不赚钱的人。
- 想为自己的老年生活建立资金保障的人。
- 刚开始工作,没有存款却想理财的"月光族"。
- 有存款但是担心被通货膨胀侵蚀的人。
- 其他对投资感兴趣的各类人员。

目　　录

第 1 篇　投资理念篇

第 1 章　投资预备课 ... 1
- 1.1　不同的投资目的 ... 2
- 1.2　了解不同资产的长期收益 ... 3
  - 1.2.1　从长期来看回报率最高的资产 ... 3
  - 1.2.2　中国市场的股票和房地产 ... 5
- 1.3　投资从什么时候开始 ... 7
- 1.4　为未来做准备 ... 13
  - 1.4.1　"退休账户"和"教育基金" ... 13
  - 1.4.2　机构投资者主导的市场 ... 15
  - 1.4.3　为人生每一步做好计划 ... 17

第 2 章　指数基金的英雄之路 ... 18
- 2.1　基金可以让普通人分散风险 ... 19
- 2.2　最早的指数 ... 21
- 2.3　约翰·博格和先锋领航集团的奇迹 ... 23
  - 2.3.1　究竟谁赚了钱 ... 23
  - 2.3.2　不受待见的新产物 ... 24
  - 2.3.3　在市场中证明自己 ... 26
- 2.4　巴菲特的赌约 ... 26
- 2.5　华尔街最受欢迎的投资工具 ... 30

第3章　指数基金与个人家庭财富 32

3.1　上证指数十年不涨吗 33
3.1.1　什么是指数 33
3.1.2　上证指数能代表中国股市吗 33
3.1.3　中国股市究竟表现怎么样 36

3.2　择时陷阱 37

3.3　闭眼买到伟大公司 42
3.3.1　买到好公司很难 42
3.3.2　指数帮你选股 46

3.4　让家庭财富参与到国家经济增长中 49
3.4.1　股票市场不是零和游戏 49
3.4.2　α和β 49
3.4.3　分享科技进步带来的收益 50

第2篇　基础知识篇

第4章　夯实指数基础 51

4.1　指数的基本概念 52
4.1.1　指数公司 52
4.1.2　国内指数公司 53

4.2　股票指数的分类 55
4.2.1　宽基指数 55
4.2.2　行业指数 58
4.2.3　主题指数 62
4.2.4　策略指数 63

4.3　股票指数的加权方式 66
4.3.1　市值加权 67
4.3.2　自由流通量加权 69

目录

　　　4.3.3　价格加权 70
　　　4.3.4　等权重 71
　　　4.3.5　基本面加权 71
　　　4.3.6　波动率加权 73
　　　4.3.7　因子加权 73
　4.4　股票指数的估值 74
　　　4.4.1　常见的公司估值方法 75
　　　4.4.2　常见的指数估值方法 79
　　　4.4.3　市盈率 PE、市净率 PB 79
　　　4.4.4　估值历史分位数 81

第 5 章　熟悉指数应用 83

　5.1　A 股常用指数 84
　　　5.1.1　常见的宽基指数 84
　　　5.1.2　热门的行业指数 101
　　　5.1.3　热点主题指数 105
　　　5.1.4　常见策略指数 108
　5.2　常见境外市场指数 109
　　　5.2.1　标准普尔 500 指数 109
　　　5.2.2　纳斯达克 100 指数 111
　　　5.2.3　香港恒生指数 113
　　　5.2.4　日经 225 指数 116
　　　5.2.5　中证海外中国互联网 50 指数 117
　5.3　其他资产指数 118
　　　5.3.1　债券指数 118
　　　5.3.2　大宗商品类指数 119

第6章 初步认识指数基金 121
6.1 了解场外指数基金 122
  6.1.1 去哪里购买场外基金 124
  6.1.2 指数基金的 A、B、C 125
  6.1.3 交易确认 130
  6.1.4 场外指数基金的赎回费用 130
  6.1.5 ETF 联接基金 131
  6.1.6 指数增强基金 132
6.2 了解场内指数基金 133
  6.2.1 ETF 133
  6.2.2 LOF 133
  6.2.3 场内指数基金的交易费用 134
6.3 指数基金的运作费用 135

第7章 如何挑选指数基金 138
7.1 对主动管理型基金与被动管理型基金的选择 139
  7.1.1 主动管理型基金 vs 指数基金 139
  7.1.2 为什么投资者赚到手的钱这么少 143
7.2 确定投资资产 144
  7.2.1 资金投资期限 144
  7.2.2 投资组合的需要 145
7.3 选择指数基金需要考虑的因素 147
  7.3.1 确定投资资产和编制方案 147
  7.3.2 指数基金的跟踪误差 147
  7.3.3 考察指数基金的资产规模 150
  7.3.4 比较投资成本 152

第 8 章　ETF 指数基金 156

8.1　ETF 的发展及历史 157
8.1.1　ETF 的诞生 157
8.1.2　ETF 的飞速发展 157
8.1.3　ETF 在中国 158

8.2　初步了解 ETF 160
8.2.1　像买卖股票一样买卖 ETF 160
8.2.2　ETF 的申购、赎回与场外指数基金的差别 161
8.2.3　ETF 与场外指数基金在交易上的区别 163

8.3　ETF 的套利 164
8.3.1　ETF 的不同价格参数 165
8.3.2　IOPV 和溢折率 167
8.3.3　ETF 的套利分析 168

8.4　ETF 投资进阶 170
8.4.1　资产配置的工具 171
8.4.2　波段投资 175
8.4.3　杠杆交易 179

第 3 篇　投资实战篇

第 9 章　定投让自己慢慢变富 184

9.1　什么是定投 185
9.1.1　DCA（Dollar-Cost Averaging）策略 185
9.1.2　基金定投 186

9.2　定投的原理 186
9.2.1　在时间维度分散风险 186
9.2.2　微笑曲线 190
9.2.3　定投+指数基金的神奇组合 193

9.3 如何挑选定投的指数基金 194
    9.3.1 是宽基指数还是行业指数 194
    9.3.2 什么样的指数基金最适合定投 196
    9.3.3 定投指数基金的筛选标准 204
9.4 如何设置定投周期和定投额度 205
    9.4.1 设置定投周期 205
    9.4.2 设置定投额度 207

第10章 定投指数基金的进阶策略 210

10.1 智能定投策略 211
    10.1.1 估值策略 211
    10.1.2 均线策略 215
    10.1.3 趋势定投策略 221
    10.1.4 移动平均成本策略 222
10.2 定投指数基金的止盈策略 224
    10.2.1 永不卖出 225
    10.2.2 分批估值止盈法 226
    10.2.3 目标收益率法 229
10.3 定投成功的秘诀 230
    10.3.1 不间断 231
    10.3.2 不要过早止盈 232
    10.3.3 定投是一场修行 232

第11章 资产配置，打造自己的"生钱机器" 234

11.1 为什么需要投资组合 235
11.2 投资组合的关键要素 242
    11.2.1 投资组合的收益率担当 242
    11.2.2 是什么在影响波动 242

目　录

11.3　大师们的投资组合方案 243
　　11.3.1　60/40 组合 243
　　11.3.2　永久组合 244
　　11.3.3　斯文森组合 246
　　11.3.4　全天候策略（All Weather Strategy） 249
　　11.3.5　核心—卫星投资组合 252

11.4　投资组合的再平衡 254
　　11.4.1　什么是投资组合再平衡 254
　　11.4.2　投资组合再平衡的好处 254
　　11.4.3　投资组合再平衡的步骤 256
　　11.4.4　多久做一次投资组合再平衡 257

11.5　国内市场的资产选择 258

第1篇 投资理念篇

第1章
投资预备课

在正式讲解指数基金之前，我们先来看看投资理财这件事情。

你可能会说，理财很重要，我每个月都存余额宝，或者我买过基金和股票。再或者，会有人说，投资理财就是钱生钱，可是我现在还没有钱，等我有钱了，我一定会做点投资。我想说，投资并不是人生的打卡项目，让钱生钱也不是奋斗目标。投资是一个非常有用的工具，能够让我们的生活更有保障，能够帮我们更好地实现财务目标，从而实现更宽广的人生。

第1章的章名虽然是投资预备课，但其实是全书最重要的内容。这一章会告诉我们为什么要做投资，以及正确的投资观念是什么。只有真正理解和相信你在做的事情，才能在投资的道路上坚持正确的方向，这是投资成功的关键。

1.1　不同的投资目的

不知道从什么时候开始，"种草""拔草"成为我们日常交流的主题。我们的生活模式变成了看广告和直播，想要某个东西，然后努力工作，赚到钱，买到梦想的东西，然后想要更好的东西，周而复始。越努力，越觉得不够，越觉得自己穷。

一些知名的投资者并不以追求金钱为目的，而是想办法累积资产。什么是资产？资产是那些能够帮你赚钱的东西，能够在你睡觉的时候给你带来收益的东西。例如，房地产是资产，你投资一所房子，把它出租出去，你不需要再做更多，就能每个月收到租金；上市公司的股票是资产，你不用参与到公司的运营和管理当中，当公司有收益时，会给你分红；你写了一本书，这本书也是资产，只要有人购买你的书，你就可以一直收到版税回报。

获得资产的方式还有很多，例如，你可以从零开始打理一项生意，然后慢慢让它稳固，以至可以自我运转，这就是一项可以在你睡觉的时候帮你赚钱的资产。但不是所有人都有能力和野心建立一个自己的公司，对大多数人来说，积累资产最切实可行的方法是用钱购买资产。所以，我们看到了什么是钱：钱是我们用来把时间换成资产的媒介。

对普通工薪阶层来说，通过日常工作，付出劳动时间得到工资，也就是赚钱。你有两个选择，花掉这些钱来满足当下的生活欲望，或者，如果你想将来有更多的资产可以支配，那么你应该用这些钱购买能够在你睡觉的时候，依旧帮你赚钱的资产。当你的资产积累得足够多时，你会发现资产带给你的收入会远远超过你出卖时间的收入。

硅谷著名投资人拉维坎特在《如何不靠运气致富》中写道："去寻求财富，而非金钱或是社会地位。财富就是你拥有的资产，而资产在你睡觉的时候都还在为你赚钱；金钱是我们转换时间和财富的工具。"

的确，不是每个人都能拥有自己的公司，或者投资那些非常有前途的"独角兽"企业，也不是每个人都可以买一所房子用来出租。但是，好在金融系统在过去100年内不断地创新和普及，包括股票和基金在内的金融工具已经非常成熟，让每个人都可以几乎没有门槛儿地选择不同类别的资产进行投资。本书重点讲述的指数基金就是其中最重要、最亲民的一种金融工具，相信它会成为你财富积累路上的有力帮手。

延伸小知识：

什么是"独角兽"企业？"独角兽"企业是2013年风险投资家Aileen Lee创造出来的概念，用来描述成立时间短，通常不超过10年，公司估值在10亿美元以上的非上市企业。根据CB Insights机构的数据，截至2020年10月，全球有超过450家的"独角兽"企业，其中估值最高的包括字节跳动、SpaceX、Stripe等。这些企业通常拥有领先的技术，增长迅速，拥有很高的投资价值，但是因为这些企业都没有上市，普通投资者很难参与投资。

1.2 了解不同资产的长期收益

1.2.1 从长期来看回报率最高的资产

如果你下决心努力积累资产，那么问题来了，你应该投资什么样的资产呢？首先你需要知道不同资产的长期走势是什么样的。

沃顿商学院金融学教授杰瑞米·西格尔，一直研究美国的资产价格和回报率，他收集了从1801年到2014年美国主要投资工具的真实回报率。所谓真实回报率，就是剔除了通货膨胀影响后的回报率，如图1.1所示。

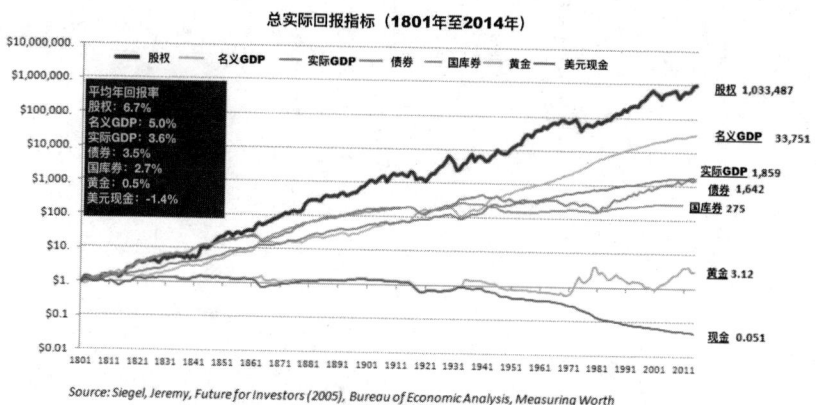

图1.1 美国大类资产的真实回报率对比图（1801—2014年）

图 1.1 所示的美国大类资产的真实回报率对比图非常有名，很多书中都引用了这张图。我觉得，如果你不知道自己为什么要理财，可以把这张图挂在自己的床头，经常提醒自己，因为它揭露的资产变化的真相，正是我们在现实生活中经常忽视的。

杰瑞米·西格尔教授对比了 1801 年价值 1 美元的现金、黄金、短期国债、长期国债和股票在 200 年后的价值。同时他还放上了美国的 GDP 作为对比，让我们通过表 1.1 仔细看看这些资产的变化。

表 1.1 美国大类资产的真实回报率对比（1801—2014 年）

资产类别	1801 年价值（美元）	2014 年价值（美元）	年平均回报率
现金	1	0.0051	-1.4%
黄金	1	3.12	0.5%
国库券	1	275	2.7%
债券	1	1642	3.5%
实际 GDP	1	1859	3.6%
名义 GDP	1	33751	5.0%
股权	1	1033487	6.7%

我们发现唯一出现负增长的是现金，也就是我们手里的钱。其实这对我们来说并不是新鲜事，我记得在我小时候，父母的工资一个月也就几百元钱，当时最贵的雪糕叫作"雪枪"，一元钱一根，感觉是十足的奢侈品。短短二十多年过去，钱已经变得很不经花了，买一根好一点儿的雪糕都要十几元钱了，人民币购买力的下降是肉眼可见的。

然后我们看黄金，很多人说黄金保值，确实没错，但是黄金也只是起到了保值的作用，并没有帮助我们获得更多的收益。

这里有一个分界指标是 GDP，当然这里是美国的数据，GDP 说明一个国家整体的经济发展水平。当你的收益低于 GDP 的增长时，说明你被大部队落下了。虽然你还有增长，但是其他大多数人的增长更多。所以我们看到债券类资产，不管是短期的还是长期的，都没有赢过 GDP 的增长。

在所有资产里面，只有股权资产超过了 GDP 的增长。所谓股权，就是经营性企业的全部或者部分股份。我们平时说的"炒股票"中的"股票"就是上市公司的股权。除此之外，一些非上市公司的股份也是股权资产，只不过这些资产不能在市场上流通，缺乏流动性，普通人很难参与。

从表 1.1 中我们还发现一个非常深刻的问题，股权资产每年的平均回报率是 6.7%，也不是很大的一个数字，但是随着 200 多年的复利累积，会得到一个非常惊人的数字。在杰瑞米·西格尔教授的统计中，1801 年价值 1 美元的股权资产到 2014 年的价值是 103 万美元。值得指出的是，在这 200 多年间，名义 GDP 的年平均回报率是 5.0%，看上去只比股权的年平均回报率低了一点，但是经过 200 多年的复利累积之后，它们的收益差不多相差 30 倍。

有人可能会问，这里的股权怎么理解呢？这肯定不是某一家公司的股权，你在 1801 年持有的任何一家公司的股权，买的任何一只股票，到 2014 年估计都不存在了。所以，这里的股权是我们之后会讲到的指数的概念，可以理解为你买入了整体股票市场。随着历史的演进，老的公司衰败，新的公司伴随新的科技兴起，会有泡沫，也会有价值回归，但股票市场作为整体，在过去 200 多年内一直在高速地增长。

在全球范围内，从长期来看，收益最高的资产是股权，也就是我们通常说的股票，没有之一。这是我们做投资需要明确的最重要的两个问题之一，另一个是复利，我们会在之后的章节详细说明。

1.2.2　中国市场的股票和房地产

看到这里，很多读者可能会问："中国市场是什么样的？"我们过去几十年的成长经历告诉我们，在中国房地产最赚钱，真的是这样吗？我们也可以研究一下。

1990 年 11 月 26 日，上海证券交易所成立，同年 12 月 1 日，深圳证券交易所开始"试营业"。到 2020 年，中国股票市场也就只有 30 年的历史。期间历经了各种疯狂、失望、整改、救市，里面的故事跌宕起伏，感兴趣的朋友可以找来看看。

即使到今天，中国 A 股市场依旧处在成长阶段。不论是从政策、市场规则来看，还是从投资者认知的角度来看，中国 A 股市场都远没有成熟。但这就是我们每个人拥有的股票市场，机遇与风险并存，希望本书能给大家提供一个新的视角——通过指数基金建立对股票市场的基本认知，更好地进行投资。

回到之前的话题，在中国市场中，股票依旧是最好的长期投资标的吗？

由于数据限制，我们没有找到更长时间内的数据，就对比一下 2005 年到 2019 年这 15 年间市场的情况。值得指出的是，15 年并不能完全地代表长期，通常说的长期至少是 20 年以上。

关于全国房地产的数据，我们将来自中国房地产业协会和禧泰数据的《全国房地产数据年鉴》和股票收益做对比，选择沪深 300 指数的年收盘价代表当年股票的价格。我们把 2005 年的数据作为初始值 1000，之后的数据按照比例做标准化处理，如图 1.2 所示。

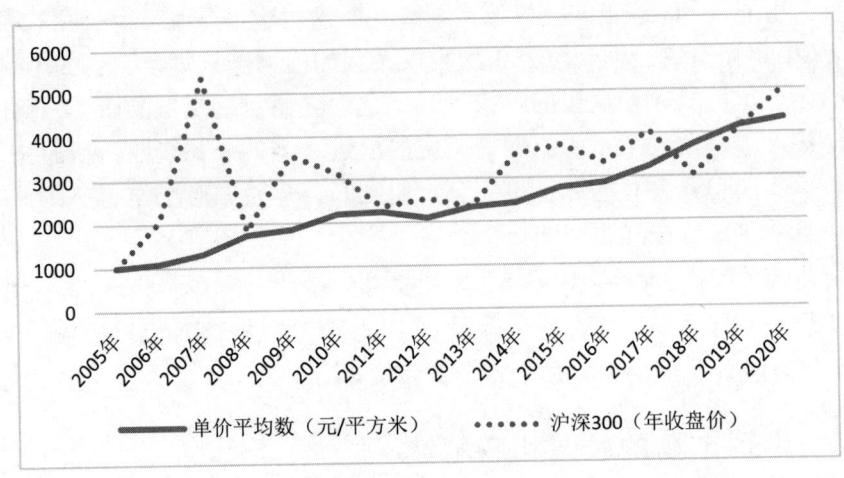

图 1.2　中国股票市场和房地产市场增长对比图（2015—2020 年）

在图 1.2 中，我们发现 2020 年的房价是 2005 年的 4.34 倍，2020 年的股票价格是 2005 年的 5.02 倍。我们的确生活在一个经济快速发展的时代，希望大家都能够从过去的经济发展中受益。从年收益率的角度看，2015 年—2020 年，中国房价的年平均收益率是 10.28%，而同时，股票的年平均收益率是 11.37%。我们可以看出来，房地产和股票的年平均收益率都超过了 10%，股票略高一点，比房地产约高出 1.1%。

我想肯定有人说，我在北京（或者上海等一线城市）买的房子，在这 15 年间的涨幅可不止这些。没错，这里需要指出的是样本中的房地产价格是全国均价，如果你在"北上广深"一线城市，或者成都、杭州这样的新兴准一线城市，那么房地产可能是这 15 年间回报最高的资产。但是，我们要看到，并不是所有人都有条件直接投资这些城市的房地产市场。如果你在一个三四线城市，甚至更小的地方，当地房地产的价格增幅肯定是低于样本数据的。

而且房地产投资本身具有单笔投资大、流动性差的特点，这也会把很多人拒之门外。

而股票市场几乎是所有人都可以参与的，几千元钱就可以买股票，几乎没有投资门槛，但并不是说股票就适合所有人。我们可以看到，虽然从总体上来看，沪深 300 指数的价格从 2005 年到 2020 年大约涨了 4 倍，但是中间的过程可谓是波涛汹涌，险象环生。如果你在 2007 年的高点，或者 2015 年的高点入市，那么你到今天还是亏损的，更别说收益了。

这也是为什么我认为让更多人了解指数基金并掌握指数基金的投资方法，是非常重要的。因为相对于高波动、高风险的股票市场，指数基金是一种简单、易懂、方便参与的投资工具。同时，很多投资界顶级大师针对指数基金给出了实操性很强的投资策略，能够让大家避免不必要的风险损失，这是一种人人可以参与的投资理财方法，能够让更多人和家庭积累的劳动财富参与到社会经济发展当中，而不至于被通货膨胀吞噬。

1.3　投资从什么时候开始

每当我跟年轻的朋友讨论投资理财问题的时候，很多人的反应都是："我知道投资很重要，但是我现在没有钱，拿什么理财？"我在年轻的时候也是这样想的，直到 30 岁，才开始用指数基金打造自己的投资组合，我多么希望我能够早点开始。

举个例子，小明和小强同一年出生，是好朋友。小明从 20 岁开始，每个月存 500 元到自己的投资账户；小强觉得每月存这点钱太少了，还不如多享受享受生活，然后从 35 岁开始每个月存 1000 元到自己的投资账户。我们假设两个人投资账户的年化收益率都是 8%，这是一个可实现的投资回报率假设。

当两人都 40 岁的时候，小明的投资账户已经有 30 万元了，他决定把自己更多的时间给家人和自己的兴趣爱好，减少工作时间，之后就不再往这个账户投钱了。此时，小强的投资账户有 8.8 万元，因为他刚开始建立这个账户，信心满满，打算坚持每个月存钱进去，一直到 50 岁。

时间一晃，两个人都 70 岁了。现在每个人的投资账户有多少钱呢？让我们看看小明从 20 岁到 70 岁的投资收益，如表 1.2 所示。

表 1.2　小明的投资收益（20～70 岁）

年龄	当期投入（元）	收益率	当期增长（元）	期末余额（元）
20	6000	8%	6,000	6,000
21	6000	8%	6,480	12,480
22	6000	8%	6,998	19,478
23	6000	8%	7,558	27,037
24	6000	8%	8,163	35,200
25	6000	8%	8,816	44,016
26	6000	8%	9,521	53,537
27	6000	8%	10,283	63,820
28	6000	8%	11,106	74,925
29	6000	8%	11,994	86,919
30	6000	8%	12,954	99,873
31	6000	8%	13,990	113,863
32	6000	8%	15,109	128,972
33	6000	8%	16,318	145,290
34	6000	8%	17,623	162,913
35	6000	8%	19,033	181,946
36	6000	8%	20,556	202,501
37	6000	8%	22,200	224,701
38	6000	8%	23,976	248,678
39	6000	8%	25,894	274,572
40	0	8%	21,966	296,538
41	0	8%	23,723	320,261
42	0	8%	25,621	345,881
43	0	8%	27,671	373,552
44	0	8%	29,884	403,436
45	0	8%	32,275	435,711
46	0	8%	34,857	470,568

续表

年龄	当期投入（元）	收益率	当期增长（元）	期末余额（元）
47	0	8%	37,645	508,213
48	0	8%	40,657	548,870
49	0	8%	43,910	592,780
50	0	8%	47,422	640,202
51	0	8%	51,216	691,418
52	0	8%	55,313	746,732
53	0	8%	59,739	806,470
54	0	8%	64,518	870,988
55	0	8%	69,679	940,667
56	0	8%	75,253	1,015,921
57	0	8%	81,274	1,097,194
58	0	8%	87,776	1,184,970
59	0	8%	94,798	1,279,767
60	0	8%	102,381	1,382,149
61	0	8%	110,572	1,492,721
62	0	8%	119,418	1,612,138
63	0	8%	128,971	1,741,109
64	0	8%	139,289	1,880,398
65	0	8%	150,432	2,030,830
66	0	8%	162,466	2,193,296
67	0	8%	175,464	2,368,760
68	0	8%	189,501	2,558,261
69	0	8%	204,661	2,762,922
70	0	8%	221,034	2,983,955
总投入	120,000		期末总资产	2,983,955

同样地，我也把小强从 35 岁到 70 岁的投资收益计算了一下，如表 1.3 所示。

表1.3 小强的投资收益（35~70岁）

年龄	当期投入（元）	当期收益率	当期增长（元）	期末余额（元）
35	12000	8%	12,000	12,000
36	12000	8%	12,960	24,960
37	12000	8%	13,997	38,957
38	12000	8%	15,117	54,073
39	12000	8%	16,326	70,399
40	12000	8%	17,632	88,031
41	12000	8%	19,042	107,074
42	12000	8%	20,566	127,640
43	12000	8%	22,211	149,851
44	12000	8%	23,988	173,839
45	12000	8%	25,907	199,746
46	12000	8%	27,980	227,726
47	12000	8%	30,218	257,944
48	12000	8%	32,635	290,579
49	12000	8%	35,246	325,825
50	0	8%	26,066	351,891
51	0	8%	28,151	380,043
52	0	8%	30,403	410,446
53	0	8%	32,836	443,282
54	0	8%	35,463	478,744
55	0	8%	38,300	517,044
56	0	8%	41,364	558,407
57	0	8%	44,673	603,080
58	0	8%	48,246	651,326
59	0	8%	52,106	703,433
60	0	8%	56,275	759,707
61	0	8%	60,777	820,484
62	0	8%	65,639	886,122

第 1 章 投资预备课

续表

年龄	当期投入（元）	当期收益率	当期增长（元）	期末余额（元）
63	0	8%	70,890	957,012
64	0	8%	76,561	1,033,573
65	0	8%	82,686	1,116,259
66	0	8%	89,301	1,205,560
67	0	8%	96,445	1,302,005
68	0	8%	104,160	1,406,165
69	0	8%	112,493	1,518,658
70	0	8%	121,493	1,640,151
投入总计	180,000		期末总资产	1,640,151

为了让大家看得更清楚，我们把小明和小强的投资和收益放在一张图里面，做一个比较，如图 1.3 所示。

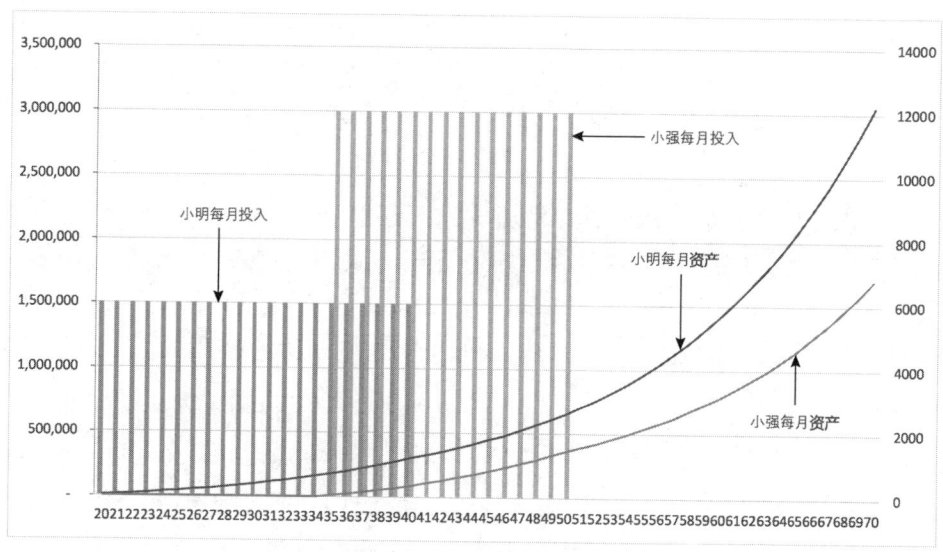

图 1.3 小明和小强的投资资产增长对比

你没有看错，虽然 40 岁之后小明就再也没有往账户里面存过钱，但是他的资产依旧要远远高于小强，在他 70 岁的时候投资资产是 298 万元。而小强一直坚持存钱到 50 岁才松懈下来，投资账户只有 164 万元，比小明少了 45%。我们再看看他们的投资成本，小明从 20 岁到 39 岁每年投入 6000 元，一共是

12万元；小强从35岁到49岁每年投入12000元，一共是18万元。小强的总投资本金比小明高了50%，资产却少了45%。

原因是什么？是时间，就是我们所说的复利。

爱因斯坦说，复利是世界上第八大奇迹，它的威力甚至超过了原子弹。那么为什么我们平时很难体会到复利带给我们的好处呢？原因是大部分人很难坚持，而且更重要的是，开始得不够早。

关于什么时候开始理财，还有一个非常经典的例子，叫作"拿铁因子"。它对那些觉得自己没有钱而不能理财的朋友或许会有启发。

拿铁因子（Latte Factor）是由财经作家戴维·巴赫（David Bach）首先提出的，他讲了一个故事：一对夫妻每天早上都要去星巴克买一杯拿铁咖啡，看似很少的花费，并不影响生活水平，但是30年下来，他们花在拿铁咖啡上的钱竟然达到了10万美元。

于是，大家用"拿铁因子"来指代我们在日常生活中可有可无的习惯性花销。例如，每天一杯的星巴克咖啡、在便利店顺手买的瓶装饮料、"双11"买了却不用的眼影盒、几十元钱买的从来不会听的知识付费，等等。戴维·巴赫在他的书中写道："决定你财富的不是赚多少钱，而是你能留住多少你赚的钱。"

这里面的数学原理其实很容易理解，今天我可以花30元买一杯星巴克咖啡，或者，我还有另一个选择，把这30元投入我的投资账户，享受平均每年8%的收益率。那么今天一杯咖啡的钱在30年后会变成302元，也就是说，你在用30年后的302元买今天的一杯咖啡。你在享受当下的同时，其实占用了30年后自己的生活费。

图1.4所示是我在网上找到的一个拿铁因子计算器。

图中的单位是美元，我们可以把它当作人民币。每天把30元不必要的花费投入年化收益率为8%的理财账户，30年后，你的总资产将会达到1,359,207.82元，其中你的成本就是用来喝拿铁咖啡的钱，是328,320元，你损失的潜在投资收益是1,030,887.82元。

你是不是觉得百万富翁的人生与你擦肩而过？不过，从现在开始还来得及。希望本书可以帮助你开始行动，用最简单、易行的方法坚持下去。

第 1 章 投资预备课

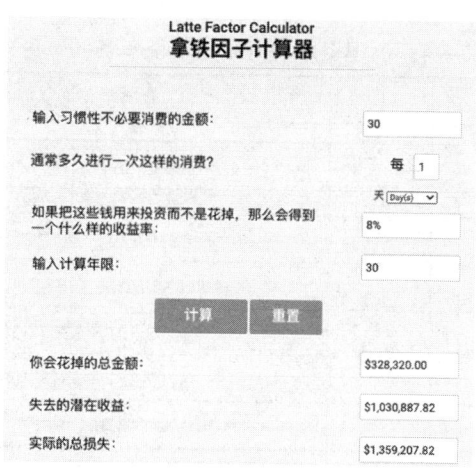

图 1.4 拿铁因子计算器

1.4 为未来做准备

投资可以帮助我们建立财富，避免通货膨胀，过上更好的生活。然而，投资还有一个更重要的意义，是帮我们更好地处理生活中可能出现的风险。

我想花一点儿时间带大家看看美国的情况，不仅是因为美国是全球最大、最成熟的投资市场，也是因为，美国老百姓在四五十年前就经历了我们现在正经历的情况，从家庭资产管理的角度，也有很多借鉴意义。

1.4.1 "退休账户"和"教育基金"

我在美国生活过一段时间，让我印象深刻的一点是，美国家庭对各种支出都有专门的账户。当然，直接原因是美国的税收政策对专门用来教育和养老的账户有相应的税收优惠。我们知道中国目前并不收取个人投资的资本利得税，也就是说，如果你买指数基金或者股票赚了钱，国家是不针对你赚的这部分钱收税的。和美国相比，你就会知道这真是天大的好事儿。

在美国，短期投资的资本利得税是 10%~37%，按照收入阶梯式收取，可以看到如果你本身收入比较高，你的短期资本利得税可以达到 37%。短期投资是指持有时间在一年或者一年以下的投资资产。相对应地，持有投资资产超过一年的就是长期投资，长期投资的资本利得税是 0%~20%，如表 1.4 所示。

表 1.4　美国资本利得税短期税率表（单身）

税率	需纳税年收入
10%	$0 ~ $9,875
12%	$9,876 ~ $40,125
22%	$40,126 ~ $85,525
24%	$85,526 ~ $163,300
32%	$163,301 ~ $207,350
35%	$207,351 ~ $518,400
37%	$518,401 以上

了解了美国对投资的税收政策，我们才能了解为什么美国人会有专门的退休账户和给子女的教育账户，以及为什么美国的投资市场中大多是机构而不是散户。

在美国，对一般中产家庭来说，如果想在退休之后还能保持同样的生活水平，必须自己考虑养老问题。同时，美国政府也推出了各种在税务上有优惠的退休账户，说到底，就是鼓励大家为未来做准备。

所谓"退休账户"，其实就是在券商或者银行开设的一个可以投资股票、基金、债券等资产的账户，跟我们在证券公司的账户差不多。不同的是，这些账户有一些税收的优惠。当然也有很多限制，最主要的就是额度的限制和资金使用用途的限制，这里就不展开讲了。

如图 1.5 所示，从 2000 年开始由个人主导的退休账户，包括企业参与的个人养老计划和个人退休账户的规模和占比都在逐年增加。截至 2020 年第三季度，由个人主导的退休账户的规模达到了 206 万亿美元，超过了美国全部退休基金规模的 62%。美国已经由"养老靠政府"转向"养老靠个人"。

同样地，对于家庭的教育基金，也是免资本利得税的，但是里面的钱只能用于限定的教育支出。我们知道，美国私立大学的学费是非常高昂的，如果家庭没有给孩子准备学费，那么要想上学就得向政府贷款。很多美国年轻人在毕业的时候，身上都背负着超过 10 万美元的学生贷款，这可是一笔数目不小的资金。

从 2004 年开始，美国专门用来做教育储备的账户（即 529 教育基金计划）的资金规模不断增加，截至 2020 年第二季度，预先支付的教育金额为 259 亿美元，为未来教育储蓄的资金规模达到 3476 亿美元，合计超过 3735 亿美元，

第 1 章 投资预备课

如图 1.6 所示。

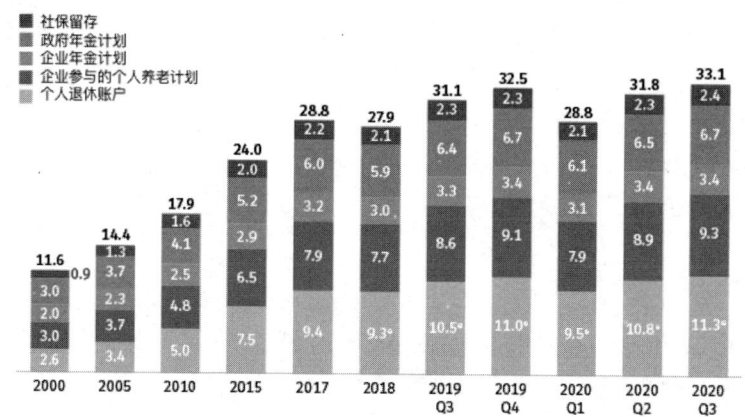

图 1.5 美国退休基金规模超过 331 万亿美元（截至 2020 年第三季度）

数据来源：美国投资公司协会。

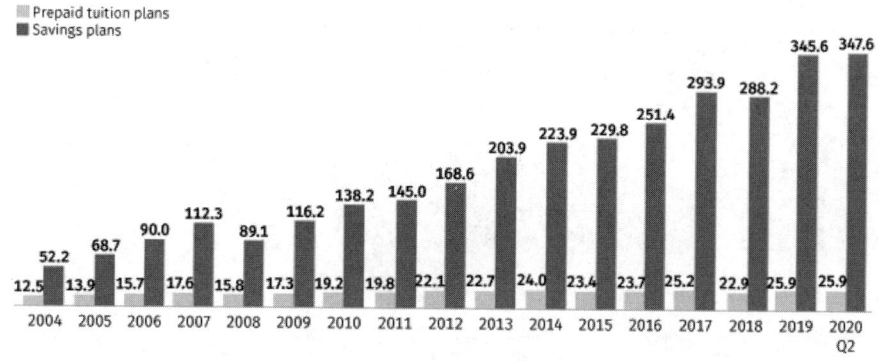

图 1.6 美国 529 教育基金计划的规模达到 3735 亿美元（截至 2020 年第二季度）

至此，你应该了解了，美国家庭之所以有专门的"退休账户"和"教育基金"，很多是不得已而为之的。但是，正是因为在过去几十年内，税务系统一直通过税收激励的方式对老百姓进行储蓄和投资的教育，美国人才更熟悉投资和家庭资产管理。

1.4.2 机构投资者主导的市场

在大学上金融课程的时候，老师总说："美国市场以机构投资者为主，中国市场以散户为主。"我一直不理解其中的原因。

在 1.4.1 节中，我们讲了美国对"退休账户"和"教育基金"的税收优惠，以及对资本利得税的政策。首先，在美国炒股票是非常不划算的。先不说，短期不好赚钱，就算好不容易赚了钱，还要把盈利里面的相当一部分作为税款交给国家。其次，美国人会把很多资产投入"退休账户"或者"教育基金"当中。而这些账户都是长期投资的，在短期内是不可以取出钱来。这里插一句，对于退休账户，只有年龄超过 59 岁半才可以从该账户取钱，在 59 岁半之前从账户取钱是要缴纳罚金的。这也导致大家丧失了获得短期投资收益的欲望。

于是，每个月自动存钱到"退休账户"，购买基金产品，就成为一个自然的选择。近 20 年来，被动管理型基金出现了指数级别的增长，也迎合了市场对长期定投产品的需求。

根据美国投资公司协会最新发布的《2020 年美国基金业年鉴》，截至 2019 年年底，指数基金和指数 ETF 的规模达到 8.5 万亿美元，在公募基金资产总净值中的占比达到了 39%，而这个占比在 2009 年的时候只有 18%，如图 1.7 所示。

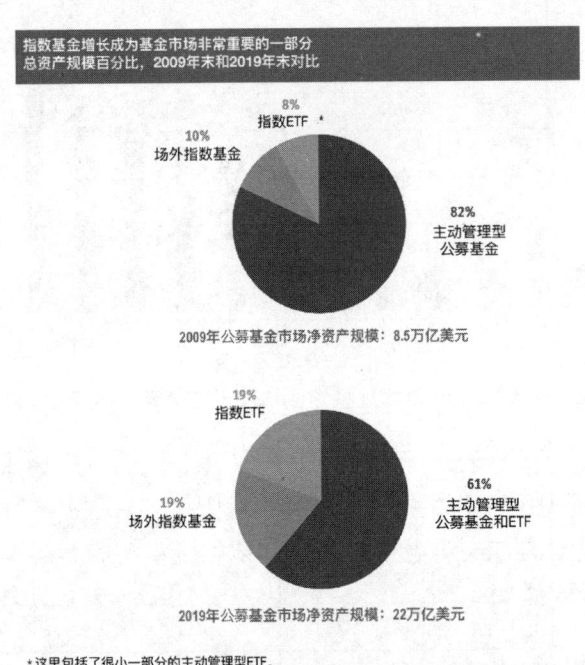

图 1.7 美国指数基金和指数 ETF 的占比提升

数据来源：美国投资公司协会。

可以看出，被动管理型公募基金，也就是我们平时说的指数基金，已经成为美国市场中越来越重要的投资工具。

1.4.3　为人生每一步做好计划

和美国相比，我们国家的经济还在稳步地发展，市场上有很多投资的机会，大家都对未来充满乐观的期待。

而我想说，经济增长一定是结构性的，对个体家庭来说，如何规划家庭资产从长期来看会产生不同的结果。特别是，目前我国对在公开市场上买卖股票和基金，实行暂免个人资本利得税的政策，所以为自己和家人准备类似于"退休账户"这样的长期投资账户，对每一个普通家庭来说都是一个不错的选择。而指数基金可能是你首选的投资工具，我们会在下一章带你了解指数基金的历史和发展，让你了解投资大师们是如何看待指数基金的。

第 2 章
指数基金的英雄之路

在正式讲解指数基金之前,我们先看看为什么会有基金,以及为什么后来会有指数基金。我不想给大家重复讲解教科书里面的金融概念,你永远可以通过搜索引擎找到它们。接下来让我们用朴素的常识,来了解一下基金和指数基金的历史。

2.1 基金可以让普通人分散风险

今天我们总说起的基金通常指的是公募基金，和它相对应的是私募基金，私募基金因为投资门槛很高，监管方式也不一样，并不适合普通老百姓参与，我们就不多讲了。需要指出的是，公募基金是中国投资者更熟悉的概念，在国外我们更多使用的是"公募基金"一词。对投资者来说，我国的公募基金可以等同于西方语境下的公募基金，下文不再进行区分。

现代公募基金的前身最早出现在 1773 年的荷兰，当时荷兰刚经历了由著名的郁金香泡沫引起的金融危机。一个阿姆斯特丹的商人阿德里亚·范·凯奇，发起了一个信托基金，目的是让小投资人，也就是我们今天说的散户，能够享受分散投资的好处。

在此之前，散户是没有办法实现分散投资的。因为每购买一只股票都有最低购买额的限制，同时需要繁杂的手续。基金使得散户可以把钱汇聚到一起，然后交由专业的人管理，购买多种资产，实现分散投资。正是这种基金的出现，极大地推进了投资组合理论的发展。

19 世纪 90 年代，公募基金的概念被引入美国，最早的公募基金都是所谓的"封闭基金"。封闭基金是指，在投资者购买一定的份额之后，基金进入封闭投资状态，在相当长的一段时间内是不能赎回的，也就是说，基金的份额是固定的。这对基金管理者来说是好事，不用担心基金规模变化而影响投资决策。但对于投资者来说，买了基金之后在很长时间内不能赎回，无疑是非常不利的。于是大家开始在股票交易市场买卖这种封闭式基金的份额。在交易市场上，大家买卖封闭式基金份额的价格和股票一样，受到买卖双方供求关系的影响，通常这个价格会高于基金投资组合的净值。

1924 年，在美国出现了第一只开放式基金，这是一种投资者可以随时申购、赎回的基金。也就是说，在存续期间，基金规模不再是固定不变的。基金表现好，可能就会有更多的投资者买入基金，基金规模就变大。当市场不好的时候，卖出基金的人多，基金规模就会缩小。

开放式基金在出现之后并没有受到市场的追捧，因为管理难度高，交易费用和成本都变高了。但在 1929 金融危机之后，美国国会出台了一系列对证券和公募基金的监管条例，这些条例加强了对基金和股票的区别，鼓励发展开放式基金，于是开放式基金逐步成为公募基金的主流模式。

20世纪60年代，富达投资公司把公募基金的模式从有钱人的小圈子带到了大众市场，公募基金的投资规模开始迅速增长。

截至2019年年底，美国家庭资产的23%都在公募基金里面。公募基金在美国人的各种"退休账户""教育基金"里扮演了重要角色。同时，公募基金也成为股票市场和债券市场最大的参与者。

与此同时，在世界各地的金融市场中，公募基金都经历了类似的过程，逐步成为家庭财富的重要承载者。截至2019年年末，全球公募基金资产达到54.9万亿美元，根据美国投资公司协会的数据，公募基金规模较大的国家依次是美国、澳大利亚和爱尔兰，其中中国排在第10位，如图2.1所示。

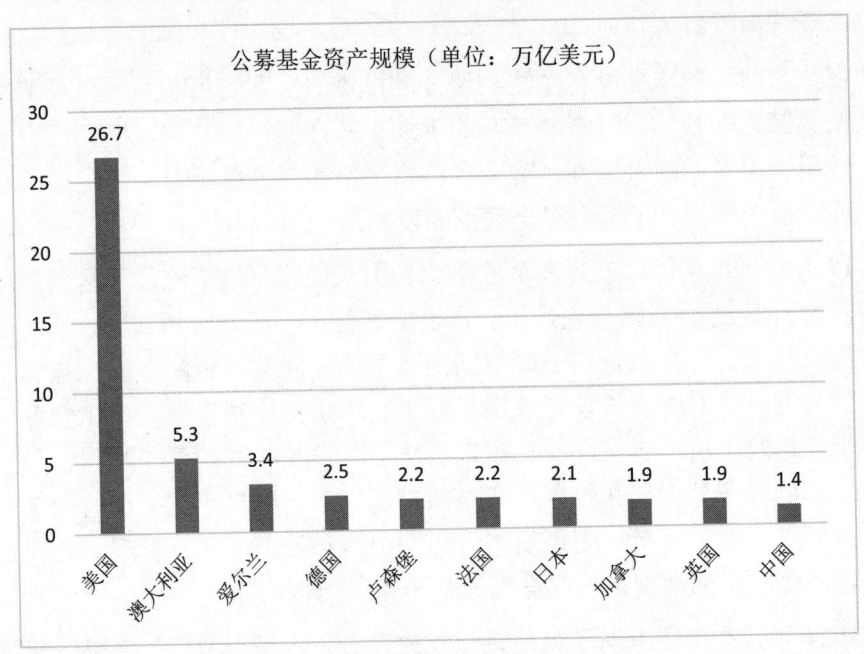

图2.1　公募基金资产规模

2020年，中国基金行业发展迅速，根据中国基金业协会的数据，截至2020年12月31日，我国公募基金产品的数量为7913只，业务规模达到19.89万亿元。其中封闭式基金有1143只，资产净值为2.56万亿元，开放式基金有6770只，资产净值为17.33万亿元，如表2.1所示。

第 2 章 指数基金的英雄之路

表 2.1 我国公募基金数量及规模（截至 2020 年年末）

基金类别		基金数量（只）	份额（亿份）	净值（亿元）
封闭式基金		1143	23967.66	25609.21
开放式基金	股票基金	1362	11930.28	20607.94
	混合基金	3195	27857.78	43600.75
	货币市场基金	332	80915.99	80521.47
	债券基金	1713	24660.60	27286.59
	QDII	168	1014.21	1288.94
	开放式基金合计	6770	146378.86	173305.70
合计		7913	170346.52	198914.91

在我国公募基金市场中，开放式基金也占据主导地位，如图 2.2 所示。

在投资实践篇，我们会进一步跟大家介绍在中国市场上开放式基金和封闭式基金的不同，同时还专门介绍了 ETF，这是一种结合了封闭式基金和开放式基金的优点的投资工具，越来越受到投资者的欢迎。

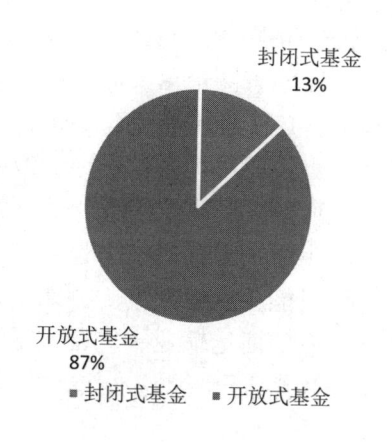

图 2.2 我国公募基金中封闭式基金和开放式基金占比

2.2 最早的指数

说完了公募基金，我们来讲解指数。指数并不是从一开始就有的，在很长一段时间里面，股票市场是没有指数的，投资者只关注每只股票的表现。在股票越来越多了之后，有人就想怎样才能来衡量整个市场的变化呢？

于是，1884年，当时作为记者的查尔斯·道在《客户午后市场来信》（Customer's Afternoon Letter）里发布了首个股票市场指数——"道琼斯运输业平均指数"（Dow Jones Transportation Average）。

一开始的道琼斯运输业平均指数非常地简单，一共包含11只与运输相关的股票，其中有9只是铁路股票。把这11只股票的每日收盘价格加起来再除以11，得到一个收盘价的平均数。第一天算出来的平均数是40.94，所以人们就把这个平均数叫作基础点位，之后用每天收盘价的平均数除以这个数字，就得到了道琼斯指数。所以指数是一个相对指标，是相对初始点数的变动。当然，这个算法太过简单，随着股票市场的玩法越来越多，指数的算法也在调整。1928年10月1日之后道琼斯运输业平均指数就不再用这个简单的算法了。

后来道琼斯推出了一个更有影响力的指数——"道琼斯工业平均指数"（Dow Jones Industrial Average）。很有意思的一点是，当时查尔斯·道有一个很有名的"道氏理论"，用来预测市场的变化。"道氏理论"的简单逻辑就是"工业制造，运输拿走"。这里面有两个重要的指数，就是道琼斯工业平均指数和道琼斯运输业平均指数。这个理论是说，不论在牛市还是熊市，如果道琼斯工业平均指数和道琼斯运输业平均指数行为一致，那么市场就会继续维持目前的情况。例如，牛市期间工厂生产旺盛，运输忙碌，一片欣欣向荣；当市场不好时，生产的商品少了，运输的需求也会减少。但是，如果这两个指数的走势相反，那么市场可能会发生变动。例如，在牛市期间，突然发现道琼斯工业平均指数上升，道琼斯运输业平均指数下降，那么有可能是工厂生产了太多的产品，但是市场需求开始减少，这时市场有可能要发生变化，如表2.2所示。

表2.2 "道氏理论"示意图

	牛市	牛市转熊市	熊市	熊市转牛市
道琼斯工业平均指数	上升	上升	下降	下降
道琼斯运输业平均指数	上升	下降	下降	上升

这个理论对现在的经济市场来说可能太过简单，但依旧有很多推崇者。

之后，各个媒体都开始针对股票市场制作指数，来反映不同市场中不同类别股票的表现。但很长一段时间并没有真正出现把指数作为标的的投资产品，一直到约翰·博格和他的先锋领航集团的出现。

2.3 约翰·博格和先锋领航集团的奇迹

约翰·博格在全球金融界是教父级的人物，严格来说他并不是指数基金的发明人，而是第一个把指数基金推向大众市场的人。在此之后，约翰·博格一生都致力于降低基金管理成本，并向大众推广基于指数基金的，低成本、具有长期稳定收益的投资方式。他所创立的先锋领航集团（The Vanguard Group）是世界上规模较大的公募基金管理公司，其管理的 VFIAX（Vanguard 500 Index Fund;Admiral）是目前世界上规模最大的一只指数基金，截至 2020 年 12 月 31 日，规模是 6202 亿美元。

这一切是怎么发生的呢？我们需要从当时主动管理型基金存在的问题说起。

2.3.1 究竟谁赚了钱

我们之前提到，20 世纪 60 年代基金在美国开始快速发展，但很快就有人发现这些公募基金对投资者缺乏对等的责权利关系。

曼努埃尔·科恩，1964—1969 年任美国证券交易委员会主席，他曾明确指出公募基金缺乏对等的权责利关系，他说："（公募基金）的费用结构为明星基金经理提供了一个展示才华的机会。毕竟，这是职责所在，但是尽管使用了'共同'（mutual）这个名词，其实这些基金仅为基金管理公司与基金销售机构赚了大钱。"

为什么这么说呢？这就要从基金的收费模式说起了。一般基金是按照管理的资金规模收取一定的管理费的，然后如果基金赚了钱，再从赚的钱里面抽取部分的分成。只看管理费部分，也就是说，不论基金表现如何，是帮助投资者赚了钱还是亏了钱，基金公司都会收取一定比例的管理费，而且每年都收，从不间断。那么，你就会知道，对基金公司来说，最重要的不是基金表现如何，而是基金卖得如何。基金卖得好，管理的资金就多，管理费就收得多。所以，很多基金公司都有合作的销售公司或者市场营销部门，专门来负责宣传和销售基金份额。而做市场推广是需要钱的，特别是在公募基金竞争激烈的年代，这可是一大笔开销，而这些费用都是投资者支付的。

其实，这一问题在今天的基金行业依旧存在。特别是在中国，基金公司的管理费与其他国家相比是比较高的。我从天天基金网找了一只排名非常靠前的股票型基金，规模是20亿元，管理费是每年1.5%。也就是说，不论牛市、熊市，不论这只基金今年是涨了还是跌了，每年基金公司都有3000万元的进账。

也许你会说："只要基金公司帮助大家赚到钱，给它们分一点也没有问题。"而事实上，基金公司并没有帮大家赚到钱。在约翰·博格的自传《坚守》一书中，他提到在1974年10月初，《投资组合管理杂志》创刊号上的一篇文章给他带来很大的冲击，这篇文章来自诺贝尔经济学奖获得者保罗·萨缪尔森（Paul Samuelson），标题是《投资判断的挑战》。文章称没有任何"有力证据"，以证实基金经理可以"在可重复、可持续的基础上"系统地超越标准普尔500指数的回报。保罗·萨缪尔森写道："没有一只简单的基金可以投资整个市场，不会负债，并且可以将交易佣金、换手率和管理费率保持在可行的最低水平。"

这让约翰·博格坚定了运作被动管理的、低费率的指数基金的信念。

2.3.2　不受待见的新产物

1976年6月，约翰·博格创建的先锋领航集团正式开始了对"第一指数投资信托（First Index Investment Trust）"的公开募集。这是一只跟踪标准普尔500指数的指数基金。

这只发行的指数基金满足了保罗·萨缪尔森博士对指数基金的六项期待。

（1）适用于普通投资者。

（2）目标是跟踪标准普尔500指数。

（3）每年的费率仅为0.20%。

（4）投资组合周转率保持在极低水平。

（5）被证明可以"基于最小组合方差与波动率，通过最分散的方法使得收益最大化"。

（6）免销售佣金。

注：第一指数投资信托刚开始发行的时候并不满足第六项"免销售佣金"的标准，但在发行 6 个月之后，先锋领航集团取消了所有销售佣金，这只基金成为完全实现"免销售佣金"的基金。

第一指数投资信托用革命性的方式降低了基金的管理成本，极大地降低了投资者的投资成本，应该会受到市场的关注和欢迎，但事实并不是这样的。

1976 年 8 月 31 日，第一指数投资信托完成了公开募集，仅募集了 1130 万美元。在《坚守》一书中，约翰·博格这样写道："这个数字甚至无法满足将标准普尔 500 指数的成分股每只买 100 股的要求。经纪公司建议我们取消发行并将钱还给投资者。"

可见，先锋领航集团发行的第一指数投资信托并没有受到市场的欢迎。不仅如此，第一指数投资信托在投资行业内部也遭到了质疑和反对。第一指数投资信托被称为"博格的愚蠢"。甚至有同行在华尔街挂起海报：一个愤怒的山姆大叔用一个大橡皮戳取消了指数基金的发行许可。海报的标题是：指数基金是反美的，要消灭指数基金！如图 2.3 所示。

图 2.3　华尔街挂出的反对约翰·博格推出的第一只指数基金的海报

行业领头羊富达集团董事长爱德华·约翰逊三世说："我不敢相信，广大投资者只会满足于获得市场平均收益。比赛的目的就是成为最好的。"当时的投资者习惯了去追逐明星基金经理，相信那些来自名牌大学、穿西服的专业精英才能够给自己带来好的收益。没有人去相信这种简单的、低成本的、分散化的投资会有卓越的回报。这和今天我们中国的市场很像，大家习惯了追逐明星基金和明星基金经理。

2.3.3　在市场中证明自己

到 1982 年年底，第一指数投资信托的资产规模超过 1 亿美元，在 263 只基金中排名第 104 位。1988 年，其资产规模达到 10 亿美元，对第一指数投资信托来说，这是一个重要的里程碑，在 1048 只基金中资产规模排名第 41 位。也就在同一年，一直不看好指数基金的富达集团也推出了自己的指数基金。今天，富达集团的指数基金的资产规模占到其总规模的 30%以上。

1995 年 8 月，《货币》杂志发表了一篇标题为"博格赢了，指数基金应该是当今大多数投资组合的核心"的文章，宣告了指数基金的成功。文章还描述了指数基金的优势——低运营成本，低交易成本，低资本利得税。而这仅仅是一个开始，在之后的二十多年中，投资巨头巴菲特、耶鲁大学捐赠基金会管理人戴维·斯文森都先后加入了指数基金的大众推广队伍。

在《坚守》一书中，有一个让人印象深刻的例子。在第一指数投资信托发行之初，一位好友为了帮助约翰·博格募集资金，以每股 15 美元的价格买了 1000 股第一指数投资信托，选择分红再投资模式。2011 年秋天，在庆祝基金募集 35 周年的活动上，这位好友跟大家分享了当天他的账户。他有 4493 份基金份额，当时每一份的基金净值是 250.99 美元，合计资产为 1,127,704 美元。也就是说，35 年前的 15,000 美元，通过指数基金，在 2011 年超过了 100 万美元。这个故事告诉我们，不要低估复利的力量，也不要低估低手续费带给你的好处，这一点我们会反复说起。

2.4　巴菲特的赌约

说到指数基金，有一个有趣的故事不得不提，这就是巴菲特发起的指数

第 2 章　指数基金的英雄之路

基金和对冲基金的世纪大战。

故事是这样的。

2007 年 12 月 19 日，巴菲特在网站上发布了一个"十年赌约"，赌注为 50 万美元，将会捐赠给指定的慈善组织。赌约内容是在 2008 年 1 月 1 日到 2017 年 12 月 31 日，标准普尔 500 指数的表现将会超越对冲基金管理的投资组合。特别指出的是，这里对对冲基金表现的衡量是扣除费用和成本的，说明巴菲特已经清楚地看到投资成本对长期收益的影响。

在巴菲特发布"十年赌约"后，来自 Protégé Partner 的合伙人泰德·西德斯（Ted Seides）接受了挑战。双方各出了 50 万美元，构成了一个高达 100 万美元的赌池，如图 2.4 所示。

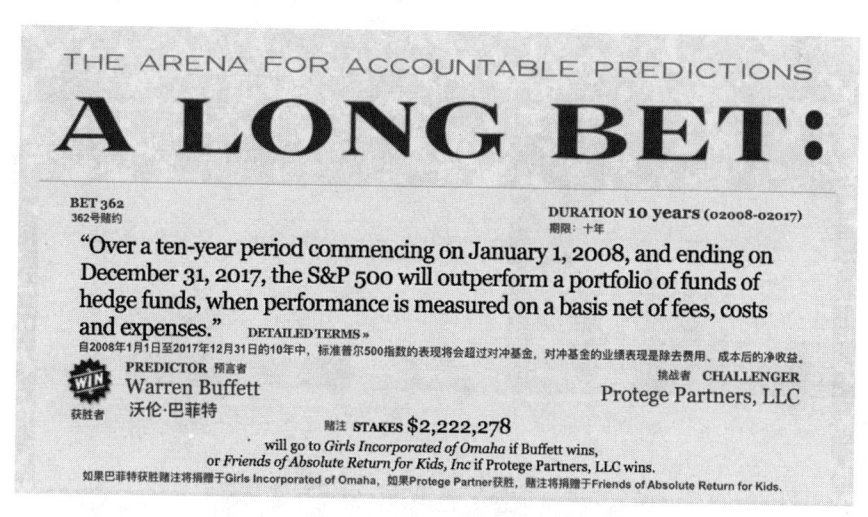

图 2.4　巴菲特发布在网站的"十年赌约"

巴菲特选择了先锋领航集团发行的指数基金（VFIAX）作为标的，而泰德·西德斯选择了 5 只母基金（FOF，就是专门投资对冲基金的基金）来应战。这 5 只母基金投资了超过 200 只的对冲基金，也就是说，应战的是超过 200 只对冲基金的总体表现。

结果是巴菲特赢了，而且是大获全胜。

在 2017 年致伯克希尔·哈撒韦股东的一封信中，巴菲特详细地讲述了约定的内容，以及 9 年间双方的表现，如图 2.5、图 2.6 所示。

年份	母基金A	母基金B	母基金C	母基金D	母基金E	指数基金
2008	-16.5%	-22.3%	-21.3%	-29.3%	-30.1%	-37.0%
2009	11.3%	14.5%	21.4%	16.5%	16.8%	26.6%
2010	5.9%	6.8%	13.3%	4.9%	11.9%	15.1%
2011	-6.3%	-1.3%	5.9%	-6.3%	-2.8%	2.1%
2012	3.4%	9.6%	5.7%	6.2%	9.1%	16.0%
2013	10.5%	15.2%	8.8%	14.2%	14.4%	32.3%
2014	4.7%	4.0%	18.9%	0.7%	-2.1%	13.6%
2015	1.6%	2.5%	5.4%	1.4%	-5.0%	1.4%
2016	-2.9%	1.7%	-1.4%	2.5%	4.4%	11.9%
至今收益率	8.7%	28.3%	62.8%	2.9%	7.5%	85.4%

巴菲特的注释：由于我和Protégé Partner的协议，这5只母基金的名称将永远不会被公布，不过我看过他们的年报。

图 2.5　2017 年巴菲特在致股东信中对赌约的总结

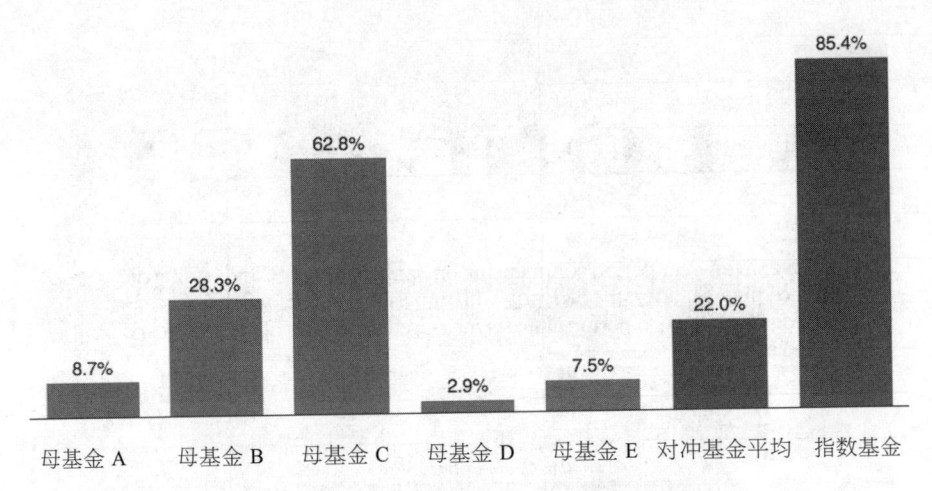

图 2.6　巴菲特的赌约结果：9 年累计收益率对比

巴菲特说："我相信这些对冲基金的管理者都是诚实且正直的人，但是对投资者来说他们的表现真的很惨淡。"巴菲特还指出，对冲基金这种"20 加 2"（2%的基金管理费加上 20%的盈利分成）的收费模式让基金经理坐享高额收入，巴菲特的原话是"沐浴在佣金当中"（showered with compensation），回报给投资者的只有"深奥的胡言乱语"（esoteric gibberish）。

在赌约的第 10 年，即 2017 年，巴菲特选择的领航标准普尔 500 指数基金大涨 21.8%，而在对冲基金组合中，表现最好的为 18%，D 基金在 2017 年被清算。从赌约开始到结束，基于标准普尔 500 指数的指数基金的累计收益高达 125.8%，而表现最好的母基金的累计收益为 87.7%，如图 2.7 所示。

第 2 章 指数基金的英雄之路

年份	母基金A	母基金B	母基金C	母基金D	母基金E	指数基金
2008	-16.5%	-22.3%	-21.3%	-29.3%	-30.1%	-37.0%
2009	11.3%	14.5%	21.4%	16.5%	16.8%	26.6%
2010	5.9%	6.8%	13.3%	4.9%	11.9%	15.1%
2011	-6.3%	-1.3%	5.9%	-6.3%	-2.8%	2.1%
2012	3.4%	9.6%	5.7%	6.2%	9.1%	16.0%
2013	10.5%	15.2%	8.8%	14.2%	14.4%	32.3%
2014	4.7%	4.0%	18.9%	0.7%	-2.1%	13.6%
2015	1.6%	2.5%	5.4%	1.4%	-5.0%	1.4%
2016	-3.2%	1.9%	-1.7%	2.5%	4.4%	11.9%
2017	12.2%	10.6%	15.6%	N/A	18.0%	21.8%
最终受益	21.7%	42.3%	87.7%	2.8%	27.0%	125.8%
平均年收益	2.0%	3.6%	6.5%	0.3%	2.4%	8.5%

注脚：
基于我和Protégé Partner的协议，这5只母基金的名称将永远不会被公布。不过，我从Protégé Partner那边得到了它们的年报。
母基金A、B、C在2016年的数据对比它们上一年的年报有略微调整。
母基金D于2017年被清算关闭，这里的平均年收益是根据其运行的9年时间计算的。

图 2.7 巴菲特"十年赌约"的最终结果

巴菲特最终赢得了所有奖金，并捐助给了指定的慈善组织，如图2.8所示。

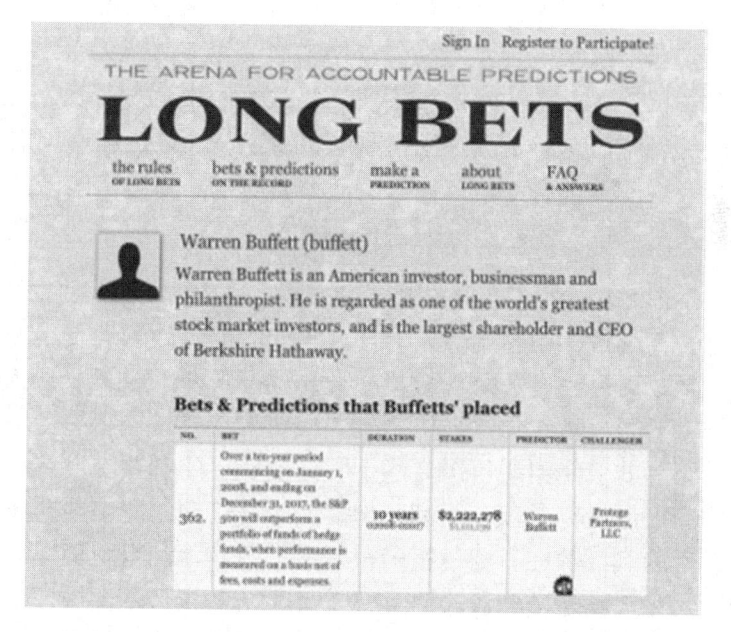

图 2.8 LONG BETS 网站的赌局总结：巴菲特为获胜方

中间有一个插曲非常有意思，巴菲特和泰德·西德斯本来约定会用各自的50万美元赌注购买零息美国国债。精明的投资人是不会让一分钱闲置的。

但是，原本预计国债能有 4.56% 的年化收益率，而事实上只有 0.88%。于是在 2012 年年末两人把国债换成了伯克希尔·哈撒韦的股票。结果就是，在 2017 年年末赌约到期的时候，赌池里面的奖金从 100 万美元变成了 222 万美元。当然，最后受益的是 Girls Inc.of Omaha 慈善组织。

巴菲特用这个世纪大赌约为指数基金做了一次广泛和深刻的宣传，让大家开始思考自己付给那些所谓专业人士的钱是不是划算、投资的本质是什么，以及简单和坚持的力量。

2.5 华尔街最受欢迎的投资工具

指数基金是一场针对传统基金管理行业的"战役"，由约翰·博格发起，随着时间的推移慢慢被市场验证。越来越多的投资家、学者加入指数基金的推广队伍。

1993 年，巴菲特第一次在致股东的信中提及指数基金，他说："通过定期投资指数基金，一无所知的投资者可以战胜大多数专业的投资人士。"他在 1996 年再一次强调："对于绝大多数的投资者，不论是机构还是个人，持有股票最好的方式就是拥有一只最低费率的指数基金。那些遵循这种方法的投资者最终都会击败绝大多数的投资专业人士。"

耶鲁大学捐赠基金会掌舵人戴维·斯文森，从 1985 年开始掌管耶鲁大学的捐赠基金，年回报率超过 15%，耶鲁大学 40% 的行政管理费用来自捐赠基金。戴维·斯文森主导的"耶鲁模式"使他成为机构投资的教父级人物。2005 年他在著作《不落俗套的成功》中写道："投资者在非营利组织管理的基金中表现最佳，因为非营利组织可以专注于服务投资者的利益。没有利润动机干扰投资者的回报。没有外部公司利益与投资组合管理的冲突性选择。非营利组织将投资者的利益放在首要位置……最终，由非营利组织管理的被动指数基金才能最大化地满足投资者的期望。"在本质上，指数基金撕掉了主动管理型基金的"遮羞布"，让信息公开、透明地展现在每一个投资者面前，不论是投资机构还是个人。与此同时，信息的透明化也让基金管理者没有了寻求个人利益的空间，消除了为个人利益而影响基金投资决策的情况。

诺贝尔经济学奖得主保罗·萨缪尔森博士发表过对约翰·博格和指数基

第 2 章 指数基金的英雄之路

金的赞扬:"我将约翰·博格的发明与车轮、字母表、谷登堡印刷、葡萄酒和奶酪的发明相提并论,一只公募基金并没有让博格变得富有,但是它增加了基金投资者的长期收益,指数基金是阳光下的新事物。"

2019 年 5 月,晨星公司(Morningstar)对美国基金行业的监测报告显示,美国被动管理型基金(即指数基金和指数 ETF)的资产总值达到 4.3 万亿美元,比美国主动管理型基金少了 60 亿美元。从 2006 年开始,资金从主动管理型基金流向被动管理型基金的现象就一直存在,并且会持续下去。

指数基金已经从一个行业挑战者慢慢成为行业共识,成为华尔街乃至全世界最受欢迎的投资工具。

第 3 章
指数基金与个人家庭财富

　　第 2 章我们主要讲了指数基金从诞生时的不被看好，后来逆袭成为市场宠儿的故事。故事发生在美国市场中，那么，肯定会有很多读者问："在中国市场是什么情况呢？指数基金的优势还在吗？"巴菲特说："对于绝大多数的投资者，不论是机构还是个人，持有股票最好的方式就是拥有一只最低费率的指数基金。"对中国老百姓来说，这个建议是不是依然适用呢？

　　这一章我们就来看看我国市场中的指数基金，以及为什么依旧建议普通家庭在做投资时首选指数基金。

3.1 上证指数十年不涨吗

每次聊到指数基金，听到最多的一句话就是："指数基金在中国行不通，你看上证指数 10 年都不带涨的。"对于指数，我们会在基础知识篇里面详细跟大家拆解和分析，在这里我们先有个直观认识。

3.1.1 什么是指数

我们通常在股票市场中说的指数，全称是"股票价格指数"，是用来衡量股票整体变化的指标。在很长一段时间内，指数是媒体和学者用来描述市场的工具，并不是投资标的。后来，当指数被用来作为投资标的的时候，才真正迎来了"百花齐放"的指数时代。

指数有三个主要的部分。

（1）指数成分：纳入指数的股票都有哪些。一般我们会有一个样本空间，在这个样本空间内选择符合条件的股票，挑选条件是需要明确和保持一致的，从而确定有哪些股票会被计算到指数当中。

（2）计算方法：指数有很多加权方式，用来确定成分股在指数中的权重，从而确定股票指数的计算方法。对于同样的成分股组成，不同的计算方法会得到收益不同的指数。

（3）基准：指数是一个相对数值，而不是绝对数值。举个例子，小明今年 5 岁，小明爸爸今年 30 岁，这就是绝对数值。但指数不是这样的，如果把小明的年龄当作一个基准，记作 100，那么小明爸爸的年龄指数就是 600（计算方法是爸爸的年龄÷小明的年龄×基准值，30÷5×100=600）。

指数成分和基准都是比较好理解的，但是计算方法相对要复杂一些。我们在指数的章节会展开来讲，也会把常见的指数拆开给大家看。不过现在，我们先来看看让很多人困惑的"上证指数"。

3.1.2 上证指数能代表中国股市吗

我们通常说的"上证指数"其实是指"上证综指"，全称是"上海证券交易所综合股价指数"，编号是 000001。看这个编号就知道，地位不一般。上证综指是我国最早发布的指数，也是媒体关注度最高、群众讨论最多的指数。

按照上面讲的指数的三个部分，我们拆分一下上证综指。

（1）指数成分：上证综指以在上海证券交易所挂牌上市的全部股票为计算范围。

（2）计算方法：上证综指是以发行量为权数的综合股价指数。

（3）基准：自1991年7月15日起开始实时发布，基日定为1990年12月19日，基日指数定为100点。

通过进一步分析，我们发现用上证综指代表中国股票是有问题的。

首先，中国股票市场有两个主要的交易所：上海证券交易所和深圳证券交易所，简称"沪市"和"深市"。在编写上证综指之初，深圳证券交易所发展还不成熟，只有2只股票，80%的上市公司都在沪市。当时用上证综指来衡量整个中国的股票市场是合理的。但是，随着我国经济的高速发展，金融市场也在飞速发展。

截至2020年12月31日，上海证券交易所的上市公司有1800家，总市值达45.53万亿元，12月成交额为4523.02亿元；同时，深圳证券交易所的上市公司有2354家，总市值达34.19万亿元，12月成交额是5138.14亿元。我们可以看出来，深圳证券交易所在上市公司数量和股票单月交易量上都超过了上海证券交易所，如表3.1所示。

表3.1 中国内地股票市场的规模和成交情况

类别	沪市	深市
上市公司数量（家）	1800	2354
总市值（万亿元）	45.53	34.19
成交额（亿元）	4523.02	5138.14

数据来源：中国证券监督管理委员会网站。

而"上证综指"只包含在上海证券交易所上市的股票，并不包含在深圳证券交易所上市的股票。因此，依然用这个指标指代整个中国股票市场是不准确的，并且有很强的误导性。

其次，上证综指是以样本股的发行股本数为权数进行加权计算的。我们简单说一下"发行股本数"的概念。上市公司发行股票，就相当于把公司整体的价值拆分成很多份，这个很多是多少呢？通常在千万或者亿的数量级，分出来的每一份就是我们说的一股，发行的股票数量就是发行股本数。用股

第 3 章　指数基金与个人家庭财富

价乘以发行股本数，得到的就是公司的总市值。所以以发行股本数为权数的加权也可以被看作以公司的总市值为权数的加权。

回到上证综指的计算方法，用发行股本数做权重是什么意思呢？具体公式我们放在基础知识篇里面再详细讲。在这里我们可以直观理解一下用发行股本数做权重的意思，就是你的总市值越大，你对指数的话语权就越大。市值大的公司的股价变动会比市值小的公司更大程度地引起指数变化。

我们知道 A 股有很多超大盘股，如中国石油、中国石化、工商银行，这些公司大部分的股份都在国家手里，在一般情况下是不参与市场流通的。但是在算指数的时候都会被计算进去，这就导致这些超大规模的国有权重股的价格变动会极大地影响指数。

最好的例子就是中国石油（股票代码 601857）。2007 年 1 月 7 日，中国石油上市首日的开盘价是 48.6 元，对应总市值为 7 万亿元，当月就直接被计入了上证综指，这只股票占据了当年整个上证综指 25%的比重。然而，中国石油并没有像股民预期的那样保值、增值，而是一路下跌。截至 2020 年 12 月 31 日，中国石油的收盘价为 4.15 元，总市值为 7600 亿元左右，市值蒸发了 6 万多亿元，跌了近 90%。可以想象，就中国石油一只股票在过去十年间都在严重地拖累上证综指。但事实上，中国石油大部分的股份是不会在市场上出售的，市值蒸发的 6 万多亿元并不是投资者在股市里面亏掉的。这个时候，上证综指对整个市场变化的描述就不是很准确了。

此外，在很长一段时间内，新股在上市后第 11 个交易日就被算入上证综指。我们知道，由于各种原因，A 股股票在上市后都会有连续几天的大涨，然而很多股票在大涨几天之后价格都会慢慢回落。在 2014 年至 2019 年的五年间，沪市共上市新股 563 只，上市后平均连续涨停天数为 9 天。所以新股在进入指数的时候通常都是价格比较高的，之后就开始下跌，反映在指数里面就是拉低指数水平。

只进不出一直是很多人对 A 股市场的诟病，因为缺乏有效的退市制度，导致很多上市公司已经没有什么业务了，却依旧在市场里面挂牌。上证综指是一个全市场采样，这些质量很差的公司也被计算在指数之内，拉低指数水平。

所以，我们看到指数背后隐含着很多内容，并不能只根据上证综指对中国股市做判断。我们在做指数投资时，更要了解每一个指数的构成，才能对自己的投资负责。

对于上证综指，监管部门也看到了问题，在 2020 年 7 月 22 日，上海证券交易所对上证综指做了修订。修订内容规定日均总市值排名在沪市前 10 位的新上市证券，在上市满三个月后计入上证综指，其他新上市证券于上市满一年后计入上证综指，这解决了上市公司被纳入指数速度太快的问题。同时，在修订内容里面，上证综指将剔除 ST、*ST 股票，这也解决了部分只进不出的问题。另外，2019 年新推出的科创板也将被纳入上证综指，保持上证综指的全样本性和实效性。

所以，我们可以期待上证综指会更好地反映沪市的市场变化，但是依旧不能用它代表整个中国股票市场。

3.1.3 中国股市究竟表现怎么样

我们知道，根据上证综指的走势来判断中国股市有没有投资价值，是不可靠的。那么，中国股市这些年来究竟表现怎么样呢？到底有没有长期投资价值呢？

我们选了几个 A 股市场上的主流指数，看看它们从 2000 年到 2020 年这 20 年间的表现，如表 3.2 所示。

表 3.2　A 股 20 年间主要指数的涨幅

指数名称	代码	2000 年 12 月 29 日收盘	2020 年 12 月 31 日收盘	涨幅	年平均收益率
上证综指	000001	2073.48	3473.07	167.50%	2.61%
深证成指	399001	4752.75	14470.68	304.47%	5.72%
沪深 300 指数	399300	1000	5211.29	521.13%	10.87%
中小板指数	399005	1000	9545.18	954.52%	15.67%
中证 500 指数	1B0905	1000	6367.11	636.71%	12.27%

注：（1）沪深 300 指数以 2004 年 12 月 31 日为基日，基日指数为 1000 点，故其年平均收益率按照 2004 年 12 月 31 日到 2020 年 12 月 31 日共 16 年计算。

（2）中证 500 指数以 2004 年 12 月 31 日为基日，基日指数为 1000 点，故其年平均收益率按照 2004 年 12 月 31 日到 2020 年 12 月 31 日共 16 年计算。

（3）中小板指数以 2005 年 6 月 7 日为基日，基日指数为 1000 点，故其年平均收益率按照 2005 年 6 月 7 日到 2020 年 12 月 31 日共 15.5 年计算。

第 3 章　指数基金与个人家庭财富

我们看到，代表大盘股的沪深 300 指数、代表中盘股的中证 500 指数，以及代表中小盘股的中小板指数，在过去的 16 年中，年平均收益率都超过了 10%。中小板指数的年平均收益率超过了 15%。

中国 A 股起步比较晚，有很多问题需要在发展当中解决，但要说 10 年不涨，真的是冤枉 A 股了。

3.2　择时陷阱

在 3.1 节中，我们讲了从长期来看 A 股整体还是非常赚钱的，大部分指数的长期年化收益率也能达到 10%左右。但是，为什么我们身边的朋友通过炒股赚钱的那么少？为什么我们从来没有听说过从高点买入，炒股炒成股东的例子？

有一个非常重要的原因，就是"择时陷阱"。我们以沪深 300 指数为例来说明。我们看到从 2004 年 12 月 31 日到 2020 年 12 月 31 日，沪深 300 指数上涨了 521%，年化收益率是 10.87%。但是，如果我们把沪深 300 指数的走势图拿出来，就没有那么好看了，如图 3.1 所示。

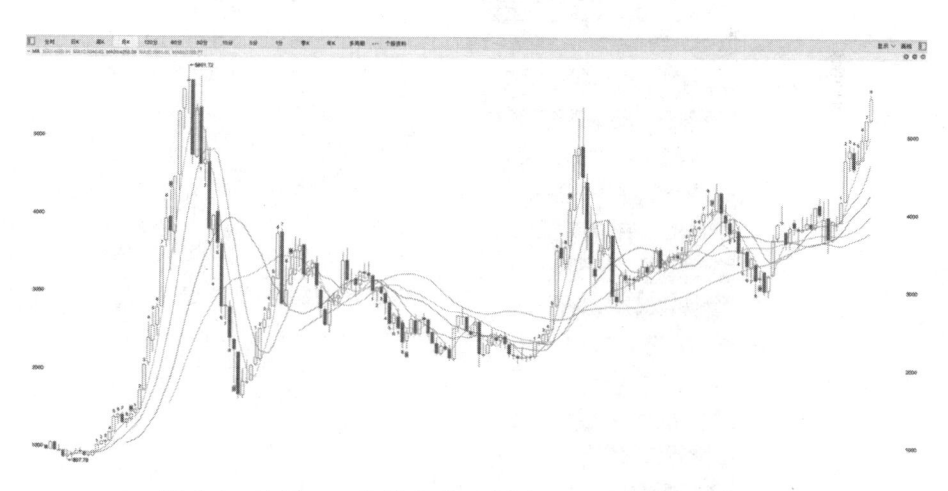

图 3.1　沪深 300 指数月度 K 线图（2005 年—2020 年）

我们看到沪深 300 指数的走势可谓是波涛汹涌，从 2005 年到 2007 年的大牛市就像一座高峰，当时有多少人带着家庭理想入场。但如果你在 2007 年

10月的最高点（5891.72）进场，买了基于沪深300指数的指数基金，那么到今天你也还没有回本。同样的事情也发生在2015年，在这一次的快牛行情中，沪深300指数达到5380.43的高点，这个高点截至2020年年底都没有被超越。一直到2021年1月6日，沪深300指数才重新收复2015年的高点。

所以我们应该知道，股票市场并不是我们想象的那样：每天变一点，然后十年的变化累加在一起。股票市场的波动是集中、快速且巨大的，指数尚且如此，个股就更不用说了。

有人打着如意小算盘，想着要是在涨之前买入、在跌之前卖出，肯定会赚钱。没错，这就是很多股票投资者的"低买高卖"理论，但是现实是骨感的。我们发现股票通常会在连续下跌之后有一个迅速的拉升。美国道琼斯工业平均指数在1987年到2020年6月涨幅最大的20个交易日的数据，如图3.2所示。

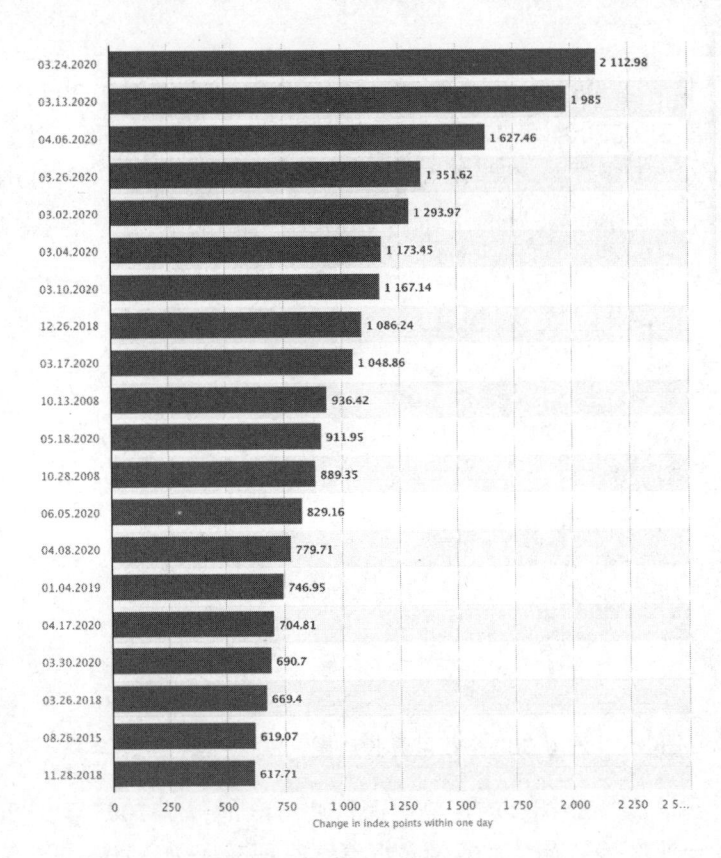

日期	单日涨幅
03.24.2020	2 112.98
03.13.2020	1 985
04.06.2020	1 627.46
03.26.2020	1 351.62
03.02.2020	1 293.97
03.04.2020	1 173.45
03.10.2020	1 167.14
12.26.2018	1 086.24
03.17.2020	1 048.86
10.13.2008	936.42
05.18.2020	911.95
10.28.2008	889.35
06.05.2020	829.16
04.08.2020	779.71
01.04.2019	746.95
04.17.2020	704.81
03.30.2020	690.7
03.26.2018	669.4
08.26.2015	619.07
11.28.2018	617.71

图 3.2　道琼斯工业平均指数单日最大涨幅排行（1987年—2020年6月）

第 3 章　指数基金与个人家庭财富

我们看到排在前七名的交易日都发生在 2020 年 3 月和 4 月之间，回想一下，2020 年 3 月到 4 月之间发生了什么？美股四次熔断。所谓熔断，是指在 1987 年"黑色星期一"，道琼斯工业平均指数一天下跌 22.6% 之后，美国推出的防止极端下跌引发连锁反应的机制。

简单来说，熔断就是在股市跌到一定幅度之后，市场自动停止交易一段时间，可能是几分钟，也可能是全天。目的是让大家能够冷静一下，防止恐慌情绪进一步扩散，给市场带来更大的冲击。目前熔断机制是根据标准普尔 500 指数来制定的，当价格对比前一天收盘价下跌 7% 时就会引发第一级的熔断，第二级熔断的引发点是下跌 13%，第三级熔断的引发点是下跌 20%。于是我们知道，最大涨幅往往伴随着巨大的下跌。

2020 年的美股无疑是疯狂的，在此之前，美股只有在 1997 年 10 月 27 日发生过一次熔断。而在 2020 年 3 月的十天内，就经历了四次熔断。然而，当我们认为市场将要进入崩溃和低迷的时候，美股迎来了大牛市。

从 3 月 23 日开始，如果你持有道琼斯工业平均指数，那么到 2020 年 12 月 31 日你的收益率是 165%，是不是很疯狂？在这样好的市场里面，如果你错过了涨幅最大的 5 个交易日，那么你的收益率就会变成 127%，少了将近 40 个百分点；如果你错过了涨幅最大的 20 个交易日，你的收益率就会进一步降低到 82%，如表 3.3 所示。

表 3.3　道琼斯工业平均指数最大涨幅交易日排序

（2020-03-23—2020-12-31）

排序	日期	上一日收盘价（美元）	收盘价（美元）	上涨（美元）	涨幅
1	2020-03-24	18,591.93	20,704.91	2,112.98	11.37%
2	2020-04-06	21,052.53	22,679.99	1,627.46	7.73%
3	2020-03-26	21,200.55	22,552.17	1,351.62	6.38%
4	2020-05-18	23,685.42	24,597.37	911.95	3.85%
5	2020-11-09	28,323.40	29,157.97	834.57	2.95%
6	2020-06-05	26,281.28	27,110.98	829.70	3.16%
7	2020-04-28	22,653.86	23,433.57	779.71	3.44%
8	2020-04-17	23,537.68	24,242.49	704.81	2.99%

续表

排序	日期	上一日收盘价（美元）	收盘价（美元）	上涨（美元）	涨幅
9	2020-03-30	21,636.78	22,327.48	690.70	3.19%
10	2020-06-29	25,015.55	25,595.80	580.25	2.32%
11	2020-07-14	26,085.80	26,642.59	556.79	2.13%
12	2020-11-03	26,925.05	27,480.03	554.98	2.06%
13	2020-11-05	27,847.66	28,390.18	542.52	1.95%
14	2020-10-07	27,772.76	28,303.46	530.70	1.91%
15	2020-06-16	25,763.16	26,289.98	526.82	2.04%
16	2020-11-16	29,479.81	29,950.44	470.63	1.60%
17	2020-11-24	29,591.27	30,046.24	454.97	1.54%
18	2020-09-02	28,645.66	29,100.50	454.84	1.59%
19	2020-11-02	26,501.60	26,925.05	423.45	1.60%
20	2020-11-13	29,080.17	29,479.81	399.64	1.37%

这是在一年之内的数据，让我们把时间拉长看看会怎么样。我们回到中国市场，用上证综指作为例子来说明。表 3.4 所示是从 1991 年到 2020 年上证综指单日涨幅前 20 的交易日的情况。

表 3.4　上证综指从 1991 年到 2020 年单日涨幅交易日排行前 20

	日期	收盘价（元）	上涨点数
1	1992-05-21	1,266.49	649.5
2	2008-02-04	4,672.17	351.403
3	2008-04-24	3,583.03	304.698
4	2007-11-14	5,412.69	254.576
5	2007-08-20	4,904.86	248.281
6	2015-06-30	4,277.22	224.1915
7	2015-06-01	4,828.74	216.994
8	2015-07-09	3,709.33	202.1381
9	2007-11-29	5,003.33	199.939
10	2015-08-10	3,928.42	184.2109

续表

	日期	收盘价（元）	上涨点数
11	1995-05-18	763.51	180.62
12	2020-07-06	3,332.88	180.0681
13	2008-09-19	2,075.09	179.254
14	2008-08-20	2,523.28	178.813
15	2008-04-30	3,693.11	169.701
16	2008-03-28	3,580.15	168.653
17	2015-07-10	3,877.80	168.473
18	2007-07-06	3,781.35	165.476
19	2008-09-22	2,236.41	161.319
20	2007-10-29	5,748.00	158.366

我们看看从1991年到2020年这三十年间上证综指的收益率。

如果你长期持有上证综指，三十年不动，年化收益率是11.61%，这个还不包括期间的分红；如果你错过了涨幅最大的5个交易日，那么你这三十年的平均年化收益率就变成了8.9%；如果你错过了涨幅最大的20个交易日，你的回报就直接变为负数了。在三十年间，大约有10000个交易日，错过其中的20个，你就和年化11.61%的长期收益擦肩而过了。

当然，这里需要做一个说明，在我国股票市场开始的前十年，也就是从1990年到2000年，由于股票政策不稳定，市场容量小，价格有多次极端波动。在表3.4中，我们可以看到1992年5月21日，由于取消了涨跌停板，当日上证综指上涨105%。这些都是有趣的故事和历史的脚印。当然，即使抛开2000年之前的极端上涨天数，我们的结论也是不变的。

我们可以看出来，股票市场并不是均匀上涨或者下跌的，极端的上涨通常和极端的下跌互相缠绕在一起，投资者很难依照理性做判断。

这就是所谓的"闪电理论"，也就是说，股市上涨就像幸福的闪电，一下就过去了，你需要在闪电来临的时候，让自己在场。那些自以为能预测市场、快进快出的投资者都折在了"择时"这个问题上。

3.3 闭眼买到伟大公司

提到投资,很多人的想法就是买股票。并且,我们时不时就会看到一些公司的股价在一段时间内飞涨。而买了这些股票的人也喜欢吹嘘一只牛股让自己赚了多少钱。

但事实究竟是怎么样的呢?

1973 年,《漫步华尔街》的作者伯顿·马尔基尔就在书中记录了著名的"猴子扔飞镖"的实验。他总结说:"从投资回报来看,让一只蒙上眼睛的猴子向股票名称扔飞镖选中的投资组合,与专家们精心选出的投资组合不相上下。"当然,伯顿·马尔基尔是被动投资的拥护者,不过这也说明,个股价格受到很多因素影响,非常复杂,很难做出预测,在这种情况下,主动选择和掷骰子的结果差异不大。

所以短期选股票靠运气,那些靠买一只股票、在一两年内赚得盆满钵满的,不得不说,是人家运气好。那么长期呢?是不是可以通过选个股获得超越市场的长期收入呢?答案是,也很难。

3.3.1 买到好公司很难

还是先看美国市场,标准普尔 500 指数(S&P500)是美国股票市场最重要的价格指数,涵盖 500 只在美国市场交易的大市值股票。虽然这些股票都是大市值的并且交易活跃,但是要进入标准普尔 500 指数,除了要满足基本的规则要求,还需要通过指数委员会的综合考量。指数委员会还会根据市场变化更换股票,保证标准普尔 500 指数包含的股票是当下市场上最重要的股票。可见,进入标准普尔 500 指数的公司都是最有名气、最有实力、最有价值的好公司。

然而,当我们审视现在标准普尔 500 指数的公司列表时,我们发现:

(1) 1957 年标准普尔 500 指数发布时包含的 500 家公司,到 2020 年还在指数中的只有 37 家,占比 7.4%。

(2) 除了现在依旧在标准普尔 500 指数中的 37 家公司,1957 年指数中的其余463家公司已经都不符合标准普尔500指数的标准了，它们中大部分业绩惨淡，有的被兼并到其他公司，甚至有一些已经破产清算。

（3）即使是依旧在标准普尔500指数中的这37家公司，绝大部分的收益也落后于指数的收益率。

也就是说，40年前市场上最好的500家公司，到现在只有7.4%的公司还算是好公司，但是它们的收益率已经低于指数了。

事实上，如果你想在股票市场中选择一个公司投资，用来养老，那么你选到差公司的概率要远远高于好公司，更有可能的是，在你离开这个世界之前，这些公司可能就先关门了。

全球著名咨询公司麦肯锡在2016年做过一项研究，发现在1958年，标准普尔500指数列表里的公司的平均寿命是61年。到了2016年，这个数字变成了18年。也就是说，好公司的寿命越来越短了。麦肯锡还据此做出预测，现在标准普尔500指数列表里75%的公司到2027年会消失。

20年前，大家还热衷于讨论"基业长青"，但是今天，科技进步让公司的代际更替加快，公司可以用非常短的时间从无到有再到大，大公司也可能在很短时间内突然消失。

对国内市场来说，情况也是一样的。在国内市场中，在过去很长一段时间内由于种种原因，一些科技公司选择海外上市，导致A股缺失了腾讯、阿里巴巴、百度这些高科技、高增长的企业。同时，退市机制不完善，导致A股市场上有很多名存实亡的壳公司存在，这让投资者选到好公司的难度增加了很多。然而，A股市场还是时不时就会有十倍股出现，还有很多人去研究十倍股，试图找到规律。据我所知，这些人不是纸上谈兵，就是赔得很惨。

我找到了《证券时报》在2015年11月16日统计的42只三年涨十倍的股票，如图3.3所示。

这些股票之后发生了什么呢？我们取这些股票在2016—2020年的5年收益率、在2018—2020年的3年收益率和在2020年的1年收益率，分别看一看它们的表现，如表3.5所示。

证券代码	证券简称	2012年11月16日至今涨跌幅(%)	区间最低收盘价(不复权)	上市日期	所属行业名称
300059.SZ	东方财富	3758.09	7.49	2010-03-19	传媒
300085.SZ	银之杰	2852.30	6.55	2010-05-26	计算机
300033.SZ	同花顺	2784.25	12.01	2009-12-25	计算机
600446.SH	金证股份	2514.84	5.84	2003-12-24	计算机
300431.SZ	暴风科技	1950.88	10.28	2015-03-24	传媒
300017.SZ	网宿科技	1796.89	13.75	2009-10-30	通信
300299.SZ	富春通信	1738.34	9.14	2012-03-19	通信
002280.SZ	联络互动	1689.56	8.13	2009-08-21	计算机
300364.SZ	中文在线	1660.30	9.81	2015-01-21	传媒
002625.SZ	龙生股份	1597.67	6.63	2011-11-03	汽车
300287.SZ	飞利信	1466.41	14.43	2012-02-01	计算机
300252.SZ	金信诺	1340.35	8.40	2011-08-18	通信
300266.SZ	兴源环境	1336.68	11.63	2011-09-27	机械设备
300166.SZ	东方国信	1304.55	9.70	2011-01-25	计算机
000748.SZ	长城信息	1303.56	4.45	1997-07-04	计算机
002699.SZ	美盛文化	1292.71	12.81	2012-09-11	纺织服装
002751.SZ	易尚展示	1265.83	15.09	2015-04-24	轻工制造
002640.SZ	跨境通	1263.79	7.95	2011-12-08	纺织服装
300001.SZ	特锐德	1248.28	9.01	2009-10-30	电气设备
603169.SH	兰石重装	1246.87	2.42	2014-10-09	机械设备
603019.SH	中科曙光	1246.02	7.62	2014-11-06	计算机
002252.SZ	上海莱士	1221.16	11.91	2008-06-23	医药生物
002681.SZ	奋达科技	1208.89	7.95	2012-06-05	家用电器
002183.SZ	怡亚通	1188.38	3.82	2007-11-13	交通运输
002268.SZ	卫士通	1166.82	7.01	2008-08-11	计算机
300276.SZ	三丰智能	1155.35	8.68	2011-11-15	机械设备
300216.SZ	千山药机	1132.88	8.80	2011-05-11	医药生物
002312.SZ	三泰控股	1129.23	7.82	2009-12-03	计算机
000025.SZ	特力A	1125.56	5.57	1993-06-21	汽车
000681.SZ	视觉中国	1123.64	6.00	1997-01-21	传媒
300104.SZ	乐视网	1111.60	13.91	2010-08-12	传媒
002555.SZ	顺荣三七	1105.16	9.70	2011-03-02	传媒
300297.SZ	蓝盾股份	1104.22	11.70	2012-03-15	计算机
300253.SZ	卫宁软件	1099.02	19.35	2011-08-18	计算机
300242.SZ	明家科技	1066.97	7.59	2011-07-12	电气设备
300324.SZ	旋极信息	1054.27	15.82	2012-06-08	计算机
300078.SZ	思创医惠	1024.61	9.47	2010-04-30	电子
002175.SZ	东方网络	1020.56	7.26	2007-10-12	机械设备
000622.SZ	恒立实业	1007.14	3.50	1996-11-07	汽车
300269.SZ	联建光电	1006.07	7.32	2011-10-12	电子
300063.SZ	天龙集团	1004.54	6.53	2010-03-26	化工
300208.SZ	恒顺众昇	1003.76	5.20	2011-04-26	电气设备

图 3.3　42 只三年十倍股（统计时间为 2015 年 11 月 16 日）

表 3.5　2015 年的 42 只三年十倍股在之后 5 年的收益表现

证券代码	证券简称	5 年收益率	3 年收益率	1 年收益率	备注
300059.SZ	东方财富	222.51%	312.37%	90.78%	
300085.SZ	银之杰	-45.56%	28.64%	-6.64%	
300033.SZ	同花顺	152.60%	200.93%	-4.13%	

第 3 章　指数基金与个人家庭财富

续表

证券代码	证券简称	5年收益率	3年收益率	1年收益率	备注
600446.SH	金证股份	−46.05%	12.93%	−28.84%	
300431.SZ	暴风科技	—	—	—	已退市
300017.SZ	网宿科技	−61.22%	−39.43%	−36.89%	
300299.SZ	富春通信	−56.24%	6.60%	17.85%	
002280.SZ	联络互动	−86.87%	−61.99%	−31.47%	*ST
300364.SZ	中文在线	−62.70%	−27.98%	68.57%	
002625.SZ	龙生股份	—	—	—	被"光启技术"借壳上市
300287.SZ	飞利信	−71.44%	−58.13%	−41.62%	
300252.SZ	金信诺	−56.95%	−18.11%	−36.18%	
300266.SZ	兴源环境	−70.96%	−76.43%	−21.95%	
300166.SZ	东方国信	−30.94%	−32.98%	−50.44%	
000748.SZ	长城信息	—	—	—	已退市
002699.SZ	美盛文化	−74.96%	−74.15%	−22.89%	
002751.SZ	易尚展示	−80.63%	−49.94%	−37.64%	
002640.SZ	跨境通	−69.73%	−73.70%	−29.81%	
300001.SZ	特锐德	39.36%	134.41%	21.90%	
603169.SH	兰石重装	−71.52%	−50.00%	−29.23%	
603019.SH	中科曙光	107.10%	54.39%	−18.69%	
002252.SZ	上海莱士	−62.63%	−60.26%	−20.43%	
002681.SZ	奋达科技	−51.33%	−20.25%	−1.54%	*ST
002183.SZ	怡亚通	−67.24%	−34.17%	5.56%	
002268.SZ	卫士通	−20.68%	−26.67%	−41.18%	
300276.SZ	三丰智能	−53.76%	−26.84%	−34.11%	
300216.SZ	千山药机	—	—	—	已退市
002312.SZ	三泰控股	−47.08%	18.70%	57.42%	
000025.SZ	特力A	−67.68%	−33.23%	−20.97%	
000681.SZ	视觉中国	−49.20%	−41.92%	−27.29%	

续表

证券代码	证券简称	5年收益率	3年收益率	1年收益率	备注
300104.SZ	乐视网	—	—	—	已退市
002555.SZ	顺荣三七	70.64%	60.27%	-23.38%	更名为"三七互娱"
300297.SZ	蓝盾股份	-69.67%	-46.79%	-22.88%	
300253.SZ	卫宁软件	84.74%	162.72%	-7.78%	
300242.SZ	明家科技	-70.19%	-37.08%	-25.39%	更名为"佳云科技"
300324.SZ	旋极信息	-78.74%	-65.21%	-64.19%	
300078.SZ	思创医惠	-53.50%	-8.95%	-53.68%	
002175.SZ	东方网络	-93.33%	-85.25%	-58.49%	ST
000622.SZ	恒立实业	-69.02%	-15.01%	-29.52%	
300269.SZ	联建光电	-84.46%	-65.71%	-21.52%	
300063.SZ	天龙集团	-71.76%	8.69%	11.67%	
300208.SZ	恒顺众昇	—	—	—	被"青岛中程"借壳上市
000300.SH	沪深300指数	87.39%	34.35%	32.63%	

我们发现这些曾经风光一时的三年十倍股，在并不遥远的5年之后就已经大多风光不再了。其中，有6家公司退市或者被借壳，占到42家公司的14%；有24家公司的近5年收益率低于-50%，加上退市的6家，一共有30家公司，占到71%。如果你在5年前投资了这些公司的股票，你的本金将会损失一半以上。在这42家上市公司中，只有6家的近5年收益率是正的，其中只有3家跑赢了沪深300指数，分别是东方财富（300059.SZ）、同花顺（300033.SZ）、中科曙光（603019.SH）。也就是说，在这42只三年十倍股中，5年后只有7%的股票跑赢了沪深300指数，10年之后这个比例应该会更低。

所以即使在明星公司里面选择，我们找到好公司的概率也是很低的。

如果说，我们投资的目的是让个人或者家庭的财富能够持续增值，那么选择个股的风险是非常大的。作为普通投资者，从概率的角度来看，我们很难在数千只股票中找到真正伟大的公司，来长期帮助我们实现资产增值。

3.3.2 指数帮你选股

指数有一个天然优势，就是发现好公司。因为指数通常会定期更新成分股和权重，会剔除不再符合指数标准的上市公司，会加入市场上新出现的优质公司。大部分指数是根据市值和流动性在样本空间内选择成分股的，所以，虽然我们买的一直是同一个指数，但是指数的成分股是随着市场变化的，有一个优胜劣汰的过程。

以标准普尔 500 指数为例，2020 年就有 16 家上市公司首次进入标准普尔 500 指数，其中包括特斯拉，如表 3.6 所示。

表 3.6 2020 年首次进入标准普尔 500 指数的公司

证券代码	公司名称	行业分类	首次进入标准普尔 500 指数的日期	成立时间
PAYC	Paycom	信息科技	2020-01-28	1998
IR	Ingersoll Rand	工业	2020-03-03	1859
CARR	Carrier Global	工业	2020-04-03	2020(1915)
OTIS	Otis Worldwide	工业	2020-04-03	2020(1853)
DXCM	DexCom	医疗健康	2020-05-12	1999
DPZ	Domino's Pizza	非必需消费品	2020-05-12	1960
WST	West Pharmaceutical Services	医疗健康	2020-05-22	1923
BIO	Bio-Rad Laboratories	医疗健康	2020-06-22	1952
TDY	Teledyne Technologies	工业	2020-06-22	1960
TYL	Tyler Technologies	信息科技	2020-06-22	1966
CTLT	Catalent	医疗健康	2020-09-21	2007
ETSY	Etsy	非必需消费品	2020-09-21	2005
TER	Teradyne	信息科技	2020-09-21	1960
POOL	Pool Corporation	非必需消费品	2020-10-07	1993
VNT	Vontier	信息科技	2020-10-09	2019
TSLA	Tesla, Inc.	非必需消费品	2020-12-21	2003

同样，对于沪深 300 指数，中证指数有限公司作为沪深 300 指数的编制和维护公司，每半年会更新一次样本名单。最近一次调整是 2020 年 12 月 14 日，一共有 26 家公司被调出指数样本，有 26 家公司进入指数样本，如表 3.7 所示。

表 3.7 沪深 300 指数的样本股调整名单（2020 年 12 月 14 日）

调出名单		调入名单	
证券代码	证券名称	证券代码	证券名称
000709	河钢股份	002049	紫光国微
002466	天齐锂业	002384	东山精密
002468	申通快递	002414	高德红外
600038	中直股份	002600	领益智造
600089	特变电工	002812	恩捷股份
600170	上海建工	002821	凯莱英
600188	兖州煤业	300529	健帆生物
600219	南山铝业	300676	华大基因
600221	海航控股	600150	中国船舶
600372	中航电子	600161	天坛生物
600398	海澜之家	600584	长电科技
600516	方大炭素	600600	青岛啤酒
600583	海油工程	600763	通策医疗
600674	川投能源	600845	宝信软件
600867	通化东宝	600872	中炬高新
600928	西安银行	600918	中泰证券
600968	海油发展	601696	中银证券
600977	中国电影	601872	招商轮船
601018	宁波港	601990	南京证券
601212	白银有色	603087	甘李药业
601298	青岛港	603195	公牛集团
601828	美凯龙	603392	万泰生物
601898	中煤能源	688008	澜起科技
601992	金隅集团	688009	中国通号
601997	贵阳银行	688012	中微公司
603260	合盛硅业	688036	传音控股

数据来源：中证指数有限公司网站。

对宽基指数来说，会在整个市场层面挑选市值最大、流动性最好的公司进入成分股；对行业指数来说，会选择在这个行业内最具规模、品牌和增长很快的公司。

所以，选择指数基金更容易选到好的公司。同时，指数的维护机制会帮助投资者一直优化投资组合，不至于错过伟大的公司。

3.4 让家庭财富参与到国家经济增长中

3.4.1 股票市场不是零和游戏

很多人说："股票市场是零和游戏，如果你赚钱了，那么一定有一个人亏钱。"这种说法并不完全正确。在短期内，如在一两天、一两周的时间内，或许是这样的。在这么短的时间内，一个公司的业务很难有实质性的增长，股票的涨跌在很大程度上取决于市场变化。

但是从长期来看，股票市场是"正和"的。过去20年，中国经济的腾飞是有目共睹的，自然也会出现很多优秀的企业，这些优秀的企业是带动国家进步的引擎之一。上市公司作为一个整体，其业绩在上涨，市值也在上涨，这就是股票市场的增量来源。

购买指数基金，其实就是购买整个市场。如果你能够长期持有一只全市场指数基金或者覆盖大部分市场的指数基金，那么你就能够享受整个市场增长带给你的收益。

3.4.2 α和β

为了说明上面的问题，我们简单给大家介绍两个在投资股票基金时，经常会遇见的概念：α（阿尔法）和β（贝塔）。这两个概念出自资本资产定价模型（CAPM），有兴趣的朋友可以去了解更多，我们只介绍它们在日常投资中代表的意义。

β（贝塔）又称贝塔系数，用来衡量一个资产组合和整体市场的相关关系。贝塔系数高，说明资产组合和整体市场的相关性大，反之则相关性小。因此，β被称为不可分散风险，也叫作系统风险。β不能用来衡量投资组合的特有的风险。

α（阿尔法）可用来衡量一个投资组合比整体市场高出的收益。如果α是正数，则说明这个投资组合的表现好于整体市场，如果α是负数，则说明这个投资组合的收益低于整体市场。也就是说，基金有没有跑赢大盘，看得就是α是不是正数。因此，α也被称作超额收益。

α经常被用来衡量一只主动管理型基金的管理水平，大家普遍认为，只有跑赢大盘，基金才是合格的。否则，还不如去买指数基金。因为指数基金就是完全地享受系统收益的基金，只有β，没有α。

然而，巴菲特、约翰·博格、戴维·斯文森等金融界的神级人物之所以推崇指数基金，是因为大部分的主动管理型基金为了追求α，频繁买卖股票，人为提高交易和税务成本，结果不仅没有获得正的α，反而把β也弄没了。在整体经济向上发展的市场中，最好的选择就是买入指数基金，长期持有，坐享经济增长带来的β收益并结合复利的强大力量。

3.4.3　分享科技进步带来的收益

随着互联网的普及，全球范围内出现了一大批互联网科技公司，它们获取了巨额的利润，同时拥有具有相关技能的个人，如程序员、产品经理、设计师等，他们也获得了很高的经济回报。在可见的未来，同样的事情还会发生，如AI、生物医药、新能源等领域，都走在从技术进步到应用的路上。那么，具有相关技能的个人及他们的家庭会有客观的收获，但是对大部分的老百姓来说，并不能分享这些科技进步带来的收益。

利用指数基金，分散投资一篮子股票，参与到整体市场的增长当中，就成为一种有效的跟上时代发展的手段。作为普通投资者，我们不能判断哪些技术会成熟，哪些技术会爆发，但是指数会帮我们把这些都囊括进市场，让投资者被动地参与其中。

当下，投资理财已经成为每一个家庭都必须认真思考和实施起来的重要事情。逆水行舟，不进则退，要让我们的积蓄成为可增值的资产，我们必须跟上社会发展的步伐，分享国家经济增长的成果。

第 2 篇 基础知识篇

第 4 章
夯实指数基础

要全面地了解指数基金,首先需要能够清晰地理解指数的概念,熟悉指数的应用。之前我们已经讲过世界第一只股票指数——道琼斯指数的故事,还在第 3 章简单讲了什么是股票指数。本章我们会从更基本的概念和逻辑出发,全面梳理一下关于指数我们需要掌握的知识点。

4.1 指数的基本概念

什么是指数？从广义来讲，反映现象总体数量变动的相对数都是指数。在日常生活中，我们经常会在媒体上面看到指数，如消费品价格指数、生产资料价格指数等。指数的用处是帮助我们衡量那些复杂现象的总体数量变动。

而在投资市场中，我们说的指数，通常是指用一种特定的计算方式，跟踪一组资产的整体表现。根据资产的不同，指数有债券指数、房地产指数、股票指数等。这里我们主要讲股票指数，也会对其他指数有所涉猎。

股票指数，全称是股票价格指数。一个股票指数通常会包含几十只甚至上千只股票，这些股票称为一个指数的成分股票，有时候也叫作指数的列表公司。而指数就是反映这些成分股票在市场上的整体表现的一个指标，它帮助投资者就当前市场的价格和过去市场的价格进行比较，从而判断市场的表现。所以，股票指数是一个相对值，单拿出来一个指数数值并不能代表什么，一个指数基于不同时间的序列，加在一起反映的是市场的变化。

判断一个指数有两个主要的标准：可投资性和透明性。其中，透明性是可投资性的前提。一个指数要想被市场认可，它的抽样范围、加权方式、计算方法、基准日等信息都必须是公开、透明的。基于此，投资者能够按照指数的计算方法进行建仓，从而打造一个能够跟踪指数变化的投资组合。本书的重点内容——指数基金和ETF就是基于这样的想法而出现的投资工具。

同时，股票市场会受到很多因素影响，股票自身也会出现很多变化，如股票的分拆、公司并购等一系列情况。所以，股票指数也需要进行维护，有时候甚至需要对指数的编制规则进行修订，以适应市场的变化。那么，都是谁在编制、发布和维护股票指数呢？答案是指数公司。

4.1.1 指数公司

就像我们之前提到的，股票指数最早是媒体和股票评论员提出的概念，用来描述市场的整体走势。随着股票市场越来越庞大，上市公司的数量越来越多，投资者对市场的信息需求也在不断增加。今天，全球有大大小小数百家指数公司在专门编制、发布和维护股票指数。它们最主要的一项工作就是对股票市场进行分类，定义不同的市场，然后用指数来描述它们定义的整体

第 4 章 夯实指数基础

或者部分股票市场，给市场建立基准，方便投资者进行判断。

这样说有点抽象，我们可以想象一下，股票市场里面的上市公司都是一家一家地上市的，彼此之间并没有什么关联。突然有一天，一家指数公司把市场里面所有做医药的公司划在一起，把它们的股票价格用某种方式取了一个平均值，然后起了一个名字，如某某市场医药指数。从此这些股票就变成了一个新的可描述的市场分类。

那么，是不是指数公司可以随便定义市场呢？理论上是可以的，但是如果一个指数在推出之后，没有人认可，使用的人很少，慢慢地就会被市场淘汰。相对地，认可度高的指数会被媒体和股票评论员引用，而且会有资金来跟随，也就是基于指数的指数基金和 ETF 会把指数的可投资属性表现出来。所以，指数公司不但要有过硬的专业知识和市场洞察能力，常年累计的信用和市场品牌也是非常重要的。

全世界最著名的四个指数公司分别是标准普尔道琼斯（S&P Dow Jones Indices），旗下指数包括著名的道琼斯工业平均指数和标准普尔 500 指数；摩根士丹利资本国际（Morgan Stanley Capital International Index，MSCI），旗下指数包括 MSCI 全球指数和 MSCI EAFE 指数；富时罗素（FTSE Russell），旗下指数包括富时 100 指数、罗素 2000 指数等；彭博（Bloomberg），旗下指数包括彭博巴克莱全球综合债券指数和中国综合指数等。这些公司推出的指数在数量和应用范围上都是全球领先的。

4.1.2 国内指数公司

我国的指数公司以官方性质的指数公司为主，具体说来，主要有两家，分别是中证指数有限公司和深圳证券信息有限公司。除此之外，还有一些证券公司也在做指数的编制，但是由于各种原因，市场认可度不高，基于这些指数的投资产品非常少。

1. 中证指数有限公司

中证指数有限公司（China Securities Index Co.,Ltd）成立于 2005 年 8 月 25 日，是由上海证券交易所和深圳证券交易所根据中国证券监督管理委员会主席办公会议精神，共同出资发起设立的一家专门从事证券指数及指数衍生产品开发服务的公司。中证指数有限公司于 2006 年 2 月 20 日成立了由境内外九名专家组成的中证指数专家委员会。专家委员会讨论通过了中证指数编制规则和中证指数体系架构。

目前我国推出的三个股指期货合约跟踪的沪深300指数、上证50指数和中证500指数，都出自中证指数有限公司。在中证指数有限公司的官方网站，我们可以找到中证指数有限公司编制的所有指数品种。中证指数有限公司编制的指数组成了一个庞大的系统，按照不同的种类、市场、币种等分成很多类，以满足不同机构、市场的需要，如图4.1所示。

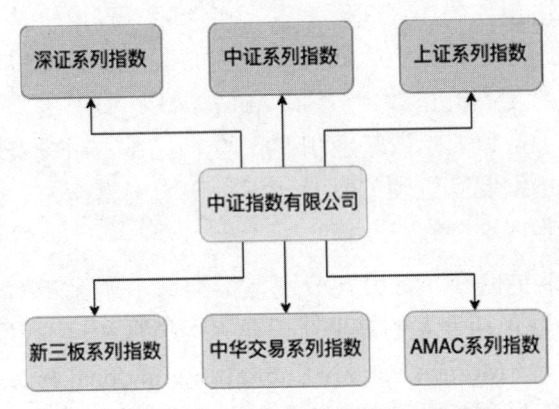

图4.1 中证指数有限公司的指数系列

2、深圳证券信息有限公司

深圳证券信息有限公司是深圳证券交易所的下属公司，是国内最早开展指数业务的专业运营机构。依托深圳证券交易所的独特资源，深圳证券信息有限公司从1991年开始就一直负责"深证"系列指数的编制、维护和授权，并于2002年首先推出跨市场的"国证"系列指数。深圳证券信息有限公司最知名、应用最广的指数包括深证成分指数、创业板指数和中小板指数。

深圳证券信息有限公司的指数系列都可以在国证指数的官方网站上面找到，主要包括深证指数、国证指数、中华指数、全球指数、和央视合作推出的央视指数，以及和世界上其他交易所合作推出的指数系列，如图4.2所示。

我们之所以把国内最主要的两个指数公司列出来，是希望让大家知道我们平时用来投资的指数源头在哪里。当你接触到一个新的指数，不明白它的覆盖范围和编制方法，或者不知道它有哪些相关投资产品时，就可以去指数公司的官方网站上面搜索和学习。

第 4 章　夯实指数基础

深证指数				国证指数			
规模指数	行业指数	风格指数	主题指数	规模指数	行业指数	风格指数	主题指数
策略指数	综合指数	债券指数	基金指数	策略指数	综合指数	债券指数	基金指数
定制指数				定制指数	人民币指数	跨境指数	其他指数
全球指数				央视指数			
中华指数				国际合作			
				泛欧交易所	柬埔寨证券交易所	菲律宾证券交易所	达卡交易所
				新加坡交易所	马来西亚交易所		

图 4.2　深圳证券信息有限公司的指数系列分类

4.2　股票指数的分类

在我们讲解中国指数公司的指数体系的时候，可能有很多朋友看到繁杂的分类摸不着头脑。在本节中，我们就来看看这些分类是怎么回事。

熟悉指数的分类，也就熟悉了指数基金的分类，这对我们查找、挑选、投资指数基金有很大的帮助，同时帮助我们明确投资偏好、更好地打造投资组合。

在 4.1 节中我们提到过，按照资产不同指数分为股票指数、债券指数、基金指数、期货指数、房地产指数等。本书我们主要覆盖的是股票指数。

股票指数分为宽基指数、行业指数、主题指数和策略指数。

4.2.1　宽基指数

从名称上面我们就可以看出来，宽基指数的成分股的覆盖范围比较广，不会限定在某个单一的行业或者主题。宽基指数通常用来衡量部分或者整个市场的价格变动情况，具有相当的代表性。在中国，宽基指数也被称作规模指数。

通常，宽基指数的成分股的数量会相对较多。世界上成分股数量最少的宽基指数是我们之前多次提到的、大名鼎鼎的道琼斯工业平均指数（DJIA），它只包含 30 只股票。可能有人会认为道琼斯工业平均指数是行业指数，因为里面有"工业"两个字。这其实是一个误会，道琼斯工业平均指数的公司列

55

表里面有苹果、麦当劳、微软、迪士尼、宝洁、耐克等各个行业的龙头公司。相对地，威尔夏 5000 指数（Wilshire 5000）是一只美股全市场指数，包含超过 5000 只的股票，是成分股数量最多的指数之一。另外，大家比较熟悉的宽基指数还有标准普尔 500 指数、纳斯达克 100 指数、恒生指数等。

对于宽基指数，我们通常还会从成分股股本规模的角度，划分出大盘股、中盘股、小盘股等代表不同规模的宽基指数，如图 4.3 所示。

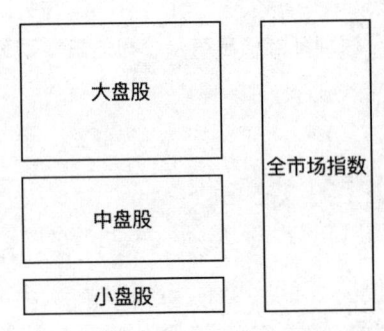

图 4.3 宽基指数按照成分股股本规模划分示意图

宽基指数是目前市场中最核心的指数类型，在中国市场也是如此，我们最熟悉的上证综指、深证成指、沪深 300、上证 50 等，都是宽基指数。宽基指数对股票市场整体的代表性最强，参考价值最大。同时，跟踪这类指数的基金规模也最大。我们罗列了 A 股市场中一些具有代表性的宽基指数，以及以它们为跟踪标的的指数基金的数量，如表 4.1 所示。

表 4.1　A 股市场主要的宽基指数及相关产品数量

指数名称	指数代码	成分股数量	规模划分	指数简介	相关产品数量
上证综指	000001	1536	全市场	沪市剔除 ST/ST*的所有股票，反映沪市的整体表现	4
沪深 300	000300	300	大盘股	在沪深两市中，市值排名前 300 的股票，反映 A 股大市值公司的表现	151
上证 50	000016	50	大盘股	沪市中市值最大的 50 只股票，反映沪市最有影响力的超大市值公司的表现	30

续表

指数名称	指数代码	成分股数量	规模划分	指数简介	相关产品数量
中证100	000903	100	大盘股	沪深两市中市值最大的100只股票,反映A股超大市值公司的表现	22
中证500	000905	500	中盘股	沪深两市中市值排名从301到800的500只股票,反映A股市场中小规模公司的表现	133
深证成指	399001	500	大盘股	深市中市值排名前100的股票,反映深市的总体表现	5
创业板指	399006	100	中小盘股	创业板中市值最大的100只股票,反映创业板市场的表现	34
上证小盘	000045	320	小盘股	由上证A股中去除上证180指数的成分股后,按市值和成交量水平排名靠前的320只股票组成	0

注:相关产品包括跟踪该指数的指数基金、ETF、LOF及联接基金。数据来自中证指数有限公司网站及国证指数网站,截至2020年12月。

目前,A股市场中规模最大的5只指数基金都是以宽基指数为标的的,如表4.2所示。

表4.2 A股市场中规模最大的5只指数基金/ETF

产品名称	证券代码	跟踪指数	资产净值(亿元)	基金成立日
华夏上证50 ETF	510050	上证50	461.70	2004-12-30
华泰柏瑞沪深300 ETF	510300	沪深300	381.55	2012-05-04
南方中证500 ETF	510500	中证500	365.65	2013-02-06
华夏沪深300 ETF	510330	沪深300	266.99	2012-12-25
嘉实沪深300 ETF	159919	沪深300	230.75	2012-05-07

截止日期:2020年12月31日。

这些都可谓是超大规模的基金类产品了,说明我国的指数基金逐渐获得了市场的认可,也在慢慢被更多的普通投资者接受。比起美国市场上跟踪宽基指数的产品,如先锋领航 500 基金(它是目前美国规模最大的指数基金,规模在 3600 亿美元左右,加上其相应的 ETF 总体规模超过 6000 亿美元),中国的宽基指数基金在规模上还有很大的发展空间。

4.2.2 行业指数

和宽基指数相对应的是窄基指数,窄基指数又分为行业指数和主题指数,这些也是非常重要的两类股票指数。

行业指数,顾名思义,就是以某个行业为样本范围,来选择指数的成分股。全世界第一只股票指数——道琼斯运输业平均指数就是一只行业指数,因为它包含的股票都是和交通、运输相关的上市公司的股票。

1999 年,标准普尔道琼斯和摩根士丹利资本国际,就是我们之前说的全球四大指数公司里的两个,一起制定了一个全球行业分类标准,简称 GICS,将行业分为 11 个板块、24 个行业群、69 个行业,如表 4.3 所示。

表 4.3 全球行业分类标准(GICS)

板块	行业群	行业
能源	能源	能源设备和服务
		石油、天然气和消费燃料
材料	材料	化学制品
		建筑材料
		容器和包装
		金属和采矿
		纸和木制品
工业	资本货物	航天航空与国防
		建筑产品
		建设工程
		电子设备
		工业集团
		机械制造
		贸易公司和分销商

第 4 章 夯实指数基础

续表

板块	行业群	行业
工业	商业和专业服务	商业服务与用品
		专业化服务
	运输	空运和物流
		航空业
		海运业
		道路和铁路运输
		交通基础设施
可选消费行业	汽车及零配件	汽车配件
		整车
	消费耐用品和服装	家用耐用品
		休闲商品
		纺织品、服装和奢侈品
	消费者服务	酒店、餐厅和休闲
		多元化的消费者服务、教育
	零售	分销商
		互联网与直销零售
		连锁销售和百货商店
		专卖店
必需消费品行业	食品和主食零售	食品和主食零售
	食品、饮料和烟草	食品
		饮料
		烟草
	家用和个人用品	家庭用品
		个人用品
医药业	医疗设备和服务	医疗设备和服务
		医疗服务供应商
		医疗技术
	制药、生物技术与生命科学	生物技术
		制药
		生命科学工具和服务

续表

板块	行业群	行业
金融业	银行业	银行
		储蓄和抵押金融
	多元化金融	多元化金融服务
		消费金融
		资本市场
		抵押房地产投资信托
	保险业	保险业
信息业	软件和服务	IT 服务业
		软件业
	技术硬件和设备	通信设备
		技术硬件、存储和外围设备
		电子设备、仪器及零件
	半导体与半导体设备	半导体与半导体设备
电信业	通信服务	多元化电信服务
		无线电信服务
	媒体和娱乐	媒体
		娱乐
		交互式媒体和服务
公共事业	公共事业	电力
		天然气
		多功能服务
		水
		独立电力和可再生电力生产商
房地产	房地产	权益房地产投资信托
		房地产管理与开发

注：以上分类来自摩根士丹利资本国际在 2020 年 12 月的修订版本。

目前全球大部分国家的金融行业都按照这个分类标准对行业进行划分。在我国的行业指数体系中，有全球行业分类标准，还有中基协基金估值行业分类（简称"AMAC"），还有最早的上海证券交易所的五大行业分类。我们挑选几组以不同标准划分的行业指数，让大家有一个直观的认识，如表 4.4 所示。

第4章 夯实指数基础

表4.4　A股行业指数举例

指数代码	指数名称	成分股数量	发布时间	行业分类标准	指数抽样范围
000004	工业指数	1037	1993-05-03	上海证券交易所对上市公司按其所属行业分成五大类别：工业类、商业类、房地产业类、公用事业类、综合业类	上证行业分类指数系列的样本空间由在上海证券交易所上市的股票和红筹企业发行的存托凭证组成，ST、*ST证券除外
000005	商业指数	145	1993-05-03		
000006	地产指数	25	1993-05-03		
000007	公用指数	130	1993-05-03		
000008	综合指数	200	1993-05-03		
000908	300能源	6	2007-07-02	按照全球行业分类标准进行行业划分	对沪深300指数包含的所有公司进行行业分类。其中，金融业和房地产业合并成为300金融地产指数，简称"300金融"
000909	300材料	25	2007-07-02		
000910	300工业	46	2007-07-02		
000911	300可选	27	2007-07-02		
000912	300消费	21	2007-07-02		
000913	300医药	32	2007-07-02		
000914	300金融	80	2007-07-02		
000915	300信息	44	2007-07-02		
000916	300电信	11	2007-07-02		
000917	300公用	8	2007-07-02		
H11030	AMAC农林	36	2009-06-15	按照中基协基金估值行业分类（AMAC）进行行业划分。AMAC编制除制造业之外的16个门类指数和27个大类指数，共有43个行业分类指数，用于反映不同行业的股价整体变动情况	将沪深两市中剔除ST、*ST股票外的所有股票，按照AMAC做行业分类，得到不同行业的行业指数
H11031	AMAC采矿	70	2009-06-15		
H11041	AMAC公用	92	2009-06-15		
H11042	AMAC建筑	85	2009-06-15		
H11043	AMAC交运	95	2009-06-15		
H11044	AMAC信息	319	2009-06-15		
H11045	AMAC批零	139	2009-06-15		
H11046	AMAC金融	118	2009-06-15		
H11047	AMAC地产	103	2009-06-15		
H11049	AMAC文体	60	2009-06-15		
H11050	AMAC综企	37	2009-06-15		

注：以上数据来源于中证指数有限公司官方网站。

当我们看到行业指数的时候，需要明确其抽样范围和行业划分标准，如果不能很好地区分，还可以看看指数的成分股列表，看看是不是我们想要的行业组合。

4.2.3 主题指数

主题指数是反映某一特定的投资主题的指数，是指数公司为了适应市场不断进行的指数创新。行业指数通常会比较明确和严格地按照行业划分标准来确定成分股的样本范围，而主题指数相对来说灵活很多，更容易满足市场快速变化的需要。主题指数作为行业指数的补充，和行业指数一起被称作窄基指数。

不同的市场中通常有不同的热点和投资主题，有研究者对主要指数公司的主题指数列表做了总结和分类，将主题指数大体上分为传统主题指数和新型主题指数，如表 4.5 所示。

表 4.5　主题指数的内容归类

类别	传统主题指数	新型主题指数
具体内容	社会责任/环境指数	创新主题指数
	可持续发展指数	碳效率主题指数
	新能源指数	清洁科技/环保科技主题指数
	自然资源指数	生态主题指数/环境机遇主题指数
	基建指数	智能手机主题指数/网络综合主题指数
	科技指数	农业综合主题指数/农业及食品主题指数
	其他类主题指数	商品生产者主题指数
		经济刺激主题指数
		中国城市化主题指数
		高能效运输主题指数

在我国市场中，比较著名的主题指数有上证红利指数、上证中央企业50指数、中证白酒指数、中证一带一路主题指数、中证智能电动汽车指数等。

需要注意的是，宽基指数由于覆盖了不同行业的上市公司，行业风险相互抵消，主要暴露的是不同市场规模下的系统风险；相对应地，行业指数和主题指数集中在某一个行业或者某一个投资主题上，风险不能够得到分散，导致其波动风险高于宽基指数。

4.2.4 策略指数

通常，宽基指数、行业指数和主题指数都采用市值加权或者自由流通量加权的计算方法，主要差别在于成分股的样本空间和选择标准不同。随着指数的发展，开始出现一些更多样的成分股选择标准和更为复杂的加权方法，让指数有了不同的策略倾向。这就是我们要介绍的策略指数。在讲解策略指数之前，我们先了解一下"因子投资"及最近非常受欢迎的"聪明的贝塔"（Smart Beta）。

1. 因子投资

在我们讲指数基金的发展故事的时候，提到过在指数基金的发展过程中，一直有一场主要的战役，就是主动管理型基金和被动管理型基金的收益之战。当然，后来的结果是以指数基金为代表的被动管理型基金长期完胜主动管理型基金。

当然，人们并没有放弃去寻找影响股票涨跌的因素。常见的一种方式就是寻找因子，把股票的特性都列出来，然后看哪一些因子和股票价格的改变有关。就好像挑选篮球运动员，我们不知道什么样的人会在篮球比赛中表现出色，那么我们就把每个篮球运动员的指标都列出来，如身高、体重、百米跑步成绩、摸高成绩、生日、出生地、鞋码、臂长、腿长、智商、情商等，然后一个一个地看这些指标和篮球比赛的表现有没有关系。我们可能发现大部分指标和表现没有关系，但有几个指标会和比赛表现有显著的关联，如身高、摸高成绩、智商等。（注：这个例子只是为了让大家理解因子投资，关于篮球运动员的结论不保证正确。）

在传统金融理论中，1960年由夏普、特雷诺等人提出的资本资产定价模型（CAPM），把系统性风险简化为一个因子，称作 β（贝塔），用来描述一只股票或者一个投资组合的风险和市场风险的关系。他们把一只股票或一个投资组合抛开市场系统涨跌后的绝对收益称作 α（阿尔法）。这就是著名的 α 和 β，我们在第 3 章简单介绍过这两个概念。

主动管理型基金一直在做的一件事情就是"寻找阿尔法"，通过择时、杠杆、选股等手段，得到超过市场收益的超额收益。而被动管理型基金，即指数基金，在做的事情是"享受贝塔"，通过购买"整个市场"，减少交易，降低成本，充分获得市场的系统性收益。

然而，随着因子投资理论的发展，业界对阿尔法和贝塔的理解都有了变化。人们发现很多原来被当作绝对收益的指标，其实是可以归纳到市场系统趋势当中的。于是有了一个很流行的说法："阿尔法是没有被发现的贝塔"。同时，主张被动管理型投资的机构和学者也开始把新发现的一些因子加入被动管理型组合中。于是出现了近几年很受欢迎的"聪明的贝塔"，即在原有的市场系统风险中加入因子风险变量，从而获得更高的风险溢价，提高收益。简单地说，就是在原来被动管理型投资的基础上，考虑了一些可能会提高收益的因子。因为这些因子都是可以客观量化的，所以很容易融合到原来的投资组合中，并且不需要主观因素的干预。

那么，都有哪些因子会影响股票价格呢？

学界和投资界对因子的寻找从三十年前就开始了，在千百个因子中，发现真的能够显著影响股票价格的因子并不多，现在业界通常会把因子分成两大类：宏观因子和风格因子，如表 4.6 所示。

表 4.6　因子投资的主要因子列表

类别	因子名称	说明
宏观因子	经济增长	经济发展周期的风险
	实际利率	利率变动的风险
	通货膨胀	名义价格变动风险
	信用风险	信用违约风险
	新兴市场	新兴市场政策和政权风险
	流动性风险	持有非流动性资产的风险
风格因子	价值	从长期来看，价格便宜的股票要比贵的股票收益高一些
	规模	从长期来看，小盘股比大盘股回报要高一些
	质量	从长期来看，基本面比较好的公司获得的回报会高一些
	红利	高分红的股票长期表现更好
	低波动	从长期来看，总体波动比较小的股票比波动大的回报高一些
	动量	过去一段时间表现较好的股票接下来会表现更好

注：表格中的说明是基于历史数据统计的倾向性，请不要当作投资原则。

2. 策略指数

策略指数就是把因子投资的理念结合到指数编制过程中的一种指数。这对于被动管理型投资是一个非常大的进步。在传统理念中，我们认为跟踪指数的指数基金或 ETF 是被动管理型基金，因为不需要投资经理主动参与投资组合的选择和仓位维护。相对地，把依靠投资经理主动选股、做投资决策的资产管理方式叫作主动管理型。而策略指数相当于把一些主动管理型基金管理人采用的因子模型，简化后通过指数编制的方法，让某一个或者几个风险因子暴露出来，让被动管理型也能够获得这些因子的风险溢价，如图 4.4 所示。

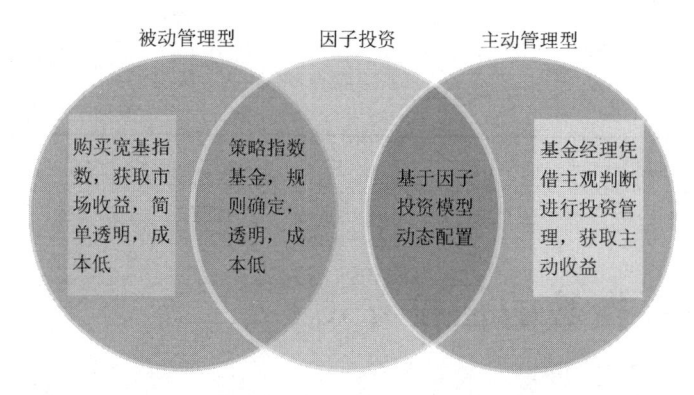

图 4.4 被动管理型、因子投资和主动管理型之间的关系

当然，我们要考虑到当把风险因子暴露在指数中的时候，会影响到指数的可投资性。简单地理解，如果指数编制太过复杂，会导致跟踪指数的指数基金或者 ETF 建仓困难，或者受到流动性限制不能有效跟踪指数等。于是，我们常见的策略指数通常都是纯因子指数。在国际上也有很多多空因子指数，指数基金通过动态的买卖交易跟踪某个多空因子指数，同时也会使用金融衍生品在指数当中加入杠杆等因素。但由于交易方式的限制，这种指数在我国很少被用作投资标的。

哪些指数是策略指数呢？当我们看到指数名称里面出现等权、成长、价值、动态、稳定、基本等这些表示风险因子倾向的词语时，那么这个指数大概率就是策略指数，如表 4.7 所示。

表 4.7 中国市场中的策略指数举例

指数代码	指数简称	指数全称	特点
000925	基本面 50	中证锐联基本面 50 指数	优选基本面好的公司
000984	300 等权	沪深 300 等权重指数	等权重加权
H30124	安中动态	沪深 300 安中动态策略指数	沪深 300 样本股按一级行业进行等权重配置，权重总和为 70%；主动组合进行动态管理，权重总和为 30%
H30269	红利低波	中证红利低波动指数	分红水平高且波动率低
931062	质量低波	中证质量成长低波动指数	沪深 A 股中选取 50 只盈利能力强且可持续、现金流量较为充沛、兼具成长性和低波动性的股票作为指数样本股，采用波动率倒数加权

数据来源：中证指数有限公司网站。

4.3 股票指数的加权方式

股票指数的采样我们大概理解了，现在来看看股票指数计算的加权方式。

世界上第一只股票指数是道琼斯运输业平均指数，采取的是最简单的价格平均数，将 11 只股票的价格加在一起，然后除以 11。但是，随着股票市场的发展，上市公司的数量增多，交易方式进一步变得复杂起来。特别是在指数基金出现之后，针对指数的投资需求开始出现，并且需求更加多元化。于是越来越多的指数被开发出来，相应的加权方式也在逐步演进和发展。

同样的成分股集合，加权方式不一样，得到的指数也会不一样。例如，沪深 300 指数和沪深 300 等权重指数拥有相同的成分股，但是沪深 300 指数是将自由流通量作为权重的指数，沪深 300 等权重指数是采用所有股票的权重相等的方式计算的，它们的表现自然也是不一样的。从 2021 年 12 月 22 日到 2021 年 1 月 21 日，沪深 300 指数的收益率是 12.19%，沪深 300 等权重指数的收益率是 9.78%，如图 4.5 所示。

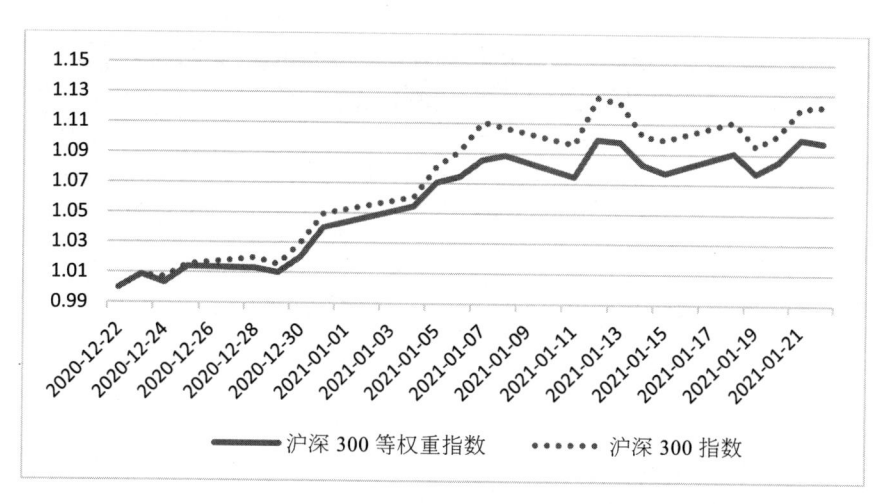

图 4.5　沪深 300 指数和沪深 300 等权重指数的收益率趋势图

当然，这并不是说任何时候沪深 300 指数的收益都好于沪深 300 等权重指数。在不同的市场环境中，采用不同加权方式的指数会有不一样的表现。这也是为什么会有这么多指数存在的原因。

我们列举一些比较主流的指数加权方式，通过对不同加权方式的比较，很容易看出指数的优缺点。这样我们在进行指数基金投资的时候，可以更好地判断标的资产。

4.3.1　市值加权

市值加权是最常见的一种指数加权方式，我们最熟悉的上证综指就是一只市值加权指数。所谓市值，就是一只股票的市场总价值，即用股票价格乘以发行股本数，如图 4.6 所示。

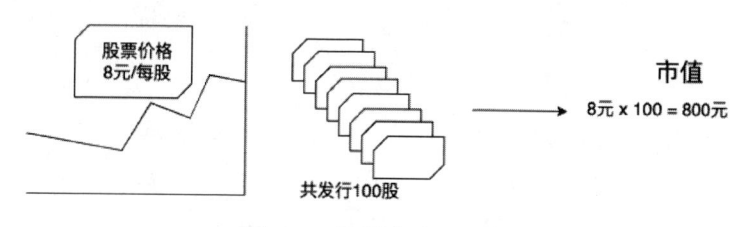

图 4.6　股票市值示例图

市值加权是指数中每个成分股的权重，是这只股票的市值在所有成分股总市值中的占比。当然在具体计算的时候，为了保证指数的连续性，我们会做一些调整。市值加权指数的计算公式如下：

$$I = \frac{\sum P_t \times S_t}{\sum P_0 \times S_0} \times I_0$$

其中，

I ——市值加权指数；

P_t ——t 时刻的股价；

S_t ——t 时刻的股本数；

P_0 ——基期时的股价；

S_0 ——基期时的股本数；

I_0 ——指数的基准点位。

我们用三只股票做一个简单的示例，假设一个股票指数的三个主要因素如下。

（1）样本空间：A、B、C三只股票。

（2）计算方法：市值加权。

（3）基准日，以 100 点为基点。

如图 4.7 所示。

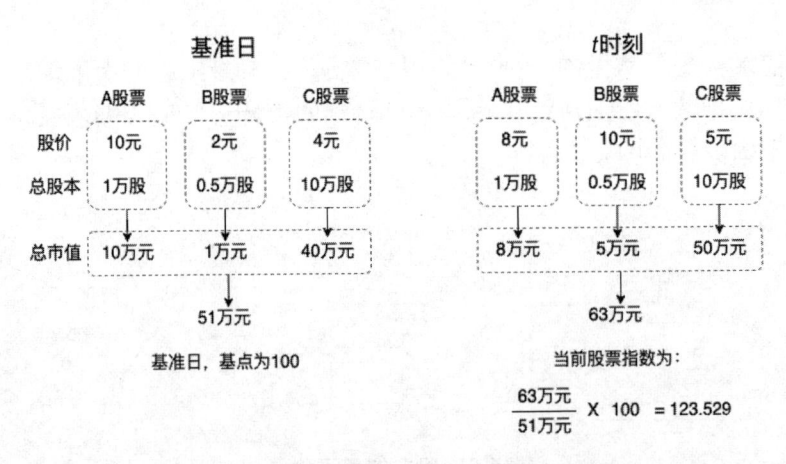

图 4.7　计算市值加权指数的简化示例图

任何一种指数的编制方法都会有优点和缺点，市值加权指数的优点和缺点如下。

1. 市值加权指数的优点

- 方便计算和理解。价格、总股本都是方便收集、记录的数据，计算方法也非常容易理解，这有助于指数的普及和推广。
- 从资本资产定价模型的角度来看，依照市值加权的方式建立的资产组合，正好在均值方差有效边界，也就是说，这种资产组合是给定风险下收益率最高的投资组合，是一种投资价值很高的组合方式。所以市值加权指数通常成为指数基金跟踪的目标。

2. 市值加权指数的缺点

- 股票总市值并不是市场上能够流通的股票的价值，例如，一些股票有很大部分由国家或者地方政府、创始人持股，这些由国家或者地方政府、创始人持有的股票在大多数情况下是不参与市场流通的，这会导致市值加权指数对市场的描述失真。
- 股价变化会让市值加权指数偏离价值。股票价格的中短期变动会偏离价值，对市值加权指数来说，股价上涨，指数上涨，股价涨得多的成分股的占比增加，从而进一步推动指数的上涨。
- 个股权重过高，指数风险增大。这个问题我们在分析上证综指的缺陷时也提到过。市场资本会倾向于向头部股票集中，造成市场分化、头部股票的市值持续增长，导致头部股票在指数中的权重持续增大，风险增加。

4.3.2 自由流通量加权

在分析市值加权指数的缺点时，我们提到在很多情况下，股票市场中可流通的股票的价值并不等于股票总市值。自由流通量加权指数在市值加权指数基础上，对市值进行了调整，去掉了不能在市场上自由流通的那部分市值。我们常用的沪深300指数就是自由流通量加权指数。

哪些股票不可以流通呢？在不同市场中可能会有差异。例如，政府、关联公司、创始人和员工持有的股票都有可能在一定期限内被锁定，不可以流通。另外，对于一些外国投资人持有的股票，由于政策管制的问题，也会有限制流通的情况。

那么，自由流通量加权指数有哪些优缺点呢？

1. 自由流通量加权指数的优点
- 同时具有市值加权指数的优点,并且由于用自由流通量代替了总市值,让指数能够更准确地反映市场的变化,可投资性更强。

2. 自由流通量加权指数的缺点
- 具有和市值加权指数一样的价值偏离和个股权重过高的缺点。
- 自由流通量的理解和计算相对比较复杂,并且不是完全标准化的,不同指数公司有自己不同的标准。这也导致在同样的样本空间内,不同指数公司用自由流通量加权算法编制的指数结果并不完全相同。

4.3.3 价格加权

在价格加权指数中,一只股票的权重是这只股票的价格。简单地理解,价格加权指数就像每一只成分股票拿出一股,凑在一起成为一个指数。你可能会觉得,这么简单的计算方法,基本没有指数会用。道琼斯工业平均指数就是一只价格加权指数。当然,价格加权最大的一个问题,就是当股票被拆分的时候,指数会受到很大的影响。所以为了让指数保持连贯,需要一个除数来调整价格加权指数。

例如,每当有股票被拆分时,道琼斯工业平均指数就会重新计算一个除数 d,以保证指数的连续性。

$$\text{DJIA} = \frac{\sum p_\text{old}}{d_\text{old}} = \frac{\sum p_\text{new}}{d_\text{new}}$$

这个除数有自己的名字,叫作"道指除数"(Dow Divisor)。最近一次调整的时间是 2020 年 8 月 31 日,目前的道指除数是 0.15198707565833。

成分股的拆分、收购等都会影响指数的连续性,只是对价格加权指数的影响非常明显。上述这种调整除数的操作,几乎在所有指数的维护中都需要。

价格加权指数由于采取简单、粗暴的计算方法,并不适合作为指数基金的跟踪标的,可作为市场观察的重要指标。除了道琼斯工业平均指数,日经225 指数(Nikkei 225)也是价格加权指数。

价格加权指数的优缺点如下。

1．价格加权指数的优点
- 直观，容易理解。
- 计算简单，方便维护。

2．价格加权指数的缺点

价格加权指数不太适合作为指数基金的跟踪标的。

4.3.4 等权重

等权重指数，顾名思义，就是指数中每一只成分股的权重是相等的。假设一个指数有 n 只成分股，那么每只成分股的权重就是 n 分之一。相对于市值加权指数或者流通量加权指数，等权重指数增加了成分股中小市值股票的权重，其实是加入了规模因子，因此等权重指数通常被看作策略指数。

沪深 300 等权重指数就是一个等权重指数，和沪深 300 指数拥有相同的成分股，每只股票的权重占比是 1/300。市场上也有跟踪沪深 300 等权重指数的基金，如中银沪深 300 等权重指数基金（163821）。

等权重指数的优缺点如下。

1．等权重指数的优点
- 计算简单，方便维护。
- 等权重指数是一种倾向于小市值股票的指数，是对市值权重指数的一种很好的补充。

2．等权重指数的缺点

相对于市值加权指数和自由流通量加权指数，等权重指数倾向于高估小盘股的权重、低估大盘股的权重，而大盘股通常流动性更好，这会导致等权重指数的波动性更大，流动性更差。

4.3.5 基本面加权

基本面加权指数将成分股票的公司基本面指标作为权重，而不是将市场交易数据作为权重。那么，什么是基本面指标，什么是市场交易数据呢？如图 4.8 所示。

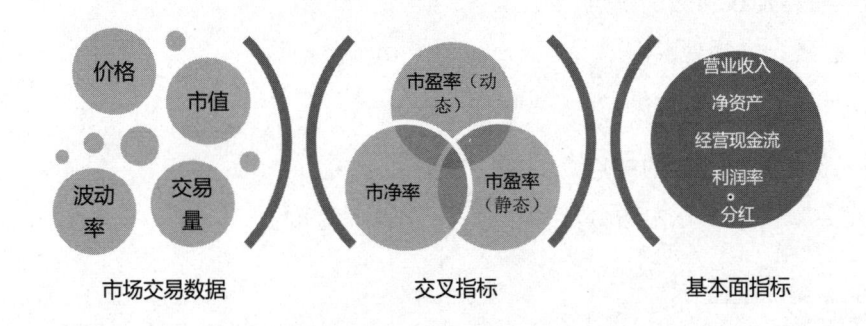

图 4.8 主要的基本面指标和市场交易数据举例

基本面指标通常是能够反映公司经营情况的数据，可以在公司各个阶段的财务报表中找到。市场交易数据通常是指与股票市场交易有关的数据，如股票价格、交易量等。介于市场交易数据和基本面指标之间的是交叉指标，如市盈率 PE、市净率 PB 等。

基本面加权指数的权重因子用基本面指标作为计算变量，可以是一个指标，也可以是多个变量组成的一个复合指标。基本面越好的股票，权重因子越高，相应在指数中的权重就越大，这就是基本面加权指数的原理。

基本面加权指数的优缺点如下。

1. 基本面加权指数的优点

- 符合基本面分析的投资理念。从长期来看，股票的价格应该回归公司价值，公司价值取决于公司的经营状况，而公司的经营状况反映在基本面指标上。

- 发现公司价值。基本面加权指数成分股的权重不会受到市值的影响，相对于市值加权指数或者自由流通量加权指数，增加了价格被低估的股票的权重，降低了价格被高估的股票的权重。

- 稳健的投资组合。由于权重是基于上市公司的经营状况决定的，所以基于基本面加权指数的投资组合不受市值影响，相对来说风险稳定，回报率高。

2、基本面加权指数的缺点

- 基本面加权指数的权重可能是单一变量，也可能是多个变量的组合，也就是说，基本面加权指数中不同指数的算法会有很大的差异，这对投资者来说理解和学习的门槛比较高。
- 各个指数编制公司都有自己的基本面变量选择方法和指数计算方法，很多样本空间相同的基本面加权指数的结果会不同。

4.3.6 波动率加权

波动率加权指数也是一种策略指数。根据因子投资策略，波动率是一个可以长期影响股票价格的有效因子。在其他条件大体一致的情况下，我们通常认为价格波动率高的股票的长期收益低，价格波动率低的股票的长期收益高。于是，便有了低波动率指数，它按照股票的历史波动率对样本股票进行排序和加权，波动率高的股票的权重低，波动率低的股票的权重高。

对不同指数编制公司来说，价格变动的定义有所不同。不过市场上有两种比较常见的用来衡量波动率的指标，一个是过去252个交易日（大概是一个自然年）的日收益率标准差，另一个是过去156周（大概是3个自然年）的周收益率标准差。然后将方差或者标准差的倒数当作指数的权重。

与此对应的还有一种指数加权叫作最小方差加权（Minimum Variance Weighting），同样是以波动率为权重，但是波动率高的股票的权重高，波动率低的股票的权重低。可想而知，最小方差加权指数是一种鼓励波动的指数，放大了风险。

波动率加权指数的优缺点如下。

1. 波动率加权指数的优点
- 符合"聪明的贝塔"（Smart Beta）的投资理论，在指数当中加入了风险因子，满足了对波动率有不同需要的投资者。
- 给被动管理型基金增加了更多可能性。

2. 波动率加权指数的缺点

不同指数编制公司有自己对价格波动的理解，对投资者来说需要详细研究不同指数之间的异同。

4.3.7 因子加权

因子加权指数的编制办法是依托于某一种因子投资策略之上的。上面讲的基本面加权和波动率加权其实都属于因子加权方式，因为使用的比较多，所以单独列出来。除此之外，基于其他风险因子的因子投资策略都可以编制出相应的指数。我们以中证红利指数（000922）为例进行说明。

中证红利指数以沪深 A 股中股息率高、分红比较稳定、具有一定规模及流动性的 100 只股票为成分股，采用股息率作为权重分配依据，股息率高的股票权重高，反之则权重低。中证红利指数反映了 A 股市场上高红利股票的整体表现。

以中证红利指数为跟踪标的的指数基金有富国中证红利指数增强 A、大成中证红利指数 A、万家中证红利指数（LOF）、大成中证红利指数 C 和招商中证红利 ETF。

因子加权指数有哪些优缺点呢？

1. 因子加权指数的优点

- 符合"聪明的贝塔"（Smart Beta）的投资理论，在指数当中加入了风险因子，满足了更多有不同需要的投资者。
- 给被动管理型基金增加了更多可能性。

2. 因子加权指数的缺点

不同的指数编制公司有自己对因子的理解和考虑，这对投资者来说需要详细研究不同指数之间的异同。

4.4 股票指数的估值

对于股票的估值，我们会从不同的角度选择一种或者多种估值方法，来综合看一只股票的估值。指数的估值也是一样，对于不同的行业指数，应该选取适合其成分股行业的估值方法；对于策略指数，也应该先考虑成分股的成长阶段、商业模式等因素，再选择估值方法。

让我们花一点时间来看看不同的估值方法适用于什么样的行业和发展阶段，这对我们进行指数的估值有很大的帮助。

4.4.1 常见的公司估值方法

从总体上来看,公司估值方法可以分成两类:一类是用市场指标来衡量公司的"相对估值法",如市盈率 PE 估值法、市净率 PB 估值法,以及 PEG(Price/Earnings Growth)估值法等;另一类是以公司基本面指标或者财务指标来进行估值的"绝对估值法",最常见的就是现金流折现法和重置成本法,如图 4.9 所示。

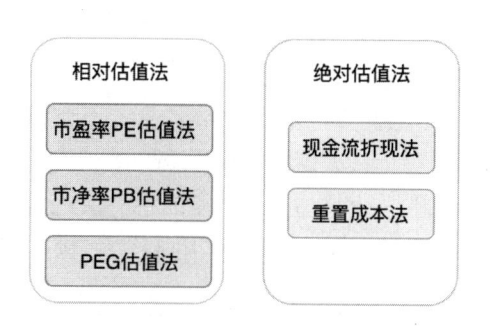

图 4.9 公司估值方法分类

对于上市公司所处的不同行业和不同发展阶段,以及采取的不同的商业模式,我们都需要去选择不同的估值方法,选择适合当下公司情况和市场环境的估值方法,这样才可能得到一个相对合理且有参考价值的估值。

1. 现金流折现法

现金流折现法,英文是 Discounted Cash Flow Method,简称 DCF,是最受欢迎的公司估值方法之一。现金流折现法通过预测公司将来的现金流量,并按照一定的贴现率把未来的现金流量转化成当下的价值,然后加起来得到公司当下的价值,如图 4.10 所示。

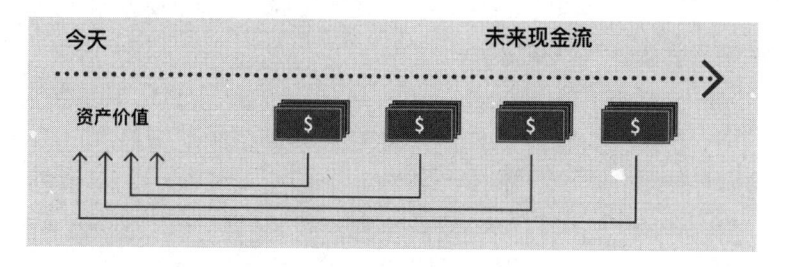

图 4.10 现金流折现法示意图

现金流折现法有三个主要步骤。

（1）在有限的时间范围内，通常是 5 到 10 年，预测公司的现金流量。

（2）在明确预测期之后，根据简化了的模型假设，计算预测之后的自由现金流量水平。

（3）要找到一个合理、公允的折现率，将未来的预计现金流折算成公司现值。折现率的大小取决于取得未来现金流的风险，风险越大，要求的折现率就越高，反之亦然。

那么，什么样的行业适合使用现金流折现法估值呢？从定义我们就可以看出来，想要用 DCF 估值法，需要公司的现金流可预测，并且预测相对比较准确，如公共服务行业、电信运营业、医药行业等。这些行业盈利相对稳定，周期性较弱。必需消费品行业也适合用 DCF 估值法估值，但是某些情况下必需消费品行业有很强的品牌价值，就需要用市盈率 PE 估值法综合考虑。

2. 重置成本法

重置成本法，英文是 Replacement Cost Method，主要用于一些资本密集型行业和一些需要购置大型设备才能进入的行业，最典型的是钢铁和水泥行业。我们用钢铁厂举例，重置成本法的基本思想是，如果今天从零开始建立一个钢铁厂，我需要多少钱购买设备。具体操作是选择一种价格指数，如 CPI，将资产在购置时的价值换算为当前的价值，或者分别调整每一项资产，同时考虑通货膨胀和过时贬值两个因素，得到资产的当前重置成本。

重置成本是企业在并购的时候需要参考的一个非常重要的指标，我们在做钢铁或者水泥类企业并购估值的时候基本完全依赖于重置成本。也有一些投资人认为，如果在股票市场中，一家钢铁企业的市值接近或者低于重置成本，将会是买入的好机会。

3. 乘数定价法之市盈率 PE

乘数定价（Market Comparables）法是一系列基于市场数据的操作简单的定价方法。这类方法的共同之处在于，都是通过企业财务数据或者市场数据得到一个比率或者倍数。这个倍数比行业平均水平或历史水平较高通常说明高估，较低说明低估，不同行业或板块有不同的估值（倍数）水平。

其中最常见的就是市盈率 PE 了。所谓市盈率，就是指一家上市公司的股票的每股价格与每股盈利的比率，其计算公式为：市盈率=每股价格/每股盈利，即 PE（市盈率）=P（股价）/E（每股盈利）。

其中，每股盈利一般采用最近一个完整财年的每股盈利数据，动态市盈率中的每股盈利是根据上市公司公布的最新财报中的业绩数据，大致估算出的当年全年的每股盈利。也就是说，市盈率采用的是过去一年的企业盈利能力，动态市盈率采用的是当下正在发生的一年的企业盈利能力。

市盈率的最大优点是简单、有效，并且在全球金融市场中被广泛接受。市盈率可以直观地理解为，如果一家公司之后每年的盈利都大体不变，那么投资者或者在当前价位购买了公司股票的股东需要多少年可以回本。当然，在现实情况下需要考虑资金的时间成本，更重要的是公司的盈利肯定是会变化的。所以我们也会看到所谓的"动态市盈率"，其对市盈率做了一些调整，增强了市盈率的时效性，但依旧不能体现企业在未来的变化。

市盈率 PE 被用于几乎所有股票的定价中，但是对亏损企业来说，市盈率 PE 估值法就失效了。例如，在一些周期性行业中，如果企业处于下行周期，就会出现阶段性亏损。最近二十年很多科技型企业上市，这些企业虽然没有盈利或者盈利很少，但增长迅速，对这样的企业运用市盈率 PE 估值法就会不够准确。

4. 乘数定价法之市净率 PB

所谓市净率 PB，就是指一家上市公司股票的每股价格与每股净资产的比率，其计算公式为：市净率=每股价格/每股净资产，即 PB（市净率）=P（股价）/B（每股净资产）。

其中，每股净资产采用的是上市公司最近一个财报的每股净资产数据。

不同行业之间的市净率可能会差别很大。对于银行业、房地产这类基本面比较稳定的重资产行业，市净率估值法是比较适用的，因为市净率可以反映这类企业对资本的利用效率，从而反映出企业的经营效率。

5、乘数定价法之企业价值倍数（EV/EBITDA）

市盈率 PE 估值法和市净率 PB 估值法比较适合对已经有利润，并且利润持续增长的公司估值，但是对于一些零售商、电商平台、电信运营商等前期有很高的投入、需要很长时间才能收回初始成本的公司，或者在很长时间内净利润为负的公司，市盈率 PE 估值法和市净率 PB 估值法就不适合了。EV/EBITDA 又叫作企业价值倍数，是一种可以用的估值方法。

其中，EV代表公司价值，计算方法如下。

公司价值（EV）=市值+总负债-总现金=市值+净负债

我们可以看出来，企业价值倍数不只考虑公司市值，还考虑了公司的债务情况，而市盈率PE和市净率PB都只考虑了公司市值，是不全面的。

EBITDA（Earnings Before Interest，Tax，Depreciation and Amortization），是一个会计概念，是在扣除利息、所得税、折旧和摊销之前的企业盈余，是剔除了不同资本结构、不同税收政策、不同折旧政策后的企业盈利。

企业价值倍数是一种明显好于市盈率PE估值法的估值方法，首先它对企业价值的考虑更全面，同时剔除了公司经营外的一些其他影响，让公司之间更具有可比性。但是，企业价值倍数的计算要比市盈率PE、市净率PB复杂很多，所以大都是专业投资机构在使用，普通投资者使用得并不多。

6、乘数定价法之PEG

以上介绍的指标都是基于过去某一个时间点的情况进行估值的。PEG，即市盈率相对盈利增长比率，是在市盈率PE估值法的基础上发展出的一个指标，弥补了市盈率对企业的动态成长估计不足的问题。

所谓市盈率相对盈利增长比率，是用公司的市盈率除以公司的盈利增长速度。其计算公式是：PEG=PE/（企业年盈利增长率×100）。

市盈率只反映了股票当前的价值，PEG把股票未来的增长考虑进来了。例如，一只股票的市盈率是15，预测它的年盈利增长率也是15%，那么它的PEG就是15/(15%x100)=1。按照著名投资家彼得·林奇的观点，当PEG等于1的时候，说明股价是公允的，当PEG小于1的时候，股票可能被市场低估了，相对应地，当PEG大于1的时候，股票可能被市场高估了。

在牛市当中，普遍市盈率偏高，这个时候使用PEG估值方法会给我们带来另一个视角。特别是一些高科技股票，如果单独用市盈率衡量，就会认为价格被高估了，但是如果考虑企业的业绩增长，那么结果可能就不一样了。随着科创板注册制度的落实，A股市场也会慢慢出现目前盈利情况一般，但增长很快的企业，那时PEG估值方法就有重要的参考意义了。

以上我们列举了几种常用的公司估值方法，除此之外，还有市销率估值法、股息率估值法等。不论哪一种估值方法，都有局限性，很多时候我们需要综合考虑多种估值方法。

4.4.2 常见的指数估值方法

对指数来说，没有所谓的"绝对价值"，所有的估值方法都在试图判断当前市场估值水平的高低。常见的用来给指数估值的指标包括市盈率（PE）、市净率（PB）、净资产收益率（ROE）和股息率。

在 4.4.1 节中，我们讲了不同的行业需要用不同的估值方法去衡量，对指数来说也是一样的，不同的行业指数需要使用不同的估值方法，如表 4.8 所示。

表 4.8 不同行业使用的估值方法一览表

行业	行业特点	适合的估值方法
公共服务业	盈利相对稳定，周期性较弱	市盈率 PE 估值法、DCF
钢铁业、航空业、航运业	周期性较强，拥有大量固定资产，账面价值相对较为稳定	市净率 PB 估值法、重置成本法
银行业、保险业	流动资产比例高	市净率 PB 估值法
房地产及商业酒店业	流动资产账面价值与实际价值存在差异	重置成本法、市净率 PB 估值法
高科技企业（TMT）、生物医药、网络软件开发业	成长性较好	PEG 估值法
高速公路运输、电信运营业	经营注重稳定性	EV/EBITDA

资料来源：中国银行证券研究所。

这里我们要单独讲一下"股息率"这个概念。所谓股息率（Dividend Yield Ratio），是股票一年的总派息额与当时市价之比，就是用股息除以股票价格得到的比率。股息率通常用来对一些没有再投资需求且利润比较稳定的行业进行估值。例如，公共事业、石油销售等。对指数来说，因为汇总了很多公司，总体的股息率就变成一个能够衡量整体市场盈利状况和判断投资价值的指标。

4.4.3 市盈率 PE、市净率 PB

对指数来说，最常用的是市盈率 PE 和市净率 PB 这两个估值指标。对个股来说，这两个指标的计算方法都很好理解，那么对指数来说，市盈率 PE 和市净率 PB 又是怎么计算的呢？

我们以市盈率 PE 为例来说明。对指数来说，我们通常会用到整体 PE、加权 PE、等权 PE 和 PE 中位数这四种不同的指数市盈率。

1. 整体 PE

整体 PE = 全部股票的总市值/全部股票的总利润

整体 PE 的计算把模拟指数建仓的投资组合当作一个整体。对于市值加权指数，直接用成分股的总市值除以成分股的总利润就可以得到整体 PE。对于非市值加权指数，如果要考虑权重，计算方法就会复杂一些，不过很多时候我们会用其他三种 PE 的计算方法替代。

2. 加权 PE

加权 PE 的计算方法是将指数中各成分股的 PE 乘以该成分股的权重，然后求和。

我们在行情软件上常见的指数，如上证综指、深综指、沪深 300 指数、中证 500 指数的市盈率 PE 都是按照加权计算的。

3. 等权 PE

等权 PE=指数中股票数量/每只股票市盈率倒数之和

等权 PE 指的是假设指数中每只股票的权重相同，如果指数包含 n 只成分股，那么就把资金分成 n 份，每一份投资一只股票。在这样的假设下，按照全部股票总市值除以全部股票总利润的定义，计算出的市盈率 PE 就是等权 PE。等权 PE 是考虑权重的整体 PE 计算的一种特殊情况。

4. PE 中位数

PE 中位数是将全部股票排序，取最中间的一只股票的 PE 值。

PE 中位数比较好理解，和我们平时用到的中位数概念是一致的。在成分股的 PE 值差距很大或者权重悬殊的情况下，中位数可以反映 PE 的真实水平。

为了方便大家理解，我们举一个简单的例子。假设有一个指数由 A、B、C 三只股票构成，其成分股权重、市值、盈利和市盈率 PE 如表 4.9 所示。

表 4.9 指数市盈率 PE 的不同计算方法举例

股票名称	A	B	C
成分股权重	0.3	0.5	0.2
市值（亿元）	10	100	1000

续表

股票名称	A	B	C
盈利（亿元）	2	10	20
市盈率PE（倍数）	5	10	50

现在我们来看看不同计算方法下指数市盈率 PE 的计算结果。

（1）整体 PE =（10+100+1000）/ (2+10+20) = 34.69

（2）加权 PE = 5 x 0.3 + 10 x 0.5 + 50 x 0.2 = 16.5

（3）平均 PE = 3 / (1/5 + 1/10 + 1/50) = 9.375

（4）PE 中位数 = 10

为了说明不同的市盈率计算方法，在上面的例子中我们没有将市值作为成分股权重，而是人为设置了权重数值。

我们可以看出来，不同的指数市盈率 PE 计算方法得到的结果可能会有很大差别。所以当我们在看指数市盈率的时候，应该分辨是通过哪种方法计算得到的市盈率。

我们在万得等一些数据平台及指数公司的官方网站上面，都可以看到指数的市盈率，这些指数的市盈率通常都是基于整体 PE 的思想计算的。在盈利数据选择上面，采用的是最近四个季度的盈利和，即滚动市盈率（PE TTM）。在第五章我们列举了一些常见的指数，其采用的也是滚动市盈率。

市净率 PB 的计算方法和市盈率 PE 类似，这里就不赘述了。在判断指数估值的时候，我们通常以市盈率 PE 为主，将市净率 PB 作为补充综合判断。

4.4.4 估值历史分位数

对个股而言，我们通常会将其市盈率跟同行业或者同类型的公司相比较，来判断股票价格是被高估还是被低估了。对指数来说，虽然也可以和不同市场的类似指数比较，但是因为不同区域的市场差异很大，比较的意义并不大。在实际操作中，我们主要用市盈率 PE 或者市净率 PB，纵向地和该指数的历史表现进行比较。于是有了"估值历史分位数"这个概念。

例如，"指数的 PE 分位数"是指该指数历史上 PE 估值小于当前指数 PE 值的时间占比。通俗地来讲，就是把该指数历史上每一个交易日的 PE 值从低到高排序，计算当前的估值战胜了百分之多少的交易日。我们还可以选择不同的时间周期，如近 1 年、近 5 年、近 10 年，甚至指数的全部时间。

我们还是以熟悉的沪深 300 指数为例，看看其 PE 的历史情况，如图 4.11 所示。

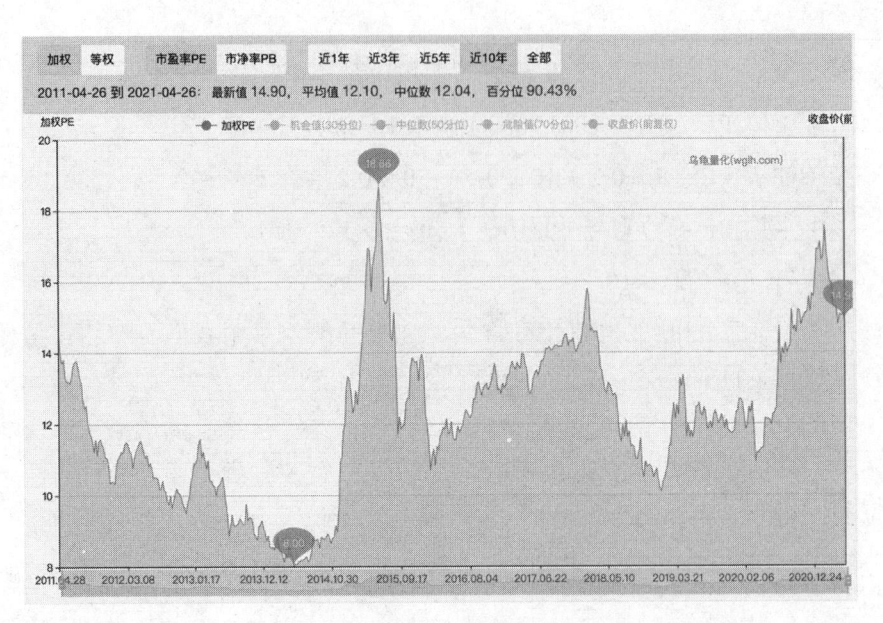

图 4.11　沪深 300 指数近 10 年加权 PE 的历史变化图

数据来源：乌龟量化。

以 2021 年 4 月 26 日为例，当日沪深 300 指数的加权 PE 是 14.90，在不同的时间周期内，历史百分位会有不同，如表 4.10 所示。

表 4.10　沪深 300 指数在 2021 年 4 月 26 日加权 PE 的历史百分位

	近 1 年	近 3 年	近 5 年	近 10 年	全部
历史百分位	46.91%	82.33%	87.77%	90.43%	61.67%

这说明，如果只看过去 1 年的数据，在 46.91% 的交易日里沪深 300 指数的估值是小于 14.90 这个 PE 估值的。如果把时间线拉长，看过去 10 年，那么 14.90 这个 PE 估值已经高于 90.43% 的交易日了，从这个角度来看，目前沪深 300 指数的估值是处于历史高位的。

估值历史分位数在投资实践中经常被当作买入点和卖出点的参考。

第 5 章

熟悉指数应用

在具备了指数的基础概念之后，本章我们来具体了解一些指数，这样当我们在市场中面对不同指数做调研和选择的时候，就不会太陌生。同时，除了股票指数，我们也会讲解一些其他资产类别的指数，为之后建立投资组合做准备。

5.1 A 股常用指数

5.1.1 常见的宽基指数

目前，A 股市场常见的宽基指数有沪深 300 指数、上证 50 指数、中证 500 指数、创业板指数，以及 2020 年新推出的科创 50 指数。

1. 沪深 300 指数

沪深 300 指数是除上证综指外最有名的 A 股指数了，指数代码为 000300。沪深 300 指数在编制上吸取了上证综指等我国第一批指数的编写经验，同时参照了国际指数编写的样本，总体来说兼顾了编写透明度和可投资性。

沪深 300 指数的样本空间同时满足以下条件。

- 非 ST、*ST 的沪深 A 股和红筹存托凭证。
- 科创板股票满足上市时间超过一年。
- 创业板股票满足上市时间超过三年。
- 其他板股票满足上市时间超过一个季度，除非该股票自上市以来日均总市值排在前 30 位。

在按照上面的条件选取的样本空间中，排除掉按照日均成交金额排名靠后的 50%的股票，剩下的股票按照过去一年的日均总市值由高到低排名，选取前 300 只股票作为沪深 300 指数的成分股。这些成分股按照自由流通量分级靠档的方式计算权重。至于具体的方法，大家可以去中证指数有限公司的官方网站查看编制说明。

沪深 300 指数以 2004 年 12 月 31 日为基日，基点为 1000 点，于 2005 年 4 月 8 日正式发布。从目前的市值规模来看，沪深 300 指数的成分股在全国股票市场中的市值占比超过了 55%，是反映沪深市场中大盘股表现的最重要指数。

截至 2021 年 6 月 30 日，沪深 300 指数成分股的平均个股总市值为 1506 亿元，占到 A 股市场总市值的 55.9%，PE 为 15.62 倍，PB 为 1.77 倍，近 12 个月的股息率为 1.57%，如表 5.1 所示。

第 5 章 熟悉指数应用

表 5.1 沪深 300 指数的基本信息

指数名称	指数代码	市值占比	平均个股总市值（亿元）	滚动市盈率	市净率 PB	股息率
沪深 300 指数	000300	55.9%	1506	15.62	1.77	1.57%

数据来源：中证指数有限公司网站，截至 2021 年 6 月 30 日。

在沪深 300 指数的成分股当中，占有最大比重的行业是金融地产，其次是主要消费、工业、可选消费和医药卫生。金融地产曾经一度是绝对高占比行业，但是近两年随着白酒行业的增长，消费品行业的比重开始加大，逐步靠近金融地产。同时其他行业也在同步发展，从沪深 300 指数的行业权重分布来看，行业分布越来越均衡，也说明我国经济在更全面、更均衡地发展，如图 5.1 所示。

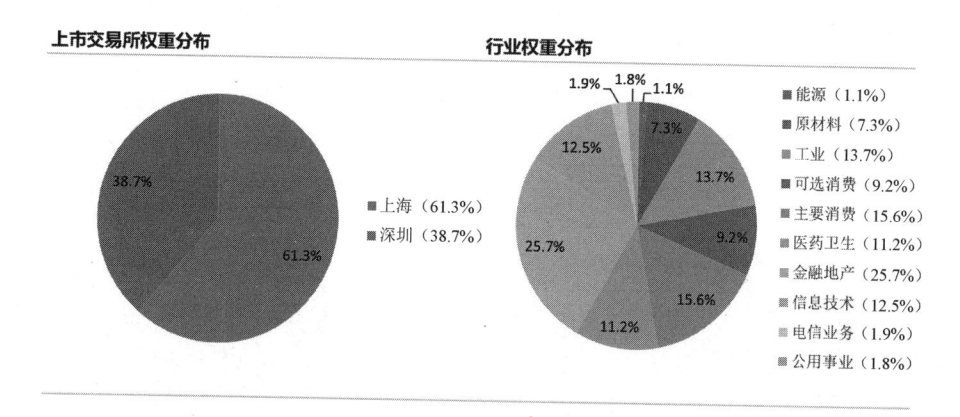

图 5.1 沪深 300 指数的行业权重分布，截至 2021 年 6 月 30 日

通常我们在研究一个指数时，还会看该指数的十大权重股，以及它们的占比。特别是当我们使用多个指数做投资组合的时候，了解指数的高权重成分股构成，能够更好地了解指数的风险。沪深 300 指数的十大权重股的总市值大概占到指数成分股总市值的 24.19%，如图 5.2 所示。

沪深 300 指数的十大权重股都来自耳熟能详的企业，大家应该不会陌生。从成分股选择来看，沪深 300 指数属于大盘股蓝筹股指数，而且行业分布均衡，风险较低，流动性好。从整体投资市场的角度来看，沪深 300 指数是一个不错的选择。

从走势上来看，过去 5 年沪深 300 指数在震荡中上涨，如图 5.3 所示。

十大权重股

代码	名称	行业	上市交易所	权重
600519	贵州茅台	主要消费	上海	6.04%
601318	中国平安	金融地产	上海	3.26%
600036	招商银行	金融地产	上海	3.14%
000858	五粮液	主要消费	深圳	2.70%
601012	隆基股份	工业	上海	1.80%
000333	美的集团	可选消费	深圳	1.65%
600276	恒瑞医药	医药卫生	上海	1.42%
002415	海康威视	信息技术	深圳	1.41%
601166	兴业银行	金融地产	上海	1.40%
601888	中国中免	可选消费	上海	1.37%

图 5.2 沪深 300 指数的十大权重股，截至 2021 年 6 月 30 日

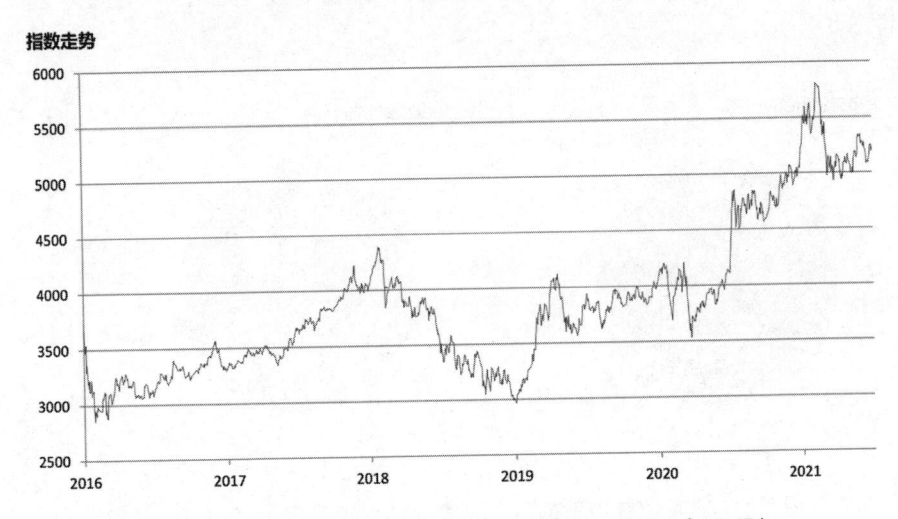

图 5.3 沪深 300 指数的走势图（2016 年至 2021 年 6 月）

在过去 5 年中，中国股票市场整体上不能算是牛市。虽然沪深 300 指数的收益率也有波动，但是其 5 年年化收益率达到了 13.22%。尤其是 2019 年、2020 年，沪深 300 指数的表现非常抢眼，如表 5.2 所示。

表 5.2 沪深 300 指数过去 5 年的收益表现

指数代码	指数简称	1 年收益率	3 年年化收益率	5 年年化收益率	2017 年收益率	2018 年收益率	2019 年收益率	2020 年收益率
000300	沪深 300	48.72%	8.70%	13.22%	21.78%	-25.31%	36.07%	27.21%

数据来源：中证指数有限公司网站，截至 2020 年 12 月 31 日。

第 5 章 熟悉指数应用

那么，市场上都有哪些以沪深 300 指数为跟踪标的的投资产品呢？目前以沪深 300 指数为跟踪标的的投资产品的数量是所有指数里面最多的，种类也非常多，包括场外指数基金、ETF、LOF。如果你在更大的范围内搜索沪深 300 指数相关产品，还会有很多指数增强基金、ETF 联结基金等。我们会在之后的章节跟大家系统介绍它们的差别。

我们按照资产规模排列，列举一些市场上资产规模较大的，以沪深 300 指数为跟踪标的的投资产品，让大家有一个初步认识，如表 5.3 所示。

表 5.3 沪深 300 指数相关产品列表

证券代码	基金名称	成立日期	产品类别	资产规模（亿元）
510300	华泰柏瑞沪深 300ETF	2012-05-04	ETF	457.48
510330	华夏沪深 300ETF	2012-12-25	ETF	305.88
159919	嘉实沪深 300ETF	2012-05-07	ETF	250.93
160706	嘉实沪深 300ETF 联接(LOF)A	2005-08-29	联接基金	153.22
000051	华夏沪深 300ETF 联接 A	2009-07-10	联接基金	119.55
510310	易方达沪深 300ETF 发起式	2013-03-06	ETF	94.07
515380	泰康沪深 300ETF	2019-12-27	ETF	72.37
000311	景顺长城沪深 300 指数	2013-10-29	指数基金	67.49
100038	富国沪深 300 指数增强	2009-12-16	指数基金	66.32
515330	天弘沪深 300ETF	2019-12-05	ETF	59.4
050002	博时沪深 300 指数 A	2003-08-26	指数基金	57.47
110020	易方达沪深 300ETF 联接 A	2009-08-26	联接基金	56.3
163407	兴全沪深 300 指数(LOF)A	2010-11-02	LOF	54.52
000613	国寿安保沪深 300ETF 联接	2014-06-05	联接基金	53.83
510380	国寿安保沪深 300ETF	2018-01-19	ETF	50.08
005918	天弘沪深 300ETF 联接 C	2015-01-20	联接基金	37.01
510350	工银瑞信沪深 300ETF	2019-05-20	ETF	33.74
000961	天弘沪深 300ETF 联接 A	2015-01-20	联接基金	26.84
510360	广发沪深 300ETF	2015-08-20	ETF	25.94
481009	工银沪深 300 指数 A	2009-03-05	指数基金	23.9

数据来源：中证指数有限公司网站，截至 2020 年 12 月 31 日。

2. 上证50指数

上证50指数，指数代码为000016，由沪市A股中规模大、流动性好的最具代表性的50只股票组成，反映上海证券交易市场最具影响力的一批龙头公司的股票价格表现。

上证50指数以上证180指数的成分股为样本空间，对样本空间内的股票按照过去一年的日均总市值、日均成交金额进行综合排名，选取排名前50位的股票组成样本。

上证50指数以2003年12月31日为基日，以1000点为基点，于2004年1月2日正式发布，每半年进行一次指数样本调整。

截至2021年6月30日，上证50指数的成分股总市值为181307亿元，占上海证券交易市场总市值的40%。虽然成分股只有50只股票，但从市值规模来看，在上海证券交易市场中占有非常大的权重。平均个股总市值为3626亿元，滚动市盈率为12.93倍，市净率PB为1.43倍，近12个月的股息率为1.96%，如表5.4所示。

表5.4 上证50指数的基本信息

指数名称	指数代码	市值占比	平均个股总市值（亿元）	滚动市盈率	市净率PB	股息率
上证50指数	000016	40%	3608	12.93	1.43	1.96%

数据来源：中证指数有限公司网站，截至2021年6月30日。

接下来我们看看上证50指数成分股的行业分布。如图5.4所示，在上证50指数里面，市值占比最大的是金融地产行业，占比高达37.1%，接下来是主要消费行业，占比为22.5%，工业占比为10.7%，医药卫生占比为8.2%。这是上海证券交易市场的特点，长期以来一直以金融地产行业的高市值公司为主导，不过这种情况已经有了改变的趋势，2020年上海证券交易所推出了科创板，希望容纳更多的新兴科技企业。

从上证50指数的十大权重股中我们可以看到，有4家企业属于金融地产行业，有两家企业属于主要消费行业，有两家企业属于医药卫生行业。指数中十大权重股的市值占到整个指数市值的57.14%，相对来说是非常集中的，如图5.5所示。

第 5 章 熟悉指数应用

上市交易所权重分布
- 上海（100%）：100.0%

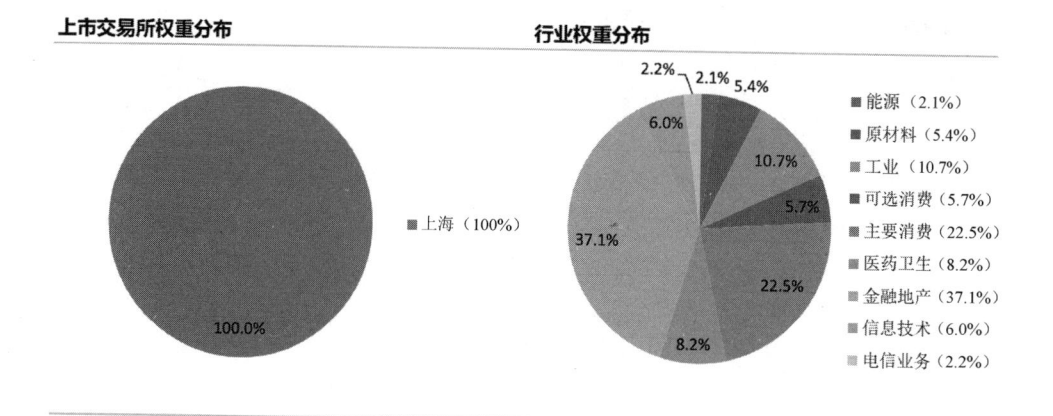

行业权重分布
- 能源（2.1%）
- 原材料（5.4%）
- 工业（10.7%）
- 可选消费（5.7%）
- 主要消费（22.5%）
- 医药卫生（8.2%）
- 金融地产（37.1%）
- 信息技术（6.0%）
- 电信业务（2.2%）

图 5.4　上证 50 指数的行业权重分布

数据来源：中证指数有限公司网站，截至 2021 年 6 月 30 日。

十大权重股

代码	名称	行业	上市交易所	权重
600519	贵州茅台	主要消费	上海	15.85%
601318	中国平安	金融地产	上海	8.54%
600036	招商银行	金融地产	上海	8.23%
601012	隆基股份	工业	上海	4.72%
600276	恒瑞医药	医药卫生	上海	3.73%
601166	兴业银行	金融地产	上海	3.67%
601888	中国中免	可选消费	上海	3.59%
603259	药明康德	医药卫生	上海	3.45%
600887	伊利股份	主要消费	上海	2.75%
600030	中信证券	金融地产	上海	2.61%

图 5.5　上证 50 指数的十大权重股列表

数据来源：中证指数有限公司网站，截至 2021 年 6 月 30 日。

上证 50 指数近 5 年来的走势如图 5.6 所示。

从收益来看，上证 50 指数在过去很长一段时间内的表现一直是优于沪深 300 指数的，但是从 2019 年开始，沪深 300 指数的收益水平连续两年超过上证 50 指数，如表 5.6 所示。

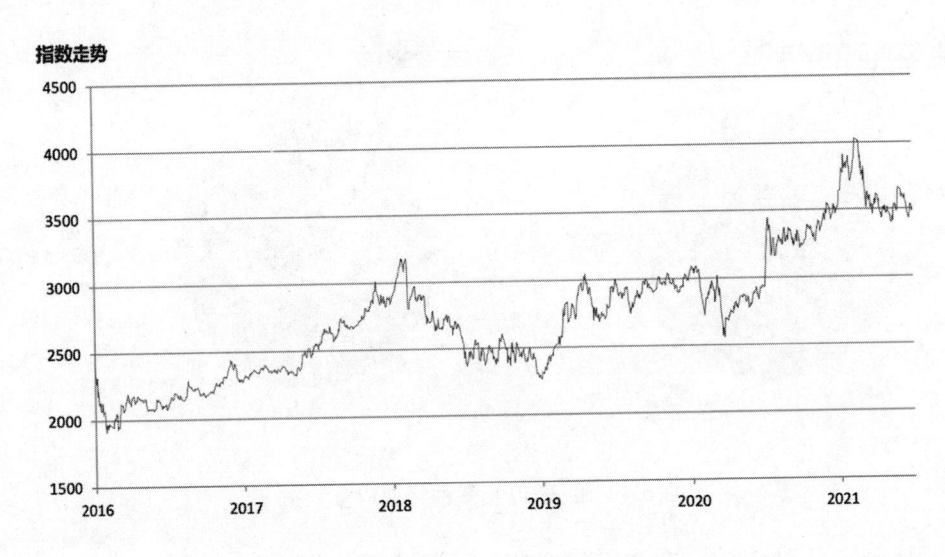

图 5.6　上证 50 指数的走势图（2016 年至 2021 年 6 月）

表 5.5　上证 50 指数过去 5 年的收益表现

指数代码	指数简称	1 年收益率	3 年年化收益率	5 年年化收益率	2017 年收益率	2018 年收益率	2019 年收益率	2020 年收益率
000016	上证 50	36.03%	6.47%	14.00%	25.08%	-19.8%	33.58%	18.85%

数据来源：中证指数有限公司网站，截至 2020 年 12 月 31 日。

市场上以上证 50 指数为跟踪标的的投资产品虽然没有跟踪沪深 300 指数的那么多，但无疑上证 50 指数也是最受欢迎的指数之一。让我们将以上证 50 指数为跟踪标的的投资产品按照规模排序，如表 5.6 所示。

表 5.6　上证 50 指数相关产品列表

证券代码	基金名称	成立日期	产品类别	资产规模（亿元）
510050	华夏上证 50ETF	2004-12-30	ETF	565.74
110003	易方达上证 50 增强 A	2004-03-22	指数基金	240.22
004746	易方达上证 50 增强 C	2004-03-22	指数基金	36.72
001051	华夏上证 50ETF 联接 A	2015-03-17	联接基金	15.22
001548	天弘上证 50 指数 A	2015-07-16	指数基金	10.15
001549	天弘上证 50 指数 C	2015-07-16	指数基金	7.73
510710	博时上证 50ETF	2015-05-27	ETF	7.32

续表

证券代码	基金名称	成立日期	产品类别	资产规模（亿元）
510800	建信上证50ETF	2017-12-22	ETF	4.33
510100	易方达上证50ETF	2019-09-06	ETF	4.26
005733	华夏上证50ETF联接C	2015-03-17	联接基金	3.48
510850	工银瑞信上证50ETF	2018-12-07	ETF	3.07
399001	中海上证50指数增强	2010-03-25	指数基金	2.82
001237	博时上证50ETF联接A	2015-05-27	联接基金	2.73
510600	申万菱信上证50ETF	2018-09-03	ETF	2.08
005737	博时上证50ETF联接C	2015-05-27	联接基金	1.96
510680	万家上证50ETF	2013-10-31	ETF	1.58
008056	南方上证50指数增强A	2020-04-23	指数基金	1.42
006221	工银上证50ETF联接C	2018-12-25	联接基金	1.15
008240	东财上证50A	2019-12-03	指数基金	1.11
502040	长盛上证50指数(LOF)	2015-08-13	LOF	1.02

数据来源：中证指数有限公司网站，截至2020年12月31日。

3. 中证500指数

中证500指数，指数代码为000905，由沪深两市A股中剔除沪深300指数的成分股及总市值排名前300名的股票后，总市值排名靠前的500只股票组成，综合反映中国A股市场中一批中小市值公司的股票价格表现。

中证500指数以2004年12月31日为基日，以1000点为基点，于2007年1月15日正式发布，每半年进行一次指数样本调整。

截至2021年6月30日，中证500指数成分股的总市值为119586亿元，占到A股市场总市值的14.80%，平均个股总市值为239亿元，滚动市盈率为19.33倍，PB为1.91倍，近12个月的股息率为1.31%，如表5.7所示。

表5.7 中证500指数的基本信息

指数名称	指数代码	市值占比	平均个股总市值（亿元）	滚动市盈率	市净率PB	股息率
中证500指数	000905	14.80%	239	19.33	1.91	1.31%

数据来源：中证指数有限公司网站，截至2021年6月30日。

接下来我们看看中证 500 指数成分股的行业分布。如图 5.7 所示，在中证 500 指数里面，市值占比最大的是工业，占比高达 21.7%，接下来是原材料，占比为 19.9%，可选消费占比为 10.2%，医药卫生占比为 9.7%。可以看出来中证 500 指数的行业分布较沪深 300 指数和上证 50 指数来说要分散很多，是一个行业分布更平均、更有机的指数。从上市交易所权重分布来看，上海证券交易所和深圳证券交易所的市值权重占比也相当均衡。

上市交易所权重分布

- 上海（47.6%）
- 深圳（52.4%）

行业权重分布

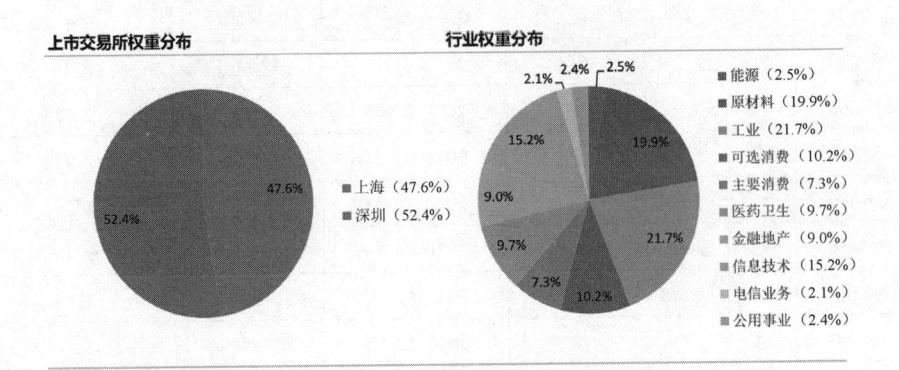

- 能源（2.5%）
- 原材料（19.9%）
- 工业（21.7%）
- 可选消费（10.2%）
- 主要消费（7.3%）
- 医药卫生（9.7%）
- 金融地产（9.0%）
- 信息技术（15.2%）
- 电信业务（2.1%）
- 公用事业（2.4%）

图 5.7 中证 500 指数的上市交易所权重分布及行业权重分布

数据来源：中证指数有限公司网站，截至 2021 年 6 月 30 日。

从中证 500 指数的十大权重股中我们可以看到，有 4 家工业企业、3 家原材料企业。指数中十大权重股的市值占到整个指数市值的 7.81%，相对于之前介绍的沪深 300 指数和上证 50 指数，中证 500 指数的成分股权重分布是非常分散的，如图 5.8 所示。

十大权重股

代码	名称	行业	上市交易所	权重
002709	天赐材料	原材料	深圳	1.00%
000799	酒鬼酒	主要消费	深圳	0.95%
603486	科沃斯	可选消费	上海	0.85%
600089	特变电工	工业	上海	0.78%
000009	中国宝安	工业	深圳	0.77%
002340	格林美	工业	深圳	0.73%
002074	国轩高科	工业	深圳	0.73%
600460	士兰微	信息技术	上海	0.73%
300285	国瓷材料	原材料	深圳	0.64%
601233	桐昆股份	原材料	上海	0.63%

图 5.8 中证 500 指数的十大权重股列表

数据来源：中证指数有限公司网站，截至 2021 年 6 月 30 日。

从走势上来看，中证 500 指数近 5 年来的走势形成了"U"形曲线，如图 5.9 所示。

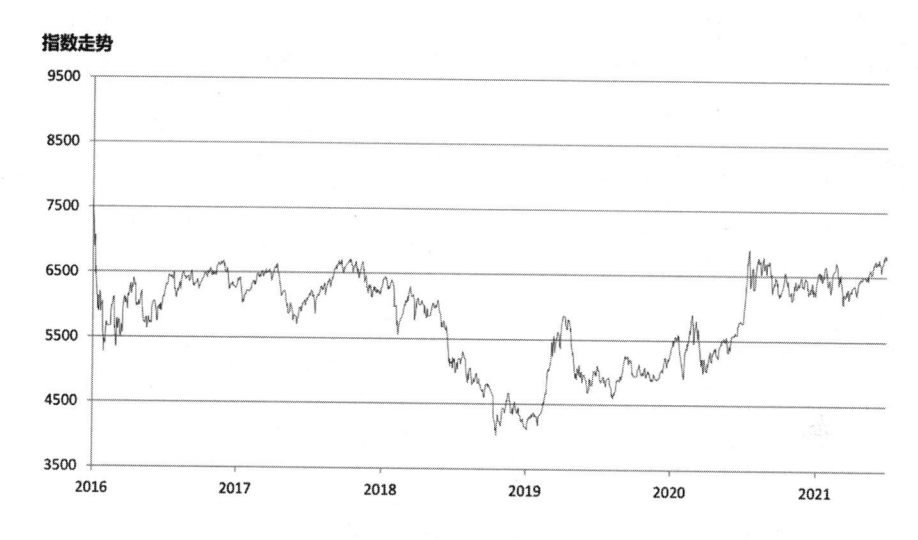

图 5.9　中证 500 指数的走势图（2016 年至 2021 年 6 月 30 日）

中证 500 指数的收益波动要大于沪深 300 指数和上证 50 指数，这也符合中小盘股票的风险特点，如表 5.8 所示。

表 5.8　中证 500 指数过去 5 年的收益表现

指数代码	指数简称	1 年收益率	3 年年化收益率	5 年年化收益率	2017 年收益率	2018 年收益率	2019 年收益率	2020 年收益率
000905	中证 500	21.78%	1.33%	1.95%	−0.20%	−33.32%	26.38%	20.87%

数据来源：中证指数有限公司网站，截至 2020 年 12 月 31 日。

市场上以中证 500 指数为跟踪标的的投资产品非常多，数量仅次于以沪深 300 指数为跟踪标的的投资产品。我们按照规模将其排序，如表 5.9 所示。

表 5.9　中证 500 指数相关产品列表

证券代码	基金名称	基金成立日	产品类别	资产规模（亿元）
510500	南方中证 500ETF	2013-02-06	ETF	382.37
160119	南方中证 500ETF 联接(LOF)A	2009-09-25	联接基金	82.31
512500	华夏中证 500ETF	2015-05-05	ETF	54.03

续表

证券代码	基金名称	基金成立日	产品类别	资产规模（亿元）
161017	富国中证500指数增强(LOF)	2011-10-12	LOF	50.69
000478	建信中证500指数增强A	2014-01-27	指数基金	45.83
159922	嘉实中证500ETF	2013-02-06	ETF	36.78
510510	广发中证500ETF	2013-04-11	ETF	34
001052	华夏中证500ETF联接A	2015-05-05	联接基金	24.21
159820	天弘中证500ETF	2020-08-07	ETF	24.08
510590	平安中证500ETF	2018-03-23	ETF	19.49
000962	天弘中证500ETF联接A	2015-01-20	联接基金	15.53
000008	嘉实中证500ETF联接基金A	2013-03-22	联接基金	14.95
162711	广发500ETF联接(LOF)A	2009-11-26	联接基金	14.16
003986	申万菱信中证500指数优选增强A	2017-01-10	指数基金	13.88
002903	广发500ETF联接(LOF)C	2009-11-26	联接基金	9.92
159968	博时中证500ETF	2019-08-01	ETF	9.28
510580	易方达中证500ETF	2015-08-27	ETF	8.99
004348	南方中证500ETF联接(LOF)C	2009-09-25	联接基金	8.77
001241	国寿安保中证500ETF联接	2015-05-29	联接基金	8.51
005919	天弘中证500ETF联接C	2015-01-20	联接基金	8.44

数据来源：中证指数有限公司网站，截至2020年12月31日。

以上我们介绍了沪深300指数、上证50指数和中证500指数，这三个指数是A股市场应用最多的指数。中国金融期货交易所目前推出的股指期货合约，就分别以这三个指数为跟踪标的。

接下来我们介绍的两个指数是相对比较新的指数，代表一些新兴企业。这两个指数分别是创业板指数和科创50指数。

4．创业板指数

创业板指数，指数代码为399006，成分股是由深证创业板市场中剔除交易量后10%的股票后，选取的总市值排名前100名的股票组成的。创业板指数采用流通市值加权的方式进行指数的计算。创业板指数反映了创业板市场的整体运行情况。

第 5 章 熟悉指数应用

创业板指数以 2010 年 5 月 31 日为基日，以 1000 点为基点，于 2010 年 6 月 1 日正式发布，每半年进行一次指数样本调整。

截至 2021 年 6 月 30 日，创业板指数成分股的总市值为 78932.23 亿元，占比超过创业板市场总市值的 60%，平均个股总市值为 789.32 亿元，滚动市盈率为 60.52 倍，PB 为 9.27 倍，近 12 个月的股息率为 0.34%，如表 5.10 所示。

表 5.10 创业板指数的基本信息

指数名称	指数代码	市值占比	平均个股总市值（亿元）	滚动市盈率	市净率 PB	股息率
创业板指数	399006	>60%	789.32	60.52	9.27	0.34%

数据来源：国证指数网，截至 2021 年 6 月 30 日。

从平均个股总市值来看，创业板成分股要比中证 500 指数成分股的规模要小。从市盈率 PE 和市净率 PB 的角度来看，创业板指数比之前介绍的指数都高很多，这也反映了市场对创业板企业的增长预期。但需要注意的是，创业板指数的波动也是非常大的，风险较高。

从走势来看，创业板指数自 2010 年发布起，截至 2021 年 1 月 31 日，累计收益率为 316.0%，历史高点出现在 2015 年 6 月 2 日，当日收盘 3982.25 点，如图 5.10 所示。

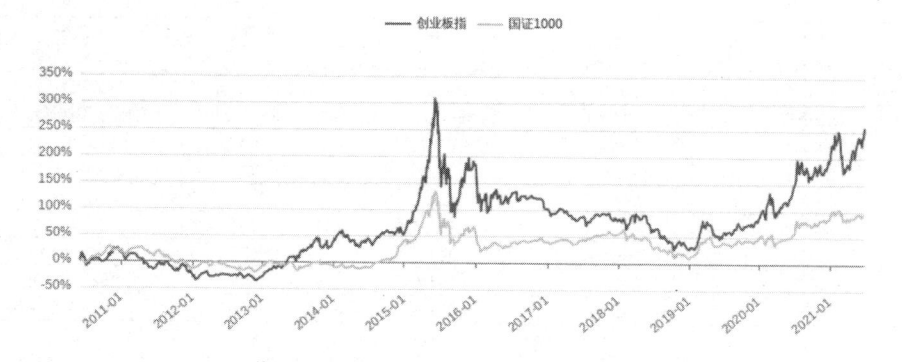

图 5.10 创业板指数的走势图，截至 2021 年 1 月 31 日

接下来我们看看创业板指数成分股的行业分布。如图 5.11 所示，在创业

板指数里面，市值占比最大的是医药卫生，占比为31.55%，接下来是工业，占比为28.44%，信息技术的占比为20.49%，金融的占比为7.19%。可以看出来创业板指数的行业分布和之前一些指数相比还是有很大区别的，医药卫生、信息技术、金融是这几年创新比较集中的行业。

行业分布

行业	数量	权重
医药卫生	27	31.55%
工业	14	28.44%
信息技术	33	20.49%
金融	2	7.19%
主要消费	6	3.78%
原材料	7	3.62%
可选消费	7	2.95%
电信业务	4	1.99%

图 5.11 创业板指数的行业权重分布

数据来源：国证指数网，截至2021年6月30日。

从创业板指数的十大权重股中我们可以看到，有4家企业属于医药卫生企业，有3家企业属于工业企业，在2家企业属于信息技术企业，在金融行业中有1家企业。指数中十大权重股的市值占到整个指数市值的50.45%，如图5.12所示。

十大权重股

代码	简称	行业	权重	市场
300750	宁德时代	工业	15.75%	深交所创业板
300059	东方财富	金融	6.89%	深交所创业板
300760	迈瑞医疗	医药卫生	5.37%	深交所创业板
300015	爱尔眼科	医药卫生	4.26%	深交所创业板
300122	智飞生物	医药卫生	3.49%	深交所创业板
300124	汇川技术	工业	3.21%	深交所创业板
300014	亿纬锂能	信息技术	3.12%	深交所创业板
300274	阳光电源	工业	2.92%	深交所创业板
300782	卓胜微	信息技术	2.76%	深交所创业板
300347	泰格医药	医药卫生	2.68%	深交所创业板

图 5.12 创业板指数的十大权重股列表

数据来源：国证指数网，截至2021年6月30日。

从收益来看，创业板指数的收益波动是比较大的，但是从2019年以来，创业板指数的表现远超沪深 300 指数、上证 50 指数这些代表大盘股的指数，甚至超过代表中小盘股的中证 500 指数。从表 5.11 中我们可以看出，创业板指数的年化收益率处在相对比较高的位置。

表 5.11 创业板指数过去 5 年的收益表现

指数代码	指数简称	1 年收益率	3 年年化收益率	5 年年化收益率	2017 年收益率	2018 年收益率	2019 年收益率	2020 年收益率
399006	创业板指	70.00%	23.42%	8.52%	-10.67%	-28.65%	43.79%	64.96%

数据来源：国证指数网，截至 2020 年 12 月 31 日。

市场上以创业板指数为跟踪标的的投资产品也不少，让我们将其按照规模排序，如表 5.12 所示。

表 5.12 创业板指数相关产品列表

证券代码	基金名称	基金成立日	产品类别	资产规模（亿元）
159915	易方达创业板 ETF	2011-09-19	ETF	159.86
110026	易方达创业板 ETF 联接 A	2011-09-19	ETF 联接	65.5
001592	天弘创业板 ETF 联接 A	2015-07-07	ETF 联接	49.22
159977	天弘创业板 ETF	2019-09-11	ETF	38.66
161022	富国创业板指数	2013-09-11	指数基金	28.32
002656	南方创业板 ETF 联接 A	2016-05-19	ETF 联接	27.22
159948	南方创业板 ETF	2016-05-12	ETF	24.7
159952	广发创业板 ETF	2017-04-24	ETF	21.08
001879	长城创业板指数增强 A	2019-01-28	指数基金	14.71
003765	广发创业板 ETF 联接 A	2017-05-24	ETF 联接	13.12
161613	融通创业板指数增强 AB	2012-04-05	指数基金	7.91
159908	博时创业板 ETF	2011-06-09	ETF	3.58
050021	博时创业板 ETF 联接 A	2011-06-09	ETF 联接	3.51
159964	平安创业板 ETF	2019-03-14	ETF	3.5
009046	西藏东财创业板 A	2020-03-17	指数基金	3.39
009012	平安创业板 ETF 联接 A	2020-03-24	ETF 联接	3.37
006248	华夏创业板 ETF 联接 A	2018-08-13	ETF 联接	3.04

续表

证券代码	基金名称	基金成立日	产品类别	资产规模（亿元）
159957	华夏创业板ETF	2017-12-07	ETF	2.79
159958	工银瑞信创业板ETF	2017-12-24	ETF	2.69
159808	融通创业板ETF	2020-08-04	ETF	2.44

数据来源：国证指数网，截至2020年12月31日。

5. 科创50指数

科创50指数，指数代码为000688，是2020年才推出的一个指数，也是科创板推出的第一个指数。科创50指数的成分股由上海证券交易所科创板中市值大、流动性好的50只股票组成，反映了最具市场代表性的一批科创企业的整体表现。

科创50指数以2019年12月31日为基日，以1000点为基点，于2020年7月23日正式发布，每三个月进行一次指数样本调整。

截至2021年6月30日，科创50指数成分股的总市值为23666亿元，占到科创板总市值的52%，平均个股总市值为473亿元，滚动市盈率为75.38倍，市净率PB为8.91倍，近12个月的股息率为0.28%，如表5.13所示。

表5.13 科创50指数的基本信息

指数名称	指数代码	市值占比	平均个股总市值（亿元）	滚动市盈率	市净率PB	股息率
科创50指数	000688	52%	473	75.38	8.91	0.28%

数据来源：中证指数有限公司网站，截至2021年6月30日。

从平均个股总市值来看，科创50指数成分股的规模已经超过创业板指数成分股的规模了，甚至超过了中证500指数成分股的规模。从某种意义上来说，科创板的上市条件中虽然降低了盈利要求，但对收入规模的要求要高于创业板。事实上，科创板开板以来不乏上千亿元规模的公司。

从走势看，科创50指数自2019年的基点算起，截至2020年12月31日，累计收益率为39.3%，历史高点出现在2020年4月14日，当日收盘1726.19点，如图5.13所示。

第 5 章　熟悉指数应用

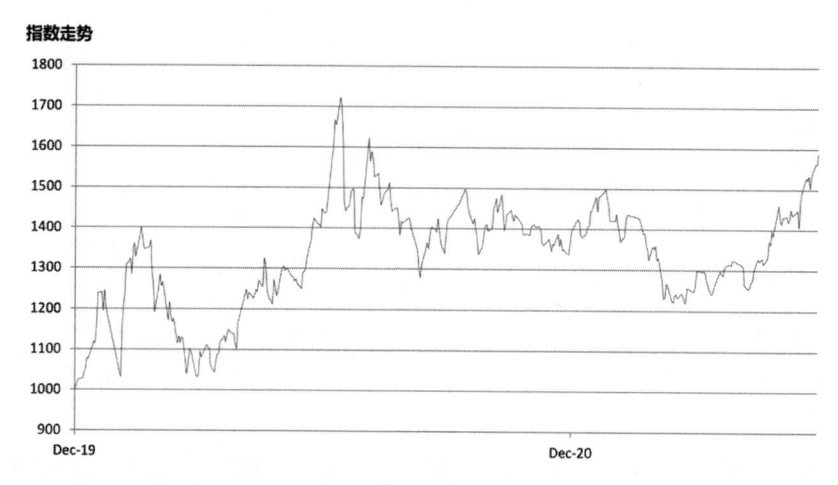

图 5.13　科创 50 指数的走势图，截至 2021 年 6 月 30 日

接下来我们看看科创 50 指数的上市交易所权重分布和行业权重分布。如图 5.14 所示，在科创 50 指数里面，市值占比最大的是信息技术，占比高达 52.6%，这也符合科创板的理念，最近十年创新最快速的行业就是信息技术行业。在科创板推出之前，很多国内信息科技公司都因为各种限制被迫选择在海外上市，科创板有望让中国优秀的创新企业留在 A 股，让国内投资者能够分享这些公司的增长。

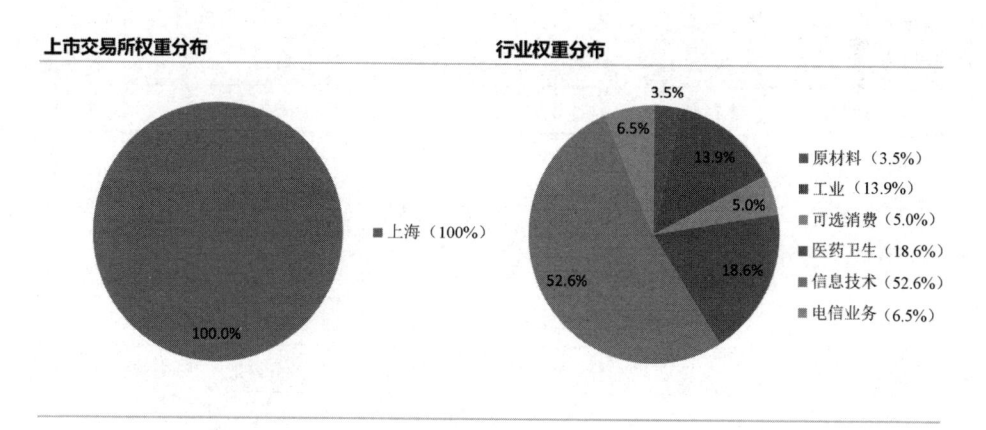

图 5.14　科创 50 指数的上市交易所权重分布及行业权重分布

数据来源：中证指数有限公司网站，截至 2021 年 6 月 30 日。

从科创 50 指数的十大权重股中我们也可以看到，信息技术企业有 6 家。该指数中十大权重股的市值占到整个指数市值的 52.19%，相对来说是比较集中的，如图 5.15 所示。

十大权重股

代码	名称	行业	上市交易所	权重
688981	中芯国际	信息技术	上海	9.23%
688111	金山办公	信息技术	上海	9.19%
688036	传音控股	电信业务	上海	6.46%
688012	中微公司	信息技术	上海	5.70%
688169	石头科技	可选消费	上海	4.32%
688005	容百科技	工业	上海	4.18%
688008	澜起科技	信息技术	上海	3.62%
688185	康希诺	医药卫生	上海	3.44%
688396	华润微	信息技术	上海	3.09%
688099	晶晨股份	信息技术	上海	2.96%

图 5.15　科创 50 指数的十大权重股列表

数据来源：中证指数有限公司网站，截至 2021 年 6 月 30 日。

在收益方面，科创 50 指数的收益波动是比较大的，自 2019 年以来科创 50 指数的表现远超沪深 300 指数、上证 50 指数这些代表大盘股的指数，甚至超过代表中小盘股的中证 500 指数，如表 5.14 所示。

表 5.14　科创 50 指数过去 5 年的收益表现

指数代码	指数简称	1 年收益率	3 年年化收益率	5 年年化收益率	2017 年收益率	2018 年收益率	2019 年收益率	2020 年收益率
000688	科创 50	5.71%	—	—	—	—	—	39.30%

数据来源：中证指数有限公司网站，截至 2020 年 12 月 31 日。

由于科创 50 指数推出时间不长，市场上的产品还比较少，目前有 4 只以科创 50 指数为跟踪标的的 ETF，如表 5.15 所示。

表 5.15　科创 50 指数相关产品列表

证券代码	基金名称	基金成立日	产品类别	资产规模（亿元）
588000	华夏上证科创板 50 成份 ETF	2020-09-28	ETF	124.58
588050	工银上证科创板 50 成份 ETF	2020-09-28	ETF	49.21
588080	易方达上证科创板 50 成份 ETF	2020-09-28	ETF	65.18
588090	华泰柏瑞上证科创板 50 成份 ETF	2020-09-28	ETF	49.84

数据来源：中证指数有限公司网站，截至 2020 年 12 月 31 日。

第 5 章 熟悉指数应用

科创 50 系列 ETF 的推出,在市场上是有很重要的意义的,因为目前为了保护中小投资者的利益,参与科创板的投资有一定的资金门槛,并不是所有投资者都可以参与科创板股票的投资。但是,以科创 50 指数为跟踪标的的 ETF 是面对所有投资者的,也就是说,ETF 作为一个桥梁,帮助普通投资者参与到科创板股票的投资当中。

当然,科创板由于开板时间短,上市要求低于主板,具有很强的不确定性和未知风险,大家在选择的时候需要谨慎对待。

我们把以上 5 个比较常见的宽基指数从 2019 年 1 月 1 日到 2021 年 2 月 10 日的股票收盘价走势放在一张图里,可以看出来涨幅最大的是创业板指数,涨幅高达 271%,其次是沪深 300 指数,涨幅达到 191%,科创 50 指数只有一年的数据,涨幅高达 143%,如图 5.16 所示。

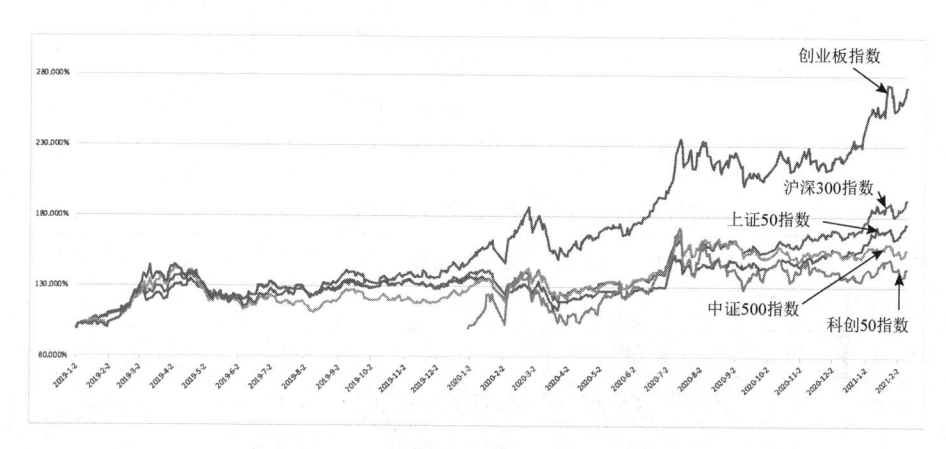

图 5.16　宽基指数的股票收盘价走势比较

数据来源:万得数据,以 2019 年 1 月 2 日收盘价为基点的涨幅比较。

以上介绍了 5 个常用的宽基指数,这 5 个宽基指数也是市场上最受欢迎的 5 个指数。对指数基金来说,宽基指数是绝对主流,因为它既满足了分散不同行业间的风险的要求,又满足了享有整个市场收益的要求。下面我们介绍的几类指数并不是非常普及,但是会随着市场发展时不时地出现在大众视野当中。让我们也来了解一下它们,以便更全面地了解指数体系。

5.1.2　热门的行业指数

关注股票市场的朋友应该会发现,时不时就会有一些行业变成热门行业,

101

其在一段时间内的收益很"亮眼",这和经济发展的周期有关。以行业指数为跟踪标的的投资产品,虽然中和了个股之间的风险,但是行业风险是依旧存在的,集中体现在行业的周期波动上。如果是宽基指数,只需要选定市场和规模即可,而选择行业指数就困难得多了,如果对行业指数没有深刻的洞见,那么请谨慎参与行业指数的投资。

我们给大家罗列几个受欢迎的行业指数,仅供学习指数使用,不作为投资意见。

1. 中证全指证券公司指数

中证全指证券公司指数,简称证券公司,指数代码为399975,由中证全指样本股中证券公司行业的股票组成,以反映中国证券行业股票的整体表现。

中证全指证券公司指数以2007年6月29日为基日,以1000点为基点,于2013年7月17日正式发布,每半年进行一次指数样本调整。

在行业指数中,中证全指证券公司指数是相关产品最多的指数之一,我们列出了目前市面上资产规模最大的5个产品,如表5.16所示。

表5.16 中证全指证券公司指数相关产品列表

证券代码	基金名称	基金成立日	产品类别	资产规模(亿元)
512880	国泰中证全指证券公司ETF	2016-07-26	ETF	389.05
512000	华宝中证全指证券公司ETF	2016-08-30	ETF	229.58
512900	南方中证全指证券公司ETF	2017-03-10	ETF	67.62
004070	南方全指证券联接C	2017-03-08	联接基金	54.59
007531	华宝券商ETF联接C	2018-06-27	联接基金	30.2

数据来源:中证指数有限公司网站,截至2021年2月8日。

2. 中证医药卫生指数

中证医药卫生指数,简称中证医药,指数代码为000933,由中证800指数样本股中的医药卫生行业的股票组成,反映中国医药行业股票的整体表现。

中证医药卫生指数以2004年12月31日为基日,以1000点为基点,于2009年7月3日正式发布,每半年进行一次指数样本调整。

随着人们对健康的重视,医药卫生行业越来越受到关注。同时,在科学技术方面,医药卫生行业也有突飞猛进的发展和突破,医药卫生行业的上市公司也被寄予了很高的预期。我们列出了目前市面上资产规模最大的 5 个产品，如表 5.17 所示。

表 5.17　中证医药卫生指数相关产品列表

证券代码	基金名称	基金成立日	产品类别	资产规模（亿元）
159929	汇添富中证医药卫生 ETF	2013-08-23	ETF	5.83
008551	西藏东财中证医药卫生指数 A	2020-04-10	指数基金	1.11
160635	鹏华中证医药 A(LOF)	2015-08-17	LOF	0.99
008552	西藏东财中证医药卫生指数 C	2020-04-10	指数基金	0.76
007076	汇添富中证医药 ETF 联接 A	2019-03-26	联接基金	0.67

数据来源：中证指数有限公司网站，截至 2021 年 2 月 8 日。

3．国证食品饮料行业指数

国证食品饮料行业指数，简称国证食品，指数代码为 399396。参照国证行业分类标准，在沪深两市中选取归属于食品饮料行业、规模和流动性突出的 50 只股票作为样本股，反映了中国市场上食品饮料行业上市公司的整体收益表现。

国证食品饮料行业指数以 2004 年 12 月 31 日为基日，以 1000 点为基点，于 2012 年 10 月 29 日正式发布，每半年进行一次指数样本调整。采用调整后自由流通量加权的计算方法，个股权重上限为 15%。

目前市场上以国证食品饮料行业指数为跟踪标的的投资产品不算多，但是随着贵州茅台等白酒企业市值的迅速增长，食品饮料板块也变得热门起来。当然，我们要认识到所有行业都是有周期的，资本市场也是有周期的，今天的热门行业不见得在明天的市场中依旧热门。我们列出了目前市面上和国证食品饮料行业指数相关的产品，如表 5.18 所示。

表 5.18　国证食品饮料行业指数相关产品列表

证券代码	基金名称	基金成立日	产品类别	资产规模（亿元）
159843	招商国证食品饮料 ETF	2021-01-24	ETF	6.88
160222	国泰国证食品饮料	2014-10-22	指数基金	75.93

数据来源：国证指数网站，截至 2021 年 2 月 8 日。

4. 中证军工指数

中证军工指数，简称中证军工，指数代码为399967。中证军工指数以十大军工集团控股且主营业务与军工行业相关的上市公司，以及其他主营业务为军工行业的上市公司为指数成分股，反映了军工行业上市公司的整体表现。

中证军工指数以2004年12月31日为基日，以1000点为基点，于2013年12月26日正式发布，每半年进行一次指数样本调整。

我们列出了目前市面上资产规模较大的5个和中证军工指数相关的产品，如表5.19所示。

表5.19 中证军工指数相关产品列表

证券代码	基金名称	基金成立日	产品类别	资产规模（亿元）
512660	国泰中证军工ETF	2016-07-26	ETF	102.59
512680	广发中证军工ETF	2016-08-30	ETF	24.7
005693	广发中证军工ETF联接C	2016-09-26	联接基金	17.53
000596	前海开源中证军工指数A	2014-05-27	指数基金	9.51
003017	广发中证军工ETF联接A	2016-09-26	联接基金	4.58

数据来源：中证指数有限公司网站，截至2021年2月8日。

5. 中证全指房地产指数

中证全指房地产指数，简称房地产指数，指数代码为H30165，由中证全指样本股中房地产行业的股票组成，反映了沪深两市房地产行业股票的整体表现。

中证全指房地产指数以2004年12月31日为基日，以1000点为基点，于2013年7月15日正式发布，每半年进行一次指数样本调整。

在A股的行业分类中，很多时候金融与房地产行业是放在一起的，中证全指房地产指数把沪深两市中的房地产企业选出来编制指数，给市场提供了更多的选择空间。我们列出了目前市面上资产规模较大的5个中证全指房地产指数相关产品，如表5.20所示。

表5.20 中证全指房地产指数相关产品列表

证券代码	基金名称	基金成立日	产品类别	资产规模（亿元）
512200	南方中证全指房地产ETF	2017-08-25	ETF	19.48

续表

证券代码	基金名称	基金成立日	产品类别	资产规模（亿元）
004643	南方房地产联接 C	2017-08-24	联接基金	1.85
004642	南方房地产联接 A	2017-08-24	联接基金	1.77
515060	华夏中证全指房地产 ETF	2019-11-28	ETF	1.1
008088	华夏中证全指房地产 ETF 联接 A	2019-11-28	联接基金	0.36

数据来源：中证指数有限公司网站，截至 2021 年 2 月 8 日。

我们把这 5 个行业指数的基本信息做一个比较，让大家体会一下不同行业之间的差别，如表 5.21 所示。

表 5.21 5 个行业指数的基本信息比较

指数简称	指数代码	成分股数量	平均个股总市值（亿元）	滚动市盈率	市净率 PB	股息率	1 年收益率	3 年年化收益率	5 年年化收益率
证券公司	399975	49	705	26.38	2.07	1.07%	16.55%	7.51%	-2.42%
中证医药	000933	81	561	47.93	6.21	0.59%	50.87%	13.25%	7.74%
国证食品	399396	50	265.38	39.6	8.39	20.89%	9.36%	28.53%	18.29%
中证军工	399967	51	324	71.4	4.2	0.27%	67.91%	14.23%	-1.50%
房地产指数	H30165	94	195	7.85	1.13	3.64%	-12.73%	-9.09%	-8.99%

数据来源：中证指数有限公司网站，截至 2020 年 12 月 31 日。

5.1.3 热点主题指数

主题指数和行业指数一样，都是重要的窄基指数，有时候主题指数容易和行业指数混淆。例如，中证白酒指数是中国独有的一个行业指数，但是，因为白酒行业并不是一个标准分类中的常用行业，所以中证白酒指数被划分到主题指数类别中。同样地，中证新能源汽车指数也属于主题指数。

大家不用纠结于分类，当看到一个指数时，弄清楚它背后代表的内涵才是最重要的。

我们列举了几个最近比较热门的主题指数，如表 5.22 所示。

表 5.22 热门主题指数的基本信息

指数简称	指数代码	成分股数量	平均个股总市值（亿元）	滚动市盈率	市净率 PB	股息率
中证白酒	399997	16	3201	58.37	14.68	0.76%
CS 新能车	399976	33	785	120.58	8.78	0.43%
国企一带一路	000859	100	1025	19.44	1.52	2.11%
结构调整	000860	100	945	18.06	1.32	2.31%
5G 通信	931079	59	443	38.49	4.78	0.63%

数据来源：中证指数有限公司网站、万得资讯，截至 2020 年 12 月 31 日。

1. 中证白酒指数

中证白酒指数，指数代码为 399997，简称中证白酒。该指数以中证全指为样本空间，对样本空间内的股票按照过去一年的日均成交金额由高到低排名，在剔除排名后 20% 的股票后，选取不超过 50 只涉及白酒生产业务的上市公司的股票作为成分股。目前中证白酒指数包含贵州茅台、泸州老窖、五粮液等 16 家著名白酒企业。以中证白酒指数为跟踪标的的产品有招商中证白酒指数。

2. 中证新能源汽车指数

中证新能源汽车指数，指数代码为 399976，简称 CS 新能车。该指数以中证全指为样本空间，选取涉及锂电池、充电桩、新能源整车等业务的上市公司的股票作为成分股，以反映新能源汽车相关上市公司的整体表现，为市场提供了多样化的投资标的。目前市场上以 CS 新能车为跟踪标的的产品有博时新能源汽车 ETF 及其联接基金、华夏中证新能源汽车 ETF 及其联接基金、华安中证新能源汽车 ETF 及其联接基金、东财新能源车指数基金等。

3. 中证国企一带一路指数

中证国企一带一路指数，指数代码为 000859，简称国企一带一路。该指数以参与一带一路建设的国企上市公司为主要样本空间，从中选取企业盈利质量、成长能力与ESG等三个方面整体得分较高的100只上市公司的证券作为指数样本，以反映受益于"一带一路"倡议的国企上市公司的证券在沪深市场的整体表现。目前市场上以国企一带一路为跟踪标的的产品有富国中证国企一带一路ETF及其联接基金、易方达中证国企一带一路ETF及其联接基金、添富中证国企一带一路ETF及其联接基金等。

4．中证央企结构调整指数

中证央企结构调整指数，指数代码为000860，简称结构调整。该指数以央企上市公司为主要待选样本，综合评估其在产业结构调整、科技创新投入、国际业务发展等方面的情况，选取其中较具代表性的企业的股票作为样本股，反映央企结构调整板块在A股市场的整体走势。

目前市场上以结构调整为跟踪标的的产品有博时央企结构调整ETF及其联接基金、华夏中证央企ETF及其联接基金、银华中证央企ETF及其联接基金等。

5．中证5G通信主题指数

中证5G通信主题指数，指数代码为931079，简称5G通信。该指数选取在产品和业务上与5G通信技术相关的上市公司的股票作为样本股，包括但不限于电信服务、通信设备、计算机及电子设备和计算机运用等细分行业，旨在反映5G相关领域的A股上市公司的整体表现。

目前市场上以5G通信为跟踪标的的产品有华夏中证5G通信主题ETF及其联接基金、银华中证5G ETF及其联接基金。

接下来我们看看这几个指数过去5年的收益情况，如表5.23所示。

表5.23 热门主题指数过去5年的收益表现

指数代码	指数简称	1年收益率	3年年化收益率	5年年化收益率	2016年收益率	2017年收益率	2018年收益率	2019年收益率	2020年收益率
399997	中证白酒	119.76%	45.53%	44.18%	14.02%	77.29%	-26.94&	91.99%	119.76%
399976	CS新能车	101.83%	22.01%	8.73%	-19.78%	4.30%	-38.16%	45.51%	101.83%

续表

指数代码	指数简称	1年收益率	3年年化收益率	5年年化收益率	2016年收益率	2017年收益率	2018年收益率	2019年收益率	2020年收益率
000859	国企一带一路	7.20%	—	—	—	—	—	-1.60%	7.20%
000860	结构调整	13.10%	2.67%	—	—	—	-15.36%	13.06%	13.10%
931079	5G通信	18.84%	—	—	—	—	—	-4.34%	18.84%

数据来源：中证指数有限公司网站，截至2020年12月31日。

可以看出来，白酒和新能源汽车无疑是从2019年开始到现在受关注度最高的两个主题。2020年中证白酒指数的收益率高达119.76%，CS新能车的收益率也高达101.83%。5G通信是2019年的新概念，在2020年表现也不错。热点主题是随着市场变化的，投资者在决定是否投资主题指数的时候，需要综合考虑经济周期、热点行业的发展阶段、指数估值等多方面的因素，谨慎地做出决策。

5.1.4 常见策略指数

1. 沪深300价值指数

沪深300价值指数，指数代码为000919，简称300价值。该指数以沪深300指数样本股中价值因子评分最高的100只股票为成分股，采用价值因子数值作为权重分配依据。价值因子包含四个指标：股息收益率、每股净资产与价格的比率、每股净现金流与价格的比率和每股收益与价格的比率。相关产品包括银河沪深300价值指数、申万沪深300价值指数等。

2. 上证中盘指数

上证中盘指数，指数代码为000044，简称上证中盘，由上证180指数成分股中剔除上证50指数成分股后的130只股票组成，综合反映沪市中盘公司的股票价格表现。相关产品包括易方达上证中盘ETF及其联接基金。

3. 中证锐联基本面 50 指数

中证锐联基本面 50 指数，指数代码为 000925，简称基本面 50，是中证指数与锐联资产合作开发的首只内地基本面指数。该指数以营业收入、现金流、净资产、分红 4 个基本面指标来衡量，挑选经济规模较大的 50 家 A 股上市公司作为样本，样本个股的权重配置与其经济规模相匹配。相关产品包括嘉实中证锐联基本面 50ETF 及其联接基金。

4. 深证基本面 120 指数

深证基本面 120 指数，指数代码为 399702，简称深证 F120。该指数以深市 A 股为样本空间，挑选基本面价值较大的 120 家上市公司作为样本。和基本面 50 类似，深证 F120 的基本面价值由四个财务指标来衡量，并决定了样本股的权重。相关产品有嘉实深证基本面 120ETF 及其联接基金。

5.2 常见境外市场指数

5.2.1 标准普尔 500 指数

标准普尔 500 指数，也称作 S&P 500，由标准普尔道琼斯指数公司编制，用来反映美国股票市场的表现，发布于 1957 年 3 月 4 日，是目前世界上最著名、相关产品最多的指数。

标准普尔 500 指数选取美国股票市场中规模最大、流动性最好的 500 家上市公司发行的 505 只股票作为成分股，采用自由流通量加权的方法编制。目前标准普尔 500 指数的成分股总市值占到美国股票市场的 80%，能够很好地反映美国股票市场的表现。

为什么是 505 只股票？原因是美国股票市场允许同一家公司发行不同价格或者权益的普通股。最著名的案例就是巴菲特的伯克希尔·哈撒韦，股票代码是 BRK，由于一开始股票价格涨太多，导致单股股价过高，散户很难参与，于是又发行了 BRK-B，发行价格是 BRK-A 的 1/30。于是，市场上就同时有 BRK-A 和 BRK-B 这两只伯克希尔·哈撒韦的股票。同样地，在标准普尔 500 指数十大权重股列表中，我们会看到谷歌 A 和谷歌 C 这两只来自谷歌公司的股票。

目前标准普尔500指数成分股的平均总市值为654亿美元,是名副其实的大盘股指数。前十大权重股的市值占到指数总市值的27.5%,分散度适中,如表5.24所示。

表5.24 标准普尔500指数的十大权重股列表

股票名称	符号	行业
苹果	AAPL	信息技术
微软	MSFT	信息技术
亚马逊	AMZN	零售
脸书A	FB	通信服务
特斯拉	TSLA	零售
谷歌A	GOOGL	通信服务
谷歌C	GOOG	通信服务
伯克希尔哈撒韦B	BRK-B	金融
强生	JNJ	健康
JP摩根	JPM	金融

数据来源:标准普尔道琼斯指数公司网站。

不论是从十大权重股,还是从成分股的行业分布来看,信息技术占有最大的市值权重,达到27.8%,接下来是健康医疗,占到13.8%,非必需消费品占到12.9%,通信服务占到10.7%,金融占到10.3%,如图5.17所示。

标准普尔500指数成分股行业明细

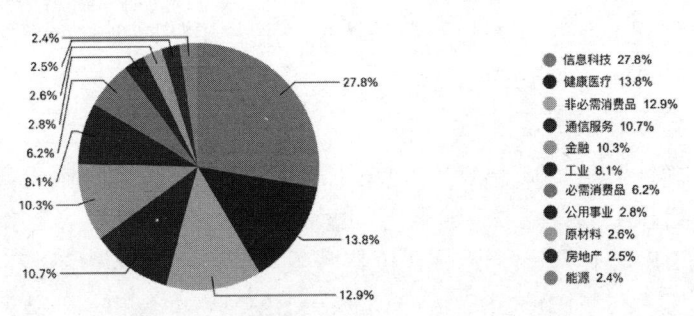

- 信息技术 27.8%
- 健康医疗 13.8%
- 非必需消费品 12.9%
- 通信服务 10.7%
- 金融 10.3%
- 工业 8.1%
- 必需消费品 6.2%
- 公用事业 2.8%
- 原材料 2.6%
- 房地产 2.5%
- 能源 2.4%

*基于GICS的行业分类标准
指数中每个行业类别的权重按照四舍五入的方法近似到小数点后一位,因此所有类别权重的和可能不等于100%

图5.17 标准普尔500指数成分股的行业分类(市值加权)

第 5 章 熟悉指数应用

世界范围内以标准普尔 500 指数为跟踪标的的金融产品有很多，包括全世界最大的指数基金——先锋领航集团的 S&P500 指数基金。

作为中国投资者，我们要怎么样才能参与到美国股票市场的投资呢？国内的 QDII 基金或许是一个选择，目前国内和标准普尔 500 指数相关的 QDII 产品如表 5.25 所示。

表 5.25　国内和标准普尔 500 指数相关的 QDII 产品

基金代码	基金名称	类型	规模（亿元）	发行日期
096991	大成标普 500 等权重指数	QDII	2.20	2011-03
161125	易方达标普 500 指数人民币	QDII	3.24	2016-12
513500	博时标普 500	QDII	25.84	2013-12
050025	博时标普 500ETF 联接 A	QDII	8.87	2012-06
006075	博时标普 500ETF 联接 C	QDII	1.71	2018-06

数据来源：天天基金网，截至 2021 年 2 月 10 日。

QDII 基金给了中国投资者一个可以投资海外的股票市场的机会，但是我们需要知道，通过 QDII 投资标准普尔 500 指数，会比投资海外的同类型基金的成本高。同时，我们需要知道，任何对海外市场的投资，都会有货币之间的汇率问题，这是投资者需要承担的风险。

5.2.2　纳斯达克 100 指数

纳斯达克 100 指数（NASDAQ-100 Index），指数代码是 NDX，包含了在纳斯达克证券交易所上市的市值较大、流动性较好的 100 个非金融类公司发行的 102 只股票。纳斯达克 100 指数采用调整过的市值加权方式计算。

还有一个主要指数是纳斯达克成分指数，它几乎包含在纳斯达克上市的所有公司。纳斯达克 100 指数能够 90% 地反映纳斯达克成分指数的走势，同时因为不包含金融股票，这让其成为很多看好科技股的投资者的首选。基于纳斯达克 100 指数的 ETF，证券代码为 QQQ，这几年在市场上大受欢迎，已经成为世界上第五大的指数 ETF。

纳斯达克 100 指数的十大成分股都是我们耳熟能详的国际科技企业发行的股票，如表 5.26 所示。

表 5.26 纳斯达克 100 指数的十大成分股

股票代码	股票名称	权重
AAPL	苹果	12.26%
MSFT	微软	9.14%
AMZM	亚马逊	8.88%
TSLA	特斯拉	4.50%
FB	脸书	3.57%
GOOG	谷歌 C	3.14%
GOOGL	谷歌 A	2.86%
NVDA	英伟达	2.67%
PYPL	贝宝	2.27%
ADBE	Adobe	1.98%

从行业细分来看，纳斯达克 100 指数的特点是高科技、高增长和非金融，非常集中地反映了目前在纳斯达克交易所交易的科技公司的股票的整体走势，如图 5.18 所示。

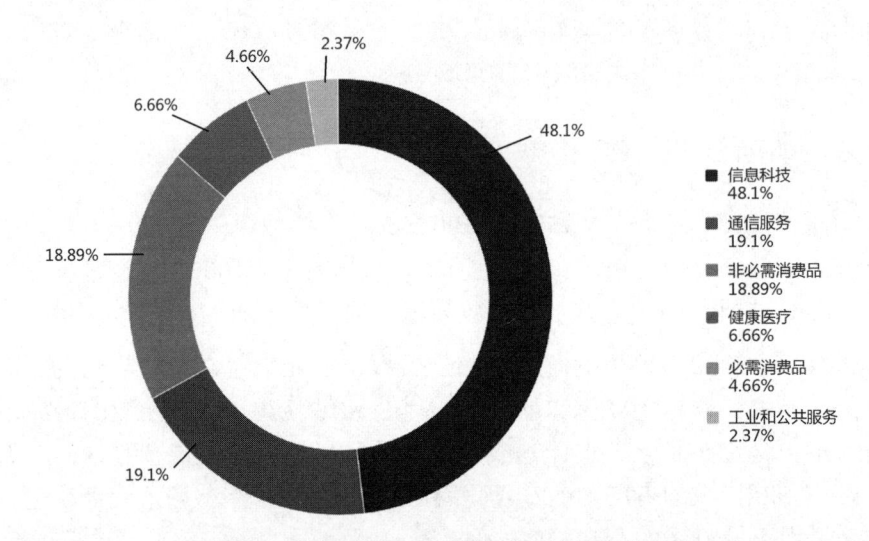

图 5.18 纳斯达克 100 指数成分股的行业划分

中国投资者如何参与投资纳斯达克 100 指数呢？还是通过 QDII 的方式。目前在国内和纳斯达克 100 指数相关的 QDII 产品中，有一些是可以选择的，如表 5.27 所示。

表 5.27 国内和纳斯达克 100 指数相关的 QDII 产品

基金代码	基金名称	类别	规模（亿元）	运作费率	近 1 年	近 2 年	近 3 年	发行日期
270042	广发纳斯达克 100 指数 A	指数基金	23.47	1.05%	31.76%	85.47%	109.13%	2012-08
159941	广发纳斯达克 100	ETF	10.55	1.05%	31.62%	80.90%	104.41%	2015-06
160213	国泰纳斯达克 100 指数	指数基金	9.21	1.05%	33.62%	89.28%	110.50%	2010-04
513100	国泰纳斯达克 100	ETF	16.00	0.80%	33.48%	87.99%	109.27%	2013-04
000834	大成纳斯达克 100	指数基金	11.76	1.05%	28.41%	79.86%	104.15%	2014-11
040046	华安纳斯达克 100 指数	指数基金	17.55	1.05%	37.01%	91.55%	116.34%	2013-08
513300	华夏纳斯达克 100ETF	ETF	76.10	0.80%	—	—	—	2020-10
161130	易方达纳斯达克 100 人民币	指数基金	7.36	1.05%	30.37%	83.08%	106.79%	2017-06

数据来源：天天基金网，截至 2021 年 2 月 10 日。

5.2.3 香港恒生指数

香港恒生指数（Hang Seng Index），指数代码为 HSI，发布于 1969 年 11 月 24 日，目前由香港恒生指数服务有限公司编制和维护。香港恒生指数包含了 52 只香港证券市场中规模较大、流动性较好的上市公司的股票，采用自由流通量加权的方式计算，同时单只股票有 10% 的权重上限，避免权重过于集中。

香港一直是全球非常重要的金融中心，香港证券交易市场也是全球最活跃的市场之一。虽然最近十余年来，全球的经济增长主要由科技突破带动，香港证券交易市场似乎没有了往日的风光。但我们要注意到因为地理位置优越，很多内地的优秀科技企业选择在香港证券交易市场上市，为香港证券交易市场带来了很多活力。在资金层面，沪港通等产品也让资金可以在内地和香港之间流通，无疑这是香港证券交易市场巨大的优势。

在香港恒生指数的十大成分股中，一部分是内地和香港的老牌金融机构发行的股票，另一部分是新兴的内地互联网企业发行的股票，如表 5.28 所示。

表 5.28　香港恒生指数的十大成分股列表

股票代码	公司名称	行业	股票类别	权重
0700	腾讯	信息技术	中国内地公司	11.01%
1299	AIA	金融	香港普通股	9.89%
0005	汇丰银行	金融	香港普通股	7.39%
3690	美团	信息技术	中国内地公司	5.74%
0939	中国建设银行	金融	H 股	5.55%
0388	香港交易及结算所	金融	香港普通股	5.23%
9988	阿里巴巴	信息技术	中国内地公司	5.18%
2318	中国平安	金融	H 股	4.75%
1810	小米	信息技术	中国内地公司	3.99%
1398	中国工商银行	金融	H 股	3.19%

数据来源：香港恒生指数服务有限公司，截至 2021 年 1 月 31 日。

从香港恒生指数的行业分布也可以看出来这个趋势，如图 5.19 所示。

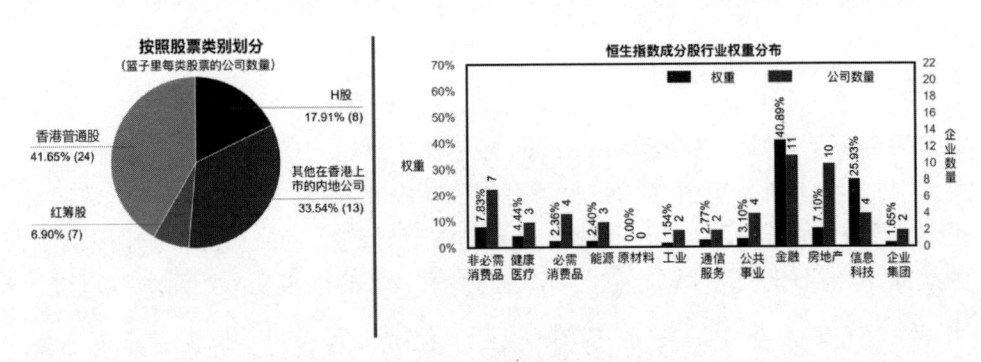

图 5.19　香港恒生指数成分股的行业分布

在图 5.19 中，在香港上市的股票可划分为香港普通股、红筹股、H 股和

第 5 章 熟悉指数应用

其他在香港上市的内地公司。

红筹股（Red Chip）是指在中国境外注册、在香港上市的带有中国内地概念的股票。"带有中国内地概念"主要指中资控股和主要业务在中国内地。

H 股也称国企股，指注册地在内地、上市地在香港的中资企业的股票。（因香港的英文——HongKong 的首字母而得名 H 股。）

香港普通股（HK Ordinary）比较好理解，就是在香港上市的本地公司。

其他在香港上市的内地公司（Other HK-listed Mainland Co.）是指除 H 股和红筹股之外在香港上市的内地公司。例如，我们熟悉的腾讯、小米、美团都是这类公司。

目前，我们要想参与投资香港恒生指数，依旧需要通过 QDII 基金来实现。市场上的产品数量也不少，如表 5.29 所示。

表 5.29　与香港恒生指数相关的 QDII 产品

基金代码	基金名称	类型	规模（亿元）	运作费率	近 1 年	近 2 年	近 3 年	发行日期
513600	南方恒指	ETF	2.52	0.60%	6.07%	10.81%	12.50%	2014-12
501302	南方恒指 ETF 联接(LOF)A	LOF	0.85	0.60%	7.02%	11.05%	12.70%	2017-07
513660	华夏沪港通恒生	ETF	10.51	0.60%	0.56%	8.10%	9.83%	2014-12
159920	华夏恒生 ETF	ETF	88.25	0.75%	3.23%	7.12%	8.49%	2012-08
000948	华夏沪港通 ETF 联接 A	联接基金	5.52	0.60%	-0.42%	6.53%	8.20%	2015-01
160924	大成恒生指数	指数基金	0.84	1.20%	-2.93%	1.50%	-0.25%	2017-08
000071	华夏恒生 ETF 联接 A	联接基金	21.89	0.75%	2.36%	4.59%	8.44%	2012-08
161831	银华恒生中国企业指数	指数基金	8.31	1.28%	3.79%	4.13%	4.46%	2014-04
164705	汇添富恒生指数 A	LOF	2.96	1.05%	-0.56%	2.84%	3.75%	2014-03

数据来源：天天基金网，截至 2021 年 2 月 10 日。

5.2.4 日经 225 指数

日经 225 指数（Nikkei 225），指数代码为 NI225，全称是日本经济平均指数，由日本经济新闻社推出，包含在日本东京证券交易所交易的 225 只股票的股价指数。最早开始于 1950 年 9 月，成分股编制每年更新一次。和道琼斯工业平均指数一样，日经 225 指数也是一只价格加权指数。

日经 225 指数历史悠久，具有很好的可比性，成为考察日本股票市场中股价长期演变及最新变动的最常用和最可靠的指数。

在日经 225 指数的十大成分股中，权重最大的是优衣库母公司——迅销集团，其余的公司分布还是非常分散和平均的，如表 5.30 所示。

表 5.30　日经 225 指数的十大成分股列表

股票代码	公司名称	行业	权重
9983	迅销集团（优衣库母公司）	零售	13.5%
9984	软银集团	科技	7.38%
8035	东电集团	科技	5.41%
6954	FANUC 株式会社	科技	3.27%
6367	大金工业	电子	2.58%
2413	M3	消费品	2.51%
9433	KDDI	科技	2.45%
6857	爱德万测试	科技	2.18%
4063	信越化学	材料	2.16%
6098	瑞可利控股	消费品	1.97%

注：数据截至 2020 年 12 月 31 日。

目前，我们要是想参与投资日经 225 指数，依旧需要通过 QDII 基金来实现。我国市场上和日经 225 指数相关的 QDII 产品的数量不是很多，如表 5.31 所示。

表 5.31　我国市场上和日经 225 指数相关的 QDII 产品

基金代码	基金名称	类型	规模（亿元）	运作费率	近 1 年收益率	近 2 年收益率	近 3 年收益率	发行日期
513000	易方达日经 225	ETF	0.66	0.25%	28.80%	—	—	2019-06

续表

基金代码	基金名称	类型	规模（亿元）	运作费率	近1年收益率	近2年收益率	近3年收益率	发行日期
513520	华夏野村日经225	ETF	0.88	0.25%	27.71%	—	—	2019-06
513880	华安日经225	ETF	0.58	0.25%	26.40%	—	—	2019-06

数据来源：天天基金网，截至2021年2月10日。

5.2.5 中证海外中国互联网 50 指数

中证海外中国互联网 50 指数，简称中国互联50，指数代码为H30500。该指数选取在海外交易所上市的 50 家中国互联网企业作为样本，反映在海外交易所上市的中国互联网企业的整体表现。该指数由中证指数有限公司于2014年12月29日发布，每半年调整一次样本，是一只以市值加权的股票指数。

由于最近十年来中国互联网行业发展迅速，出现了像腾讯、阿里巴巴、百度这样资产优质、成长快的公司。但是由于种种原因，中国投资者不能直接参与到这些公司的成长当中，于是中证海外中国互联网50指数及与其相关联的指数基金成为投资者参与这些互联网公司成长的桥梁。

中证海外中国互联网50指数的十大权重股、上市交易所权重分布和行业权重分布如图5.20和图5.21所示。

十大权重股

代码	名称	行业	上市交易所	权重
0700.HK	腾讯控股	信息技术	香港	30.62%
BABA.N	阿里巴巴	信息技术	纽约	24.97%
3690.HK	美团-W	可选消费	香港	9.81%
PDD.O	拼多多	可选消费	纳斯达克	5.28%
JD.O	京东商城	可选消费	纳斯达克	4.33%
BIDU.O	百度	信息技术	纳斯达克	4.16%
1810.HK	小米集团-W	电信业务	香港	2.95%
NTES.O	网易	信息技术	纳斯达克	2.48%
TAL.N	好未来	可选消费	纽约	1.92%
BEKE.N	贝壳	金融地产	纽约	1.81%

图 5.20 中证海外中国互联网50指数的十大权重股

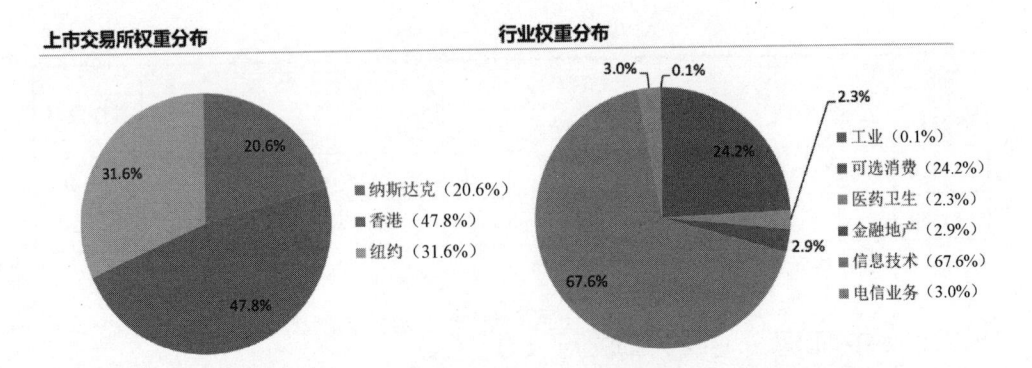

图 5.21 中证海外中国互联网 50 指数的上市交易所权重分布及行业权重分布，截至 2020 年 12 月 31 日

我们发现虽然这些互联网公司我们都非常熟悉了，但是它们分布在不同的交易市场中。中证海外中国互联网 50 指数的出现让我们有可能方便地一次性购买到一篮子股票。不过市场上关于中证海外中国互联网 50 指数的产品并不多，目前只有易方达公司的中概互联 50ETF 及与其相关的联接基金。

5.3 其他资产指数

5.3.1 债券指数

债券是非常重要的资产类别，在投资实践中，债券指数基金和股票指数基金是搭建投资组合非常好用的工具。债券指数是反映债券市场价格总体走势的指数体系。和股票指数一样，债券指数是一个比值，反映了当前市场的平均价格相对于基期市场平均价格的位置。

第一批中国债券指数由中央结算公司于 2002 年编制推出，经过多年的发展，已经形成了比较完善的指数体系。同时，上海证券交易所、中信集团、中国银行、全国银行间同业拆借中心都先后编制并发布了债券指数。目前我国的债券指数已经比较完备，但是债券指数基金的规模还比较小，产品数量也有限。目前主要的投资者是保险、券商、基金这样的机构投资者。我们列举了一些目前国内主要的债券指数，如表 5.32 所示。

第 5 章 熟悉指数应用

表 5.32 国内主要的债券指数

指数代码	指数名称	标的介绍	相关产品
000140	上证 5 年期国债指数	由剩余期限为 4~7 年、以固定利率付息为付息方式、在上海证券交易所挂牌的 30 只国债组成,以样本券的发行量加权	国泰上证 5 年期国债 ETF（511010）
H11077	上证 10 年期国债指数	由剩余期限为 7~10 年、以固定利率付息为付息方式、在上海证券交易所挂牌的国债组成,以样本券的发行量加权	国泰上证 10 年期国债 ETF（511260）
000061	上证企债 30 指数	上证企债 30 指数是国内首只实时成分债券指数,该指数从上海证券交易所市场中挑选 30 只质地好、规模大、流动性强的企业债券组成样本,相对于国债指数弹性更大	博时上证企债 ETF（511210）
H11018.CSI	上证可质押城投债指数	由在上海证券交易所上市的债券中剩余期限在 1 年以上、债项级别为投资级以上、符合中国证券登记结算公司对可质押债券要求的城投类债券组成	海富通上证可质押城投债 ETF
950102	上证周期产业债指数	由在上海证券交易所上市的公司债和企业债中发行主体为能源、材料、工业、公用事业、信息技术和可选消费行业的债券组成,采用市值加权计算	海富通上证周期产业债 ETF（511230）
CBA00101	中债新综合财富（总值）指数	该指数的成分券包含除资产支持证券、美元债券、可转债以外剩余的所有公开发行的可流通债券,是一个反映境内人民币债券市场价格走势情况的宽基指数,是中债指数应用最广泛的指数之一	易方达中债新综指（LOF）A（161119）

5.3.2 大宗商品类指数

大宗商品通常指的是同质化、可交易、被广泛作为工业基础原材料的商品。在金融投资市场中,我们一般把大宗商品分成三个类别：能源、金属和农副产品,如表 5.33 所示。

表 5.33 大宗商品分类

类别	包含商品
能源	原油、天然气、取暖用油、橡胶等
金属	稀有金属：金、银、铂等
	工业用金属：铜、铁、铝、锌等
农副产品	大豆、玉米、棉花、咖啡等

大宗商品具有流动性好、抗通胀，和股票、债券相关性低等特点，所以经常被当作分散投资组合风险的资产来配置。

国际上比较常用的大宗商品指数有高盛商品指数（Standard & Poor's Goldman Sachs Commodity Index）、路透 CRB 商品指数（Thomson Reuters Commodity Research Bureau Index）、彭博大宗商品指数（Bloomberg Commodity Index）和罗杰斯国际商品指数（Rogers International Commodity Index）。

中国大宗商品价格指数（China Commodity Price Index，简称 CCPI）是依托中国国际电子商务中心大宗商品现货价格周度数据库，以 2006 年 6 月为基期，利用加权平均法计算的定基指数。CCPI 涵盖了能源、钢铁、矿产品、有色金属、橡胶、农产品、牲畜、油料油脂、食糖等 9 大类别 26 种商品，每周在中国国际电子商务网发布。

第 6 章
初步认识指数基金

在第 5 章中，我们讲解了什么是指数，并且带大家一起了解了不同市场中不同类别的各种指数，相信大家对指数有了初步的了解。接下来，我们就要进入指数基金的学习了。

指数基金的更准确的名称是"被动管理型基金"，是指以某一个指数作为跟踪标的、建立投资组合以模拟该指数收益的、不追求超过市场表现的基金。与之相对应的是主动管理型基金，主动管理型基金依赖投资经理的判断，运用不同策略建立投资组合，试图获得超越市场的额外收益。事实上，大部分主动管理型基金都很难击败市场，也就是我们说的很难跑赢大盘，这也是指数基金越来越受到市场欢迎的原因之一。

指数基金按照购买方式的不同，分为场内指数基金和场外指数基金。场内指数基金包括 ETF 和 LOF，场外指数基金包括传统指数基金和 ETF 联接基金。

本章我们就从场内指数基金和场外指数基金出发,来讲解投资指数基金需要了解的一些基本常识,帮助大家更好地开始指数基金的投资。

6.1 了解场外指数基金

在银行或者支付宝购买的基金,基本上都是场外的开放式基金。所谓的"场",就是股票交易市场。所谓"场外",就是指在股票交易市场之外的基金销售机构。

接下来我们有必要明确一下场外基金的认购、申购及赎回的概念,如图 6.1 所示。

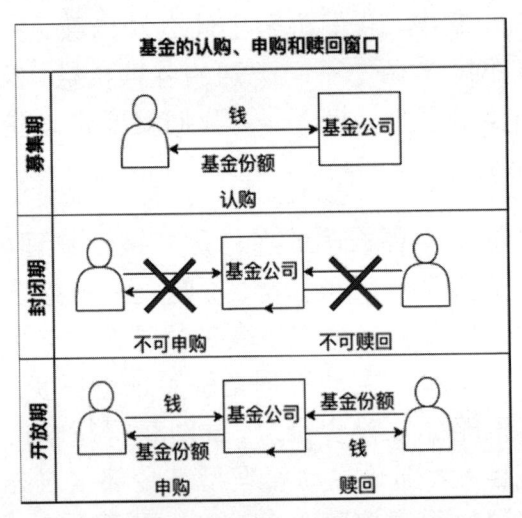

图 6.1 场外基金的认购、申购和赎回的示意图

基金认购是针对处于募集期间的开放式基金而言的,此时基金尚未发行,投资者按照基金份额的面值,通常是 1 元/份的价格,认购将要发行的基金。同时会附加一定的销售费用,称为基金认购费。认购费通常在 1%左右,随着金额增加呈阶梯式下降。新发行的开放式基金在发行结束后,会进入封闭期,

第 6 章 初步认识指数基金

一般为 1~3 个月。在封闭期内,该基金是不可以交易的,目前市场上基金的封闭期一般为一个月。

在基金的封闭期结束后发生的购买基金的行为,习惯上称为基金申购。基金的申购和认购在本质上都是买进。只不过认购是针对新基金而言的,发生在基金募集期内;申购是针对老基金而言的,发生在基金封闭期之后。申购时产生的销售费用,称作基金的申购费。

基金的赎回就是卖出,是投资者将手上持有的全部或部分基金份额申请卖给基金公司,拿回现金。赎回所得金额是卖出基金的单位数乘以卖出当日的净值,再减去赎回费用。

说完了认购、申购、赎回的概念,还有一组常用的概念,我们也简单说一下。这组概念就是开放式基金和封闭式基金,如图 6.2 所示。

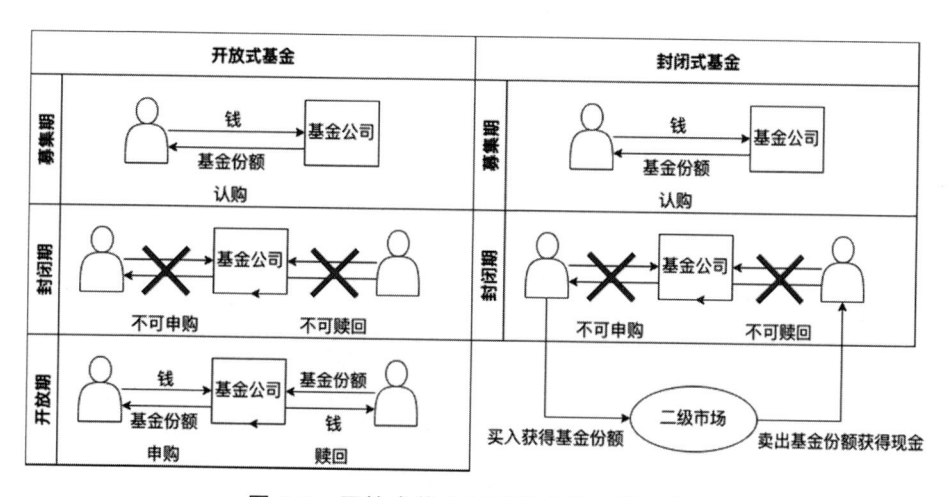

图 6.2 开放式基金和封闭式基金的示意图

开放式基金是指在基金发行且过了封闭期之后,允许投资人申购和赎回基金份额的基金,基金的规模会根据申购和赎回的情况变动。而封闭式基金就是在整个基金运营期内都不允许投资人申购和赎回基金份额的基金。在整个运营期间,封闭式基金的规模保持不变。满足一定条件的封闭式基金可以在交易所上市,来满足投资者买卖基金份额的需求。

目前市场上以开放式基金为主,我们通常说的场外指数基金都是开放式基金。

说明:严格来讲,ETF 和 LOF 都属于开放式基金,但是因为可以在交易所交易，属于特殊类型的开放式基金。目前市场上习惯用"开放式指数基金"来指代"场外指数基金"，大家不用纠结细节。

指数基金的历史是从场外基金开始的，目前市场上场外指数基金的数量远远多于场内指数基金。对于场外基金，你遇到的第一个问题可能是去哪里购买场外基金。

6.1.1 去哪里购买场外基金

基金公司通常有自己的直销平台，投资者可以通过基金公司的主页申购和赎回基金。但是当我们同时购买不同公司的基金时，管理不同基金公司的账号就显得很麻烦了。更重要的是，基金公司也需要通过不同的平台宣传和推广自己公司的基金产品。于是就有了基金代销机构，如我们之前提到的商业银行、证券公司、基金网站等，如图6.3所示。

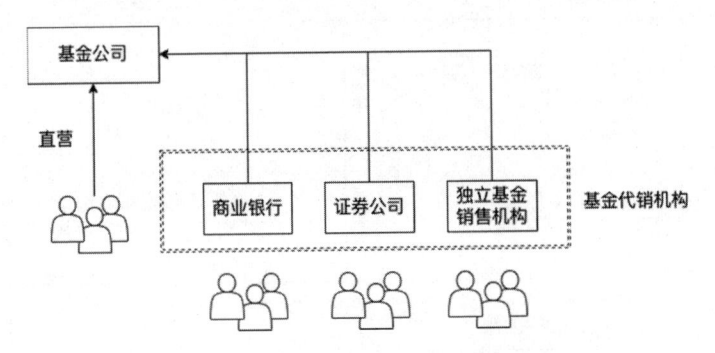

图6.3 场外基金的销售渠道示意图

根据中国证券投资基金业协会的数据，2019年在公募基金的销售保有量分布中，基金公司直销占到57.29%，居第一位，商业银行依旧是除基金公司之外销售基金最多的机构类型，占到23.59%。值得我们注意的是，随着近几年互联网和移动互联网的普及，独立基金销售机构迅速崛起。常见的有天天基金网、支付宝、京东金融等。虽然独立基金销售机构在2019年的销售占比只有11.03%，但是增长趋势明显，如表6.1所示。

表6.1 不同销售平台的基金销售保有量

年度	商业银行(%)	证券公司(%)	基金公司直销(%)	独立基金销售机构(%)	其他(%)
2015年	25.22	10.01	61.90	2.14	0.73

续表

年度	商业银行(%)	证券公司(%)	基金公司直销(%)	独立基金销售机构(%)	其他(%)
2016年	23.43	8.23	65.62	2.24	0.48
2017年	24.41	6.05	65.38	3.84	0.32
2018年	24.14	6.41	61.26	7.76	0.42
2019年	23.59	7.59	57.29	11.03	0.49

数据来源：中国证券投资基金业协会。

根据中国证券投资基金业协会的数据，截至2021年第一季度，基于支付宝的蚂蚁基金销售有限公司的非货币市场公募基金销售保有量达到8901亿元，排在所有基金代销机构榜首。

我们简单列举了不同销售平台的优缺点，大家可以选择自己喜欢的平台购买基金，如表6.2所示。

表6.2 基金销售平台的优缺点列表

基金销售平台	优点	缺点
商业银行	网点多、方便； 因为存款在银行，自己划拨方便	销售费用较高
证券公司	如果已经有股票账户，可以一起管理； 方便购买场内基金	基金搜索困难，缺乏关于基金的资料
基金公司直销	通常基金公司的申购费用会低于其他平台； 方便设置定投等投资方案	每个基金公司的直销平台都只能销售该公司的基金
独立基金销售机构	交互界面友好； 信息查询方便； 基金的选择多； 购买费率通常有折扣，会低于商业银行	信息太多，通常有很多广告和推荐，需要认真甄别

6.1.2 指数基金的A、B、C

在知道了去哪里买基金之后，接下来我们就会遇到购买场外指数基金的手续费的问题。

场外指数基金的交易费用主要有认购费用、申购费用和赎回费用。其中，认购费用和申购费用都是在购买基金的时候产生的，赎回费用是在卖出基金的时候产生的。我们先来看认购费用和申购费用。

1. 认购费用

认购费用是指购买在募集期内的新基金时所交纳的手续费，一般费率在0.8%～1.2%。债券型基金的认购费用较低，权益类基金的认购费用较高，一般按阶梯计费，认购的金额越多，费率越低，部分基金在新发行时认购费用不打折。在我国，基金的认购费用通常采取前端收费的方式，也就是在购买基金的时候就支付，计算方法和申购费用相同，我们在后面会讲到。

认购费用是针对还在募集期内的新基金的，如果是已经发行且在开放期内的基金，在购买的时候我们称作"申购"，不再用"认购"。

2. 申购费用

申购费用是投资者在基金存续期间购买所支付的手续费。申购费率通常在1%左右，和认购费率一样，不同类型的基金的申购费率也存在着区别，同时申购费率也是随着购买金额的增大而逐渐降低的，一般不得超过申购金额的5%。

申购费用和认购费用都是基金的销售费用，是基金公司用来激励第三方销售机构帮助基金公司销售基金产品的。商业银行的基金申购费用最高，因为老百姓和银行的业务往来多，信任银行，所以银行在销售基金产品的时候有天然优势。很多第三方基金销售机构，如一些基金销售网站，会通过给申购费用很大的折扣来吸引投资者。

我们在购买基金的时候经常会看到基金的名称后面会跟着字母，如博时沪深300指数A、易方达上证50指数C等，这些字母是什么意思呢？我们给大家介绍一下，基金名称后面的A、B、C主要代表的是基金申购费用的收取方式。

1）A代表前端收费

所谓前端收费，是指投资者在申购基金的时候就需要支付申购费用。

前端申购费用=申购金额-申购金额/（1+申购费率）

举个例子，一只基金的当天价格是1元/份，属于A类基金，申购费率是1.5%。我们打算用1000元来申购这只基金。那么，我们会买到多少份额的基金呢？我们来计算一下。

净申购金额=1000/(1+1.5%)=985.22（元）

前端申购费用=1000-985.22=14.78（元）

所以，当你用 1000 元申购基金时，当天拿到手的是价值 985.22 元的基金份额，需要支付给销售渠道 14.78 元的申购费用。

前端收费的好处是直观，在买入当天就已经计算了到手的净份额，不用在卖出的时候单独考虑申购费用。缺点在于扣除的申购费用不能参与到资产增值当中去。

2）B 代表后端收费

所谓后端收费，是指投资者在申购基金的时候不支付申购费用，在卖出基金的时候再基于卖出的份额收费。后端收费可以让投资者的全部资金进入收益计算中，同时，为了鼓励投资者长期持有，后端申购费用会随着持有时间的拉长逐步降低，有的会降低到零。所以后端收费是非常受投资者欢迎的一种收费方式。然而，通过后端收费收取的申购费用容易和赎回费用混淆，同时后端收费对基金销售也没有促进作用，所以目前在我国指数基金里面很少出现。接下来我们用一只基金作为例子来说明，方便大家了解。

华夏成长混合基金是一只采取前端收费和后端收费两种不同收费方式的基金，其中前端代码为 000001，后端代码为 000002。如图 6.4 所示，大家可以看到这只基金采用两种不同申购费用收费方式的表示方法。

申购费率（前端）

适用金额	适用期限	原费率	天天基金优惠费率 银行卡购买 | 活期宝购买
小于100万元	---	1.50%	0.15% | 0.15%
大于等于100万元，小于500万元	---	1.20%	0.12% | 0.12%
大于等于500万元，小于1000万元	---	0.80%	0.08% | 0.08%
大于等于1000万元	---	每笔1000元	

友情提示：活期宝买基金方便又快捷。了解什么是活期宝
基金超级转换，转入基金的申购费率参照天天基金活期宝购买优惠费率。了解基金超级转换

申购费率（后端）

适用金额	适用期限	申购费率
---	小于1年	1.80%
---	大于等于1年，小于2年	1.50%
---	大于等于2年，小于3年	1.20%
---	大于等于3年，小于4年	1.00%
---	大于等于4年，小于8年	0.50%
---	大于等于8年	0.00%

图 6.4　华夏成长混合基金的申购费率说明截图，来自天天基金网

3）C 代表销售服务费

最近几年，C 类指数基金开始慢慢多起来。很多人说 C 类指数基金不收取申购费用，所以是最划算的。这种说法不准确，C 类指数基金的确没有申购费用，但是多了销售服务费。这种费用是按照年来收取的，费率大概在每年 0.2%~1%。对短期投资者来说，C 类指数基金是划算的，但是对长期投资者来说，可能会造成非常大的损失。让我们来看一个例子。

假设某指数基金的平均年化收益率为 10%，我们打算用 10000 元进行申购。A 类申购费率是 1%，C 类没有申购费用，但是每年收取 0.4% 的销售服务费。为了方便说明，我们假设没有其他的费率。这样我们就有 A 和 C 两个基金类型，按照投资时间列出投资收益的变化，大家可以看看差别，如表 6.3 所示。

表 6.3 相同基金 A 类和 C 类的长期收益差别

时间	A 类购入资产值（元） （前端申购费率 1%）	C 类购入资产值（元） （无申购费用，年销售服务费 0.4%）
买入时	9901	10,000.00
1 年	10891	10,960.00
2 年	11980	12,012.16
3 年	13178	13,165.33
4 年	14496	14,429.20
5 年	15946	15,814.40
6 年	17541	17,332.58
7 年	19295	18,996.51
8 年	21225	20,820.18
9 年	23348	22,818.91
10 年	25683	25,009.53
11 年	28251	27,410.45
12 年	31076	30,041.85
13 年	34184	32,925.87
14 年	37602	36,086.75
15 年	41362	39,551.08

第6章 初步认识指数基金

续表

时间	A类购入资产值（元） （前端申购费率1%）	C类购入资产值（元） （无申购费用，年销售服务费0.4%）
16年	45498	43,347.98
17年	50048	47,509.39
18年	55053	52,070.29
19年	60558	57,069.03
20年	66614	62,547.66

我们可以看到，只有投资时间在两年内的时候，C类基金是划算的，在投资三年之后，A类基金的投资结果就开始超过C类，而且这个差距会随着时间的拉长越变越大。

值得指出的是，C类基金中的销售服务费并不会出现在你申购或者赎回的账单里，和管理费、托管费用一样，销售服务费是隐形费用，在基金中直接扣除，反映在基金净值里。所以在买基金之前一定要仔细查看基金的费用说明，我们在之后讲基金投资成本的时候会继续说明。

投资小提示：

（1）对长期投资者来说，要避免选择C类基金，在之后的内容中，我们会详细分析这种持续的投资成本是如何在时间的加持下，对我们的投资收益产生巨大的负面影响的。

（2）大多数场外指数基金的申购费率在1%～1.5%，但是随着竞争的日益激烈，为了争取投资者，第三方销售机构通常会对申购费用打折，折扣有时候会低至1折，甚至会免申购费用。

（3）很多时候大家可能会看到场外指数基金有一种费用叫作认购费用，认购费用仅针对新基金而言，通常比申购费用略低，但是在基金成立之后有不超过三个月的锁定期。

（4）除了A、B、C三种类型的指数基金，还有一种很容易让人迷惑的指数分级基金。但是，在2021年1月1日，中国市场上已经没有指数分级基金了，大家也不用学习这种复杂的投资工具了。

6.1.3 交易确认

购买场外指数基金和在股票交易所交易股票不同,因为场外的开放式基金不能够实时报价,所以也就不能实时成交。场外指数基金通常会在每天股票市场结束交易之后,按照当日的收盘价格,计算基金的净值。如果你在当天收盘之前申购或者赎回了基金,那么就能够按照当天的净值进行结算。如果你的申购或者赎回申请在当天收盘之后才被受理,那么你就需要等到下一个交易日,按照下一个交易日的净值进行结算。

也就是说,通常我们在交易场外指数基金的时候,是不能够准确地知道我们交易的基金价格的。如果是申购基金,通常基金销售机构会先确定申购金额,然后在股票市场收盘之后,得到当天的基金净值,才能算出对应的份额。同样地,如果是赎回基金,基金销售机构会先确认赎回份额,在得到当天的基金净值之后再计算出金额。

我们通常会在基金资料页面看到"交易确认日"这项内容,通常我们购买股票基金时的买入确认日和卖出确认日都是"T+1",如图 6.5 所示。

交易确认日			
买入确认日	T+1	卖出确认日	T+1

图 6.5 "交易确认日"截图,来自天天基金网

T 日是指开放式基金销售机构在规定时间内受理投资者申购、转换、赎回或其他业务申请的工作日。T 日以股市收市时间为界,每天 15:00 之前提交的交易按照当天收市后公布的净值成交,15:00 之后提交的交易将按照下一个交易日的净值成交。比如,周一 15:00 前提交的交易,以 T 日(星期一)的净值成交,T+1 日(星期二)确认交易。需要特别注意的是,周末或节假日前最后一个工作日 15:00 后到节后第一个工作日 15:00 前为同一个工作日。比如,星期五 15:00 之后提交的交易将被视为下星期一的交易,T 日为下星期一,以 T 日的净值成交,T+1 日(下星期二)确认交易。

6.1.4 场外指数基金的赎回费用

相对于申购费用,赎回费用就简单多了。顾名思义,赎回费用是我们在卖出基金的时候需要支付的手续费。图 6.6 所示是一个典型的基金赎回费率表。

第 6 章　初步认识指数基金

适用金额	适用期限	赎回费率
---	小于7天	1.50%
---	大于等于7天，小于1年	0.50%
---	大于等于1年，小于2年	0.25%
---	大于等于2年	0.00%

⚠ 友情提示：为保护长期投资者利益，证监会规定，本基金对持有期较短的投资者赎回时，将收取不低于0.5%比例的赎回费。该费用由基金公司收取，并计入基金财产。（详见费率表）
友情提示：赎回份额会按照先进先出计算持有时间和对应赎回费用。

图 6.6　典型的基金赎回费率表，来自天天基金网

我们可以发现，赎回费率是随着持有时间的拉长递减的，持有时间越长，赎回费率越低，一直降到 0。这是为了鼓励投资者长期持有基金，不鼓励投资者频繁操作套利。

还有一点，申购费用是基金公司支付给销售渠道的，所以不论是销售渠道还是基金公司，都会很大方地给投资者提供折扣。而赎回费用是计入基金财产的，并不归基金公司所有。所以，赎回费用主要是对其他基金持有人的一种补偿机制，对于持有时间短的人，在赎回的时候，赎回费用相当于"惩罚金"，赔偿给依旧持有基金的投资人。这也是在鼓励投资者长期持有基金份额。

6.1.5　ETF 联接基金

在中国市场上，还有一种创新产品叫作 ETF 联接基金。很多人在基金销售机构购买基金的时候，通常会被这个名称迷惑，ETF 联接基金到底是 ETF 还是场外指数基金呢？

ETF 联接基金本质上是场外基金，只不过募集的资金用来投资某一只指定的 ETF。为什么需要 ETF 联接基金？一方面，ETF 的申购和赎回是用一篮子股票和 ETF 份额做交易的，并且有很高的门槛，通常是 100 万份起，普通投资者参与不了。另一方面，如果在股票交易所买卖 ETF 份额，那么需要投资者有证券公司账号。ETF 联接基金的出现，让普通投资者可以在没有证券公司账号的前提下，用现金申购、赎回 ETF 联接基金的份额，从而实现投资 ETF 的目的。

对 ETF 联接基金来说，它的基金运作费用和对标 ETF 相同，但是因为要在基金销售机构代销，会有申购费用，这个费用通常高于 ETF 场内交易的手续费。所以对于同样的 ETF，买入对应的联接基金会比在交易所内购买 ETF 成本要高。

6.1.6 指数增强基金

很多朋友在挑选指数基金的时候，都会因为指数增强基金而感到迷惑。指数增强基金是指数基金吗？增强的基金是不是就一定比没有增强的基金好呢？

指数增强基金的全称是增强型指数基金，英文是 Enhanced Index Fund（EIF）。从严格意义上来讲，增强型指数基金并不属于被动管理型基金，所以并不属于纯指数基金。指数增强基金在进行指数化投资的过程中，试图获得超越指数的投资回报，在被动跟踪指数的基础上，加入了主动积极的投资手段。

指数增强基金除将大部分资产按照选定的跟踪指数权重配置之外，还对成分股进行一定程度的增、减持，或增持成分股以外的个股，其投资目标则是在紧密跟踪基准指数的同时获得高于基准的收益。除了主动选股，指数增强基金还会通过使用金融衍生品来增加资金使用杠杆，以实现增加收益的目的。

从基金运作费用的角度来看，指数增强基金的管理费和托管费会略高于指数基金，因为这类基金有更多的主动决策和交易操作。

那么，增强型指数基金是不是一定好于普通指数基金呢？我们可以比较一下市场上的普通指数基金和增强型指数基金的表现。我们选取了市场上存续期在 3 年以上、以沪深 300 指数为跟踪指数的 46 只指数基金，包括 8 只普通指数基金、9 只 ETF 和 29 只增强型指数基金，分别比较它们近 1 年、近 2 年、近 3 年的平均收益率，如表 6.4 所示。

表 6.4 以沪深 300 指数为跟踪指数的 ETF、增强型指数基金及普通指数基金的收益对比

类别	1 年平均费率	近 1 年平均收益率	近 2 年平均收益率	近 3 年平均收益率
ETF	0.66%	52.79%	90.92%	62.46%
增强型指数基金	1.36%	61.53%	105.71%	80.63%
普通指数基金	1.23%	51.99%	86.79%	63.08%

数据来源：万得资讯。

当然，这些数据只是市场中很小的一部分，并不能推导出任何可靠的投资结论。虽然从历史上看增强型指数基金的平均收益率要高于一般场外指数基金和 ETF，但是其因为有了主动管理的参与，好的基金和不好的基金之间的收益差距要比普通指数基金大很多。这个和主动管理型基金类似，总有业绩好的基金，但也有很多跑不赢指数的基金。在投资的时候，投资者既需要甄别和挑选，也需要运气。

6.2　了解场内指数基金

在讲完了场外指数基金之后，我们来讲场内指数基金。顾名思义，场内指数基金就是指可以在股票交易所直接交易的指数基金，主要分为 ETF 和 LOF 两种。

6.2.1　ETF

ETF，英文是 Exchange Traded Fund，即交易所交易基金。ETF 出现在 20 世纪 90 年代，在不长的时间里，发展得非常迅速。截至 2019 年 12 月，全球有接近 7000 只的 ETF。

在我国，ETF 有一个更长一点的学名，即交易型开放式指数证券投资基金。可以看出来，它既有场内证券的交易属性，也有开放式指数基金申购、赎回的灵活性。ETF 通常都是指数基金，即以某一个指数为标的的被动管理型基金，当然，这个指数标的不限于股票指数，还有债券指数、商品指数等。ETF 不仅能够给投资者带来很多可能性，并且是所有指数基金里面投资成本最低的一种。后面我们会有专门一章来讲解 ETF。

6.2.2　LOF

LOF，英文是 Listed Open-Ended Funds，即上市型开放式基金。和 ETF 不同的是，LOF 可以是被动管理型基金，也可以是主动管理型基金。在本书中，我们只讨论 LOF 中的被动管理型基金，即 LOF 指数基金。

LOF 是中国金融市场独创的一种指数基金。通常开放式基金是不允许在交易市场中交易的,只能够在市场外申购、赎回,而封闭式基金可以在交易市场交易,但是在存续期内不可以申购、赎回。我们发现 LOF 结合了封闭式基金和开放式基金的好处,既可以在场外申购、赎回,又可以在场内像股票一样交易。

只是这样讲概念,大家可能觉得 ETF 和 LOF 差不多,但其实不然,它们之间有一些非常本质的区别。我们列一个表格给大家区分一下几种指数基金,如表 6.5 所示。

表 6.5 场外指数基金、ETF 联接基金、ETF 和 LOF 的区别

	场外指数基金	ETF 联接基金	ETF	LOF
交易所交易	不可以	不可以	可以	可以
申购赎回机制	现金申购赎回	现金申购赎回	申购时用一篮子股票来申购 ETF 份额;赎回时用 ETF 份额换回对应的一篮子股票	现金申购赎回
交易费用	申购赎回费	申购赎回费	场内交易手续费	场外申购赎回费、场内交易手续费
运作费用	每年 1.2%左右	每年 0.6%左右	每年 0.6%左右	每年 1.2%左右
净值更新频率	每个交易日一次	每个交易日一次	交易时段内每 15 秒一次	每个交易日一次

说明:基金的运作费用包括管理费、托管费和销售服务费,每年从基金的管理资本中扣除。场外指数基金通常的管理费是 1%,托管费是 0.2%,加起来在 1.2%左右。表 6.4 所示的只是一个大概数额,每只基金都有自己的费用安排。在下一节我们会更仔细地讲解指数基金的运作费用。

6.2.3 场内指数基金的交易费用

如果你在股票交易所买卖 ETF 或者 LOF,那么是没有申购费用和赎回费用的,只需要像交易股票一样支付交易手续费。股票的交易手续费主要包括:印花税、过户费和交易佣金三部分。

对于场内指数基金，没有印花税和过户费，只需要给证券公司支付交易佣金即可。

按照交易佣金的规定：最高为成交金额的 3‰，最低为 5 元，单笔交易佣金不满 5 元按 5 元收取。

目前，很多券商会给投资者很大的折扣，在实际操作中交易佣金可以低至万分之一，甚至更低。投资者可以跟证券公司沟通，争取获得更低的佣金费率。

6.3 指数基金的运作费用

我们介绍了包含在指数基金这个范畴内的不同基金产品，其中很多次我们都涉及基金投资费用的问题。在本节中，我们把之前提到的关于指数基金投资费用的问题系统梳理了一下。

对于场外指数基金，会有申购费用、赎回费用，新发行的基金有认购费用；对于场内指数基金，会有交易费用。这些费用是我们在交易基金份额的时候产生的，并且会显示在我们的交易明细当中，是基金的显性费用。很多人认为这些费用就是基金投资的所有费用了，这种看法是不对的，但这不能怪投资者，从某种意义上来说，给投资者造成这种假象是基金公司有意为之的结果。

基金公司收入的绝大部分来自基金运作费用中的管理费和销售服务费。

基金运作费用包括管理费、托管费和销售服务费，其中托管费是支付给第三方托管机构的，如商业银行、券商等给基金提供资金托管服务的机构。管理费和销售服务费都属于基金公司的收入，如图 6.7 所示。

管理费、托管费和销售服务费都从基金资产中每日计提。每个交易日公告的基金净值已扣除管理费和托管费，投资者无须在每笔交易中另行支付。也就是说，这些费用的收取，投资者是看不到的，除非你去详细地查看基金费率表，否则是感知不到这些费用的产生的。

那么，在哪里可以看到这些费率呢？每只基金都需要在销售的时候披露各种费用的费率，每个财务周期的报表也需要披露具体的收费情况。只是投资者会忽略这些信息，而这些基于资产每日计提的费用会极大地影响投资者的长期收益。

运作费用

管理费率	1.00%（每年）	托管费率	0.15%（每年）	销售服务费率	0.40%（每年）

注：管理费、托管费、销售服务费从基金资产中每日计提。每个交易日公告的基金净值已扣除管理费和托管费，无需投资者在每笔交易中另行支付。

认购费率（前端）

适用金额	适用期限	原费率丨天天基金优惠费率
---	---	0.00%

申购费率（前端）

适用金额	适用期限	原费率丨天天基金优惠费率 银行卡购买丨活期宝购买
---	---	0.00%

友情提示：活期宝买基金方便又快捷。了解什么是活期宝

基金超级转换，转入基金的申购费率参照天天基金活期宝购买优惠费率。了解基金超级转换

赎回费率

适用金额	适用期限	赎回费率
---	小于7天	1.50%
---	大于等于7天	0.00%

⚠ 友情提示：为保护长期投资者利益，证监会规定，本基金对持有期较短的投资者赎回时，将收取不低于0.5%比例的赎回费。该费用由基金公司收取，并计入基金财产。（详见费率表）

友情提示：赎回份额会按照先进先出算持有时间和对应赎回费用。

注：在基金首次募集期购买基金的行为称为认购，认购期结束后基金需要进入不超过3个月的封闭期。

基金封闭期结束后，您若申请购买开放式基金，习惯上称为基金申购，以区分在发行期间的认购。

基金申购费用计算公式：

前端申购费用＝申购金额-申购金额 /（1＋申购费率）

后端申购费用＝赎回份额×申购日基金份额净值（基金份额面值）×后端申购（认购）费率

基金赎回费用计算公式：

基金赎回费用＝赎回金额×赎回费率

*本基金费率来源基金公司，请以基金公司官网提供的费率数据为准。

图 6.7　基金费率表，截图自天天基金网

让我们做一个简单的测算比较。假设有 A、B、C 三只不同的基金，年收益率都是 8%。A 是 ETF，运作费率是 0.5%；B 是场外指数基金，运作费率是 1.5%；C 是主动管理型基金，运作费率是 2.5%。我们分别投资 10000 元钱到三只基金，那么 10 年后、30 年后、60 年后三只不同基金的收益如何呢？如表 6.6 所示。

第 6 章　初步认识指数基金

表 6.6　不同运作费用对收益的影响

基金	运作费率	年平均收益率	初始投资（元）	10 年后的收益（元）	30 年后的收益（元）	60 年后的收益（元）	运作费用的实际成本（元）
A	0.5%	8%	10000	20,610	87,550	766,492	246,079
B	1.5%	8%	10000	18,771	66,143	437,498	575,073
C	2.5%	8%	10000	17,081	49,840	248,398	764,173

运作费用是管理费、托管费和销售服务费的总和。

如果没有任何运作费用，那么投资的 10000 元按每年 8%的收益，在 60 年后是 1,012,571 元。这就是我们之前说过的复利的力量。当然现实生活中并没有免费的午餐，基金公司总会收取一定的费用。我们用这个理想值减去实际资产，就是运作费用的实际成本。

从这个简单的例子中我们可以发现，投资者支付给基金公司的并不是基于投资金额的几个百分点，而是投资回报中的很大一部分，很多时候我们将超过一半的资产支付给了基金公司。

指数基金这种基于指数的被动管理型基金可以把成本降到最低，把收益交还给投资者。在美国目前已经有接近 0 费用的指数基金，绝大部分指数基金的运作费率都低于 0.2%。当然，这和管理的资金规模、所在市场的竞争强度都有关系。我们相信随着指数基金在国内的普及、管理规模的增加，运作费用也会进一步降低。目前基于指数的 ETF 依旧是国内成本最低的基金类型。

第 7 章

如何挑选指数基金

有了之前两章的准备，我们就可以进入投资指数基金的阶段了。在挑选指数基金之前，我想先和大家讨论一下主动管理型基金的选择与指数基金的选择之间的差异。

第 7 章　如何挑选指数基金

7.1　对主动管理型基金与被动管理型基金的选择

7.1.1　主动管理型基金 vs 指数基金

截至 2021 年 2 月，我国公募基金的数量接近 8000 只，同时，我国沪深两市的上市公司一共有 4200 多家，基金的数量几乎是股票数量的两倍。在这么多的基金里面进行选择，的确是一件让人头痛的事情。

2018 年春，标准普尔公司发布了一份报告，比较了 15 年来各类主动管理型基金和相应类别的指数的收益情况，报告的标题为《标准普尔 500 指数和主动管理型基金业绩》，简称《SPIVA 计分卡》。美国耶鲁大学基金会的管理人戴维·斯文森在《坚守》一书中引用了这个报告，并且得出了以下结论：标准普尔的各类指数打败了 93% 左右的主动管理型基金，覆盖范围包括大中小盘各类基金。其中，小盘价值指数战胜了 86% 的小盘价值基金，小盘成长指数战胜了 99% 的小盘成长基金，标准普尔 500 指数战胜了 92% 的大盘基金。这份报告充分证明了指数投资的威力。

我们把《SPIVA 计分卡》的主要结论也放在这里，如图 7.1 所示。

类别	标的指数	15年来指数战胜主动管理型基金的比例（%）
大盘	标准普尔500	92
成长	标准普尔500成长	94
核心	标准普尔500	95
价值	标准普尔500价值	86
中盘	标准普尔中盘400	95
成长	标准普尔中盘400成长	95
核心	标准普尔中盘400	97
价值	标准普尔中盘400价值	89
小盘	标准普尔小盘600	96
成长	标准普尔小盘600成长	99
核心	标准普尔小盘600	97
价值	标准普尔小盘600价值	90
平均		94
其他		
房地产投资信托	标准普尔美国房地产投资信托	81
全球	标准普尔全球1 200	83
国际（除美国）	标准普尔国际700	92
小盘国际（除美国）	标准普尔发达国家小盘（除美国）	78
新兴市场	标准普尔/国际金融公司成分股	95
所有基金	所有指数	91

图 7.1　美国股票型基金与指数基金的收益比较

数据来源：标准普尔公司的《SPIVA 计分卡》，2017 年年末。

主动型管理基金尽管收取高额费用，却不能带给投资者物有所值的回报。

在过去十年中，在以美国为首的发达国家的金融市场中，被动管理型基金逐步占领了市场，成为重要且主流的投资工具之一。以美国为例，过去十年以 ETF 为首的被动管理型基金发展迅速，被动管理型基金在整个股票基金市场中的规模占比在 2005 年只有不到 20%，但随后持续增长，到 2019 年，被动管理型基金的规模占比首次超越了主动管理型基金，如图 7.2 所示。

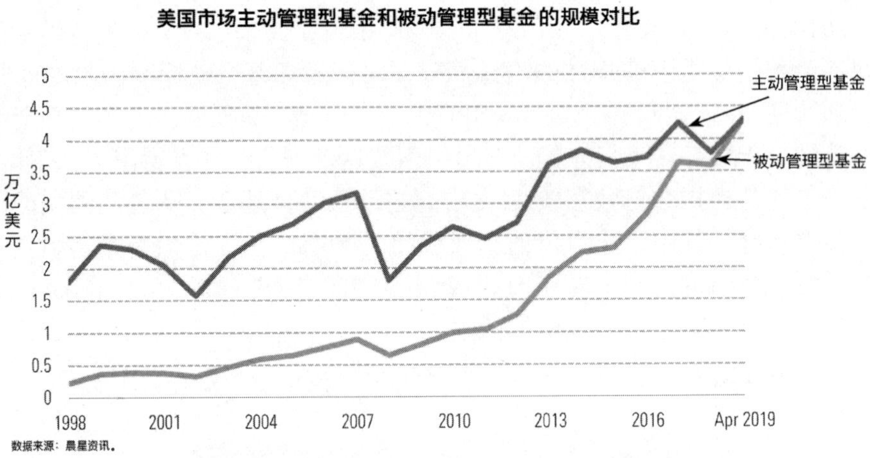

美国市场主动管理型基金和被动管理型基金的规模对比

数据来源：晨星资讯。

图 7.2　美国市场主动管理型基金和被动管理型基金的规模对比

图 7.2 中的数据不同于图 1.7 中的数据，图 1.7 里面的主动管理型基金包含所有公募基金，图 7.2 中的主动管理型基金是在股票基金的范畴内的。

那么在中国是什么情况呢？大部分的研究显示，在中国股票市场中，主动管理型基金在大部分时间段内是能够跑赢指数的。但是由于中国股票市场起步较晚，没有足够多的数据做长期的收益比较，大部分的研究都是基于平均收益率和中短期的数据进行的比较。

2020 年 1 月，招商证券做了一系列研究，对比中国市场上主动管理型基金和指数基金的收益，相关文章可以在中国证券投资基金业协会的官方网站上找到。我简单列举了一些数据记录和观点，如图 7.3 所示。

我们可以看到，在 2009 年到 2019 年这十年中，主动管理权益类基金的均值是明显高于股票指数的。还有一个数据很有意思，研究取了两个基金指数，一个是中证主动式股票型基金指数，一个是中证偏股型基金指数。这是

第 7 章 如何挑选指数基金

两个以主动管理型基金为样本的指数。那么在 2009 年到 2019 年这十年中的任意一天买入并持有五年，不同指数之间会是什么样的收益呢？如图 7.4 所示。

	收益率				波动率（年化）				Sharpe比率（年化）			
	近一年	近三年	近五年	近十年	近一年	近三年	近五年	近十年	近一年	近三年	近五年	近十年
沪深 300	35.57	23.31	15.51	30.48	18.31	17.62	22.63	21.59	1.61	0.38	0.17	0.17
上证综指	21.90	-2.05	-6.02	8.26	17.41	16.16	22.72	20.56	1.06	-	-	0.07
中证 500	25.77	-16.31	-1.52	6.18	21.97	21.06	29.19	26.24	1.02	-	0.08	0.10
中证 800	33.18	11.37	11.00	23.76	18.71	17.74	23.59	22.01	1.48	0.18	0.13	0.15
主动管理权益类基金均值	47.16	28.78	62.47	73.21	18.03	19.08	27.43	23.50	2.13	0.41	0.42	0.29

资料来源：Wind，招商证券
*近一年：2019/1/1—2019/12/31；近三年：2017/1/1—2019/12/31；近五年：2015/1/1—2019/12/31；近十年：2010/1/1—2019/12/31；
*主动管理权益类基金均值：采用市场上所有成立日早于区间首日的主动管理股票型基金和偏股混合型基金的对应指标均值。
*Sharpe 比率为负值时，无意义，因此以 "-" 表示；

图 7.3　主动管理权益类基金的收益率、波动率、Sharpe 比率和表现对比

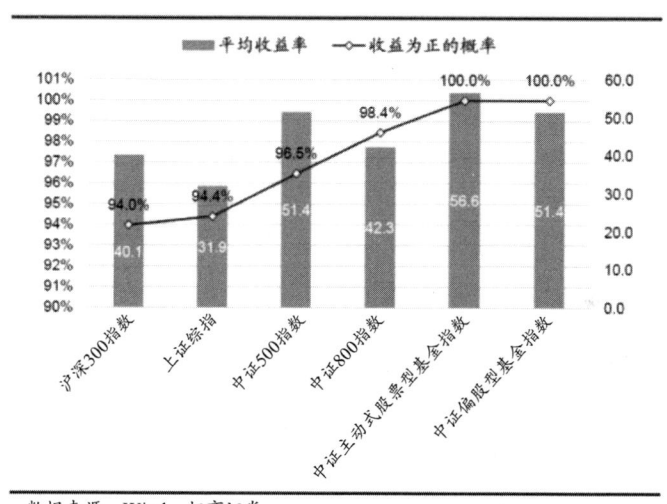

数据来源：Wind、招商证券。
右轴：近十年任意一天买入并持有该指数获取收益率的均值（%）。

图 7.4　2009—2019 年任意一天买入并持有五年，不同指数的平均收益率和盈亏概率比较

我们看到，从 2009 年到 2019 年，你在任意一天买入沪深 300 指数并持有五年，你的平均收益率是 40.1%，在这十年中的 3000 多个交易日内，有 94% 的交易日的投资是盈利的，也就是说，在 6% 的交易日里，你购买了沪深 300 指数并且持有五年是亏损的。这也不难理解，如果你买在了某一个阶段性高点上，那么很有可能在你持有五年后指数还没有回到你买入的位置。同样地，

141

如果你选择中证主动式股票型基金指数或者中证偏股型基金指数，相当于投资一篮子的主动管理型基金，那么你持有五年的平均收益率分别是 56.6%和 51.4%，并且不管你在哪一天买都是盈利的，也就是说，持有五年的收益为正的概率是 100%。

看了以上的内容，你会不会很迷惑？从成熟市场的经验来看，指数基金不论在业绩上还是在节省投资成本上，都是完胜主动管理型基金的。我们在之前讲约翰·博格建立指数基金及巴菲特世纪赌局的时候，都引用了不少证据来证明这个结论。

让我们再仔细看看上面的研究，首先需要明确上面的研究用来比较的一个是主动管理型基金的平均收益率，一个是基金指数的平均收益率。

对于基金平均收益，首先，我们需要知道平均收益高并不代表你投资的那只基金的收益就高。当前股票基金表现的分化程度很高，并且分化程度有加剧的趋势。将同一基金类别中表现最好的基金和表现最差的基金的回报之差作为判断指标，在大多数股票基金类别中，2020 年这一差值均超过了 40%。取不同类别中最优基金和最差基金收益率差值的平均值，2020 年基金表现的分化程度平均高达 46%，而 2019 年这一差值的平均值仅为 24%。也就是说，即使我们知道市场上有一些主动管理型基金的收益高于指数，但是我们也不能确保我们买的基金就是这些基金。

其次，这个数据是有幸存者偏差的，以十年的平均收益率为例，进入计算范围的都是存活十年以上的基金，而很多基金根本存续不到十年就清盘了。对主动管理型基金来说，清盘的主要原因是业绩不佳。

而对基金指数来说，因为指数的维护会定期更新样本基金，所以中证的两个基金指数里的成分基金都是动态最优的。这个例子也说明了指数的好处，选择主动管理型基金不如选择这一类型基金的指数。

那么，在我国，主动管理型基金的表现是不是好于指数基金呢？

简单地说，在我国，主动管理型基金的表现要好于在欧美等成熟市场中的表现。有充分的数据证明，在发达市场的牛市，大部分主动管理型基金是不能战胜指数的，典型的就是过去 20 年的美国股票市场，这正是巴菲特的赌约发生的市场。而在以中国为首的新兴市场中，超过半数的主动管理型基金的业绩超过指数的情况时有出现。特别是在熊市市场中，主动管理型基金的表现会更占优势。过去十年的中国市场基本就是这种情况。

但这个优势是基于中短期的业绩比较而言的，从长期来看，主动管理型基金因为主要依靠基金经理和团队，不确定性更高。如果有人愿意像巴菲特一样在中国做一个主动管理型基金和指数基金的十年赌约，我相信会是非常精彩的，因为没有人能够明确地知道结果。从这个意义上来说，现在的中国股票市场或许和十五年前的美国市场有相似之处。

面对不确定性，作为投资者，我们需要更多地了解各种投资产品的特性，同时保持开放的心态，实时更新我们的知识和数据库。

7.1.2　为什么投资者赚到手的钱这么少

从某种程度上说，选择主动管理型基金和选择个股有点儿像。在股票市场中，每一轮牛市都是少数股票带动的。在任何市场中，都会出现五倍股、十倍股，但是大概率你买到的都不是这些股票，或者当你进场买入这些股票的时候，它们已经没有了快速上涨的趋势。

美国富达投资集团做过一项有名的研究，他们研究了自己公司的旗舰产品——麦哲伦基金。这只基金最早的基金经理是彼得·林奇，这是一个投资界的传奇人物。在从 1977 年到 1990 年这 13 年间，在彼得·林奇的带领下，麦哲伦基金的年化收益率是 29%。但是美国富达投资集团的研究发现，那些购买过麦哲伦基金的投资人平均而言都是亏钱的。这又是为什么呢？研究表明，当基金净值下跌的时候，投资者就会赎回基金离场，因为大家都怕亏钱；当基金净值上涨的时候，投资者都纷纷回来高位买入，而且越涨越买，害怕错过赚大钱的机会。

网络上面有一个流传很广的散户心理变化图，非常形象地说明了普通大众在投资股票时的心理变化，这和美国富达投资集团的研究不谋而合，如图 7.5 所示。

所以，在数千只基金中选中能跑赢大盘的那一只，从概率上来说就不是一件容易的事情。即使我们选中了，如果没有良好的投资原则和纪律，也很难赚到钱。

理解指数基金非常重要，当我们知道我们为什么选择指数基金，对指数基金来说哪些因素是确定的、哪些因素是不确定的时，有助于我们在长期投资中获得成功。

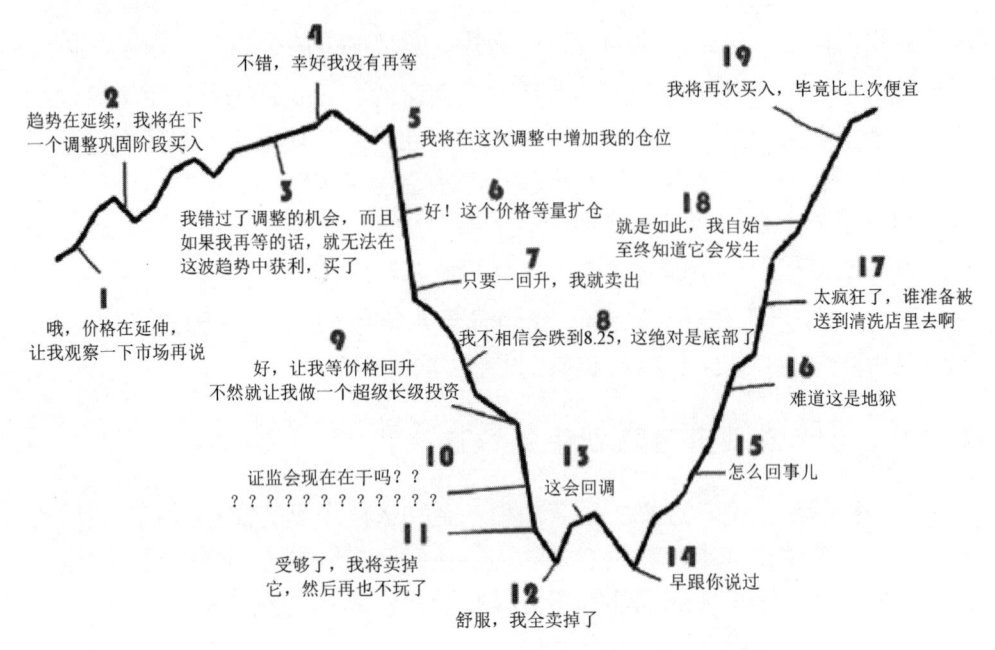

图 7.5 普通大众的投资心理变化过程，来源于网络

7.2 确定投资资产

对于主动管理型基金，无论基金公司如何包装，其过去的业绩都不能说明未来的业绩。因为主动管理型基金依靠投资经理的个人发挥，其中有太多因素我们不知道，更无法控制。指数基金的透明度高、管理成本低，而且其被动管理的方式减少了基于人方面的不确定性。更重要的是，对普通投资者来说，通过并不复杂的筛选和判断，就可以在指数基金中找到可以长期持有的基金。当然，选择指数基金是一个方面，使用正确的投资方式是另一个方面，也是非常重要的，这个方面我们会在投资实战篇给大家详细介绍。

在挑选指数基金之前，我们需要更好地了解自己，特别是我们用来投资的资金有什么限制，这是我们确定投资资产的关键。

7.2.1 资金投资期限

对投资来说，资金可用期限长是巨大的优势。我们通过分析巴菲特的成功经历，认为这三点是非常重要的。第一，巴菲特生在美国，赶上了美国经济高速发展的时期；第二，巴菲特手上有很多低成本的保险业务资金，这些资金成本低、期限长；第三，巴菲特活得足够久，这让巴菲特有足够长的时间去享受公司的成长和复利的力量。

对普通投资者来说，也是如此。如果你用来投资的资金的成本很低，并且这笔钱在较长时间内都用不到，那么会给你的投资带来巨大的优势，让你享受超额收益。

股市有句名言，叫作"短期看情绪，长期看增长"。

如果你的资产投资期限在十年以上，那么优先选择宽基指数。宽基指数因为不局限于某一个行业，所以不会受到行业周期的影响，能够最大限度地分散风险。从长期来看，选择宽基指数能够获得经济增长的红利。

宽基指数中不同行业、个股间的阿尔法会互相抵消，所以宽基指数基本上只有贝塔，没有阿尔法。贝塔收益是整体市场的增长收益。一家企业在一两年间本质上不会有太大的变化，但是股票价格可能会有很大的变化，同样地，一个股票市场在短时间内可能会有比较大的波动，但是从长期来看，反映的是市场上股票总体的增长情况。如果你相信经济会随着科技发展不断发展，那么，买入并长期持有低成本的宽基指数基金就是一个不错的策略。

在短期内有使用需求的资金，并不适合投资股票市场，建议投资波动率较低的资产，如债券指数或者现金类资产。

7.2.2 投资组合的需要

我们在选择资产的时候，应该从投资组合的角度去思考一个问题：既要考虑到资产的分散，也要考虑到不要重复选择。

晨星是一个专门做基金评级的机构，在晨星的中文网站上，我们可以查询 A 股市场各只基金的基本面数据，里面有一个晨星股票投资风格箱，可以帮助大家确定自己选定的指数基金属于什么类别。例如，对于某只以沪深 300 指数为跟踪标的的 ETF，我们通过晨星股票投资风格箱判断它属于平衡大盘型，如图 7.6 所示。

晨星股票投资风格箱是一个九宫格，横排从上到下分别表示大盘、中盘、小盘，是根据成分股的市值来区分的。通常我们认为大盘股相对来说波动率比较低，流动性比较好，价格比较稳定。相对地，小盘股可能价格波动更大，流动性较差，风险更高。投资小盘股就像押宝，有时候可能会给你带来惊喜，当然也有可能是惊吓。中盘股介于大盘股和小盘股之间，比小盘股稳定，和大盘股相比似乎多了更多的可能性，所以也受到一些投资者的喜爱。

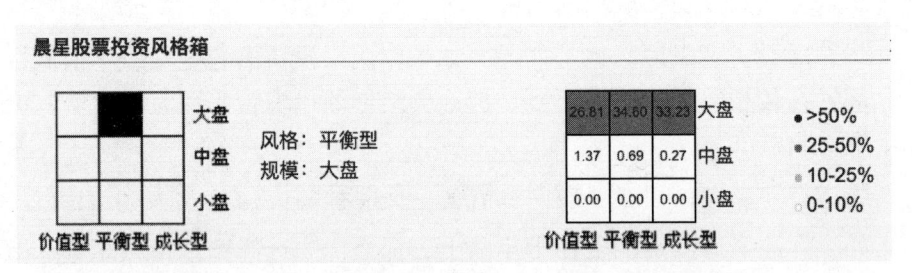

图7.6 某只以沪深300指数为跟踪标的的ETF的晨星股票投资风格箱截图

纵列从左到右分别是价值型、平衡型、成长型，这是三种不同的策略风格。价值型通常是在产业生命周期中处于成熟期的行业企业，盈利稳定、可预期，风险较低；而成长型则相反，通常是处在产业生命周期中的成长期，甚至是初创期的行业企业，这些企业增长很快，但是盈利预期不确定，通常预示着更高的风险和更高的潜在收益；平衡型是介于价值型和成长型之间的行业企业，或者是价值型和成长型混合在一起的组合。

如果你的目标是尽可能地模拟市场，那么你应该覆盖大盘、中盘、小盘，价值、平衡、成长各个维度，覆盖这个九宫格的所有方格，此时最好的选择就是全市场指数基金。

当然，每一个人的投资组合都应该能够满足自己当下的需求，而每个人、每个家庭的经济状况和财务需求是不一样的。例如，一对退休夫妇，希望获得相对稳定的收入，不愿意让自己的养老钱处于高风险当中，那么他们可以选择多配置一些价值股和大盘股。处于奋斗阶段的年轻人拿出每月三分之一的工资进行定投，那么他们可以选择中盘或者中小盘的成长型组合。

当然，晨星股票投资风格箱只是一个参考，我们之前在介绍因子投资的时候，也提到过其他一些策略，如高红利、低波动等，这些策略也可以成为挑选维度。

在投资实战篇里面，我们会具体介绍几种经过投资大师验证、经历过长期考验的投资组合方法和原则，大家可以根据自己的具体需要来选取不同风格的指数基金，搭建一个属于自己的投资组合。

7.3 选择指数基金需要考虑的因素

当你确定了自己的资金投资期限和风险承受能力时，基本也就确定了你要投资的资产类型，下一步就可以挑选指数基金了。

7.3.1 确定投资资产和编制方案

当你确定了要投资的资产时，不管是大盘股，还是增长快的成长股，或者是业绩稳定、分红多的红利股，找到包含这些股票的所有指数。

在确定指数的成分股和编制方式时，就要用到我们在第四章讲到的关于指数的成分股选择和加权方式的知识了。

我们列出来几个选择指数的标准，供大家参考。

（1）成分股的选择标准有最低的流动性限制。例如，沪深 300 指数会排除日均成交金额排名靠后的 50%的股票，同时排除 ST 和*ST 股票。这样能保证指数内部有一个优胜劣汰的机制。

（2）优先选择采用自由流通量加权的指数。关于各种加权方式的优劣，我们在第四章中已经仔细分析了。采用自由流通量加权的指数组合是资本资产定价模型下给定风险收益率最高的投资组合。

（3）有的指数会限制单只股票的权重。例如，我们之前提到的中证白酒指数就限制单只股票的权重不能超过 15%。这样的设计实际是为了尽可能地分散仓位，特别是一些行业或者主题指数，其样本空间内的股票数量本来就不多，如果不限制，就很容易出现单只股票权重过高的情况，从而增加指数的风险。

（4）尽量选择相关产品多的指数，这样可以在不同的指数基金之间做比较，选择最适合你的进行投资。

7.3.2 指数基金的跟踪误差

在选定了指数之后，我们需要把和该指数相关的指数基金都罗列出来。那么在这些跟踪同一个指数的基金里面，我们应该如何选择呢？有几个关键因素，我们需要考虑。

（1）跟踪误差。

（2）资产规模。

（3）投资成本。

我们先来讲指数基金的跟踪误差。指数基金的跟踪误差，是指指数基金的实际收益和其对标指数之间的偏差，体现了指数基金的相对风险。

数学上用基金实际收益和跟踪指数收益的标准差表示跟踪误差。

跟踪误差 = 标准差（基金实际收益-跟踪指数收益）

我们在指数基金的投资目标中，经常会看到这样的表述："紧密跟踪标的指数表现，追求跟踪偏离度和跟踪误差的最小化。"可见，指数基金的目标不是获得尽可能高的收益，而是尽量减少和对标指数之间在收益率上的差异，使得指数基金的收益率能够尽量和对标指数保持一致，即追求尽量小的跟踪误差。我们在选择指数基金的时候，应该选择长期跟踪误差小的基金。

指数的编制方法是非常透明的，包含指数有哪些成分股、每只成分股的权重是多少等内容。指数基金只需要按照指数的编制方法去建立仓位，那么为什么还会有跟踪误差呢？实际上，在操作过程中，指数基金的跟踪误差几乎是不可避免的。让我们来看看这些跟踪误差是如何产生的，这会帮助我们更好地理解指数基金的运作，以发现不同基金之间的差异。

1. 基金费用

指数基金的费用包括管理费、托管费、基金销售费用、证券交易佣金、印花税、过户费等，这些钱都是从管理资金里面扣除的，如果我们仔细阅读基金年报，就可以明确地看到基金每年在各类费用上面花了多少钱。而指数是纯数学计算的，没有任何费用，所以在这个前提下，指数基金的收益率一定低于对标指数的收益率。所以，对一只指数基金来说，控制管理成本是非常重要的目标。如果一只指数基金的运作成本很高，就会给基金的收益带来不利的影响，这个时候就对基金经理提出了很高的要求：如何在成本比同类型指数基金高的情况下，通过更高效的调仓、管理分红和利息方法，保持较小的跟踪误差。

除去基金费用这个因素，还有几个因素会造成跟踪误差。

2. 复制误差

一个很重要的因素是指数基金的持仓并不能完全复制指数，由于指数基金存在费用的问题，在这个前提下，基金经理为了尽量减小跟踪误差，会对成分股的仓位做一些调整。有的基金经理会编制出一个指数的代表样本，用这个代表样本来替代完全复制指数的做法。

另外，指数会定期进行样本调整，于是指数基金的仓位需要根据指数的更新进行调整，调整仓位是需要时间的，也会造成跟踪误差的产生。

3. 证券流动性差

除了上面的两点，部分成分股的流动性差、交易量少也会增加跟踪误差。这会让一些指数基金在调整仓位时遇到困难，特别是规模比较大的基金。因为流动性差的股票的买卖价差大，大量买卖会很大幅度地改变股票的价格，甚至出现不能买到足够仓位的情况。基于对流动性的担心，有时候基金经理会找一些其他资产来代替流动性差的股票。所以，流动性差也是导致跟踪误差的主要原因之一。

4. 现金仓位

指数的收益计算可以理解成 100%满仓，因为指数不持有现金。而指数基金不同，由于开放型指数基金随时要接受投资者的申购和赎回，随时有现金流入，同时也需要留有一部分的现金来应对赎回和各种管理费用。这就导致基金总是有一些现金余额在账户里，这些现金由于没有被用来投资跟踪指数而造成跟踪误差。对场外指数基金来说，现金大概保持在 5%左右，基金组合中持有的现金比例越大，跟踪误差就可能越大。有一个例外就是指数 ETF，由于指数 ETF 是用一篮子股票申购和赎回的，所以不涉及特意留存现金仓位的问题。

5. 大额申购与赎回

大额申购对指数跟踪误差的影响主要在于稀释了基金第二天的涨跌幅。比如，某天一只指数基金有大额申购，进来很多现金。按照规定，当天申购的资金能够分享第二天的涨跌幅，但由于资金结算原因，这笔资金第二天尚未到账，基金经理无法及时建仓，于是这笔资金只能和原有份额一起分享第二天的涨幅，从而稀释了基金的涨幅。在这种情况下，基金的涨幅低于指数的涨幅。同理，如果第二天指数大跌，大额申购资金也会稀释当天基金的跌幅，使得基金的跌幅小于指数的跌幅。再说大额赎回，投资者赎回的份额按照当天收盘的净值来确认，但是基金经理要等到第二天才能卖出对应的赎回仓位，由于卖出价与结算净值的收盘价大都存在偏差，所以会对次日基金的净值产生影响。

通过上述分析，我们可以得到一些直观的判断，例如，通常窄基指数（包括行业指数和主题指数）的跟踪误差会高于宽基指数，因为窄基指数的成分股数量相对较少，成分股中流动性差的股票对整体收益的影响比较大，红利类策略指数的跟踪误差也会高于其他类型，因为红利指数中高分红的股票会给基金带来更多的现金拖累。

由于以上种种因素的存在，指数基金的跟踪误差几乎不可避免。一个优秀的基金经理会根据自己的经验，在仓位控制、交易时间把握、现金预留等方面提前准备，尽量减少跟踪误差，实现尽可能复制指数收益的目的。所以，对投资者来说，尽量选择在长期内可以保持较小跟踪误差的指数基金，因为这表明基金的管理团队有比较好的管理系统，能减少各种情况给基金带来的跟踪误差。

那么，在哪里可以看到指数基金的跟踪误差呢？对普通投资者来说，可以在一些第三方基金平台查看，或者阅读基金的定期报告。我们以沪深 300 指数为例，取几只不同资产规模的指数基金，比较一下它们的跟踪误差，如表 7.1 所示。

表 7.1　以沪深 300 指数为跟踪标的的基金的跟踪误差举例

基金代码	基金名称	类别	资产规模(亿元)	跟踪误差
510330	华夏沪深 300ETF	ETF	258.85	0.02%
000051	华夏沪深 300ETF 联接 A	ETF 联接基金	109.47	0.07%
515330	天弘沪深 300ETF	ETF	61.35	0.04%
006939	鹏华沪深 300 指数(LOF)C	LOF	0.54	0.10%
002385	博时沪深 300 指数 C	场外指数基金	5.3	0.13%

数据来源：天天基金网，数据截至 2021 年 3 月 31 日。

注：数据仅用来参考学习，不作为任何投资建议。

7.3.3　考察指数基金的资产规模

了解了指数基金的跟踪误差，就能很好地理解资产规模的重要性了。对以宽基指数为跟踪标的的指数基金来说，基本上资产规模越大越好。原因在于，资产规模大可以很好地减少以下几个因素对基金收益率的影响。

第 7 章　如何挑选指数基金

1．基金费用

基金的管理成本并不会跟随资产规模线性上涨，所以基金的资产规模越大，成本所占的比例就越小。当然，这并不意味着基金公司会把通过降低成本提升的收益都返还给投资者。这要看基金管理团队是不是真的把投资者的价值作为核心。

先锋领航集团在指数基金的资产规模不断增长的情况下，持续优化管理，降低成本，最终完成了整个公募基金行业的变革。目前美国市场上的指数基金管理费用普遍低于 0.2%，这和资产规模大是分不开的。

2．复制误差

通常指数基金选择不去完全复制指数的成分股和权重，是因为资金量不够。对于一只宽基基金，成分股的数量动辄成百上千，如果要严格按照权重去分配仓位，对资金量小的指数基金来说，是很费力的。对于资产规模大的指数基金，这个就构不成问题了。

3．大额申购与赎回

这个因素比较容易理解，如果一只指数基金的资产规模为 5000 万元，假设当天有一个 500 万元的赎回，占总仓位的 10%，这个举动对该基金次日涨跌幅的稀释是非常严重的。而同样是 500 万元的赎回，如果发生在一只资产规模为 50 亿元的基金上，那么只占到该基金资产规模的千分之一，这个影响就要小很多。

对指数基金资产规模的考量，还有一个主要因素是基金的稳定性。资产规模太小的基金容易受到异常赎回的影响，甚至面临关闭的风险。如果一只基金长期资产规模上不去，可能是因为收益低于预期，也可能是因为基金的市场团队能力欠缺，更有可能是因为两者兼而有之。总之，我们不能把钱放到一只随时处在关闭风险中的基金上。

那么，多大资产规模的指数基金可以让人放心呢？通常行业里的说法是，2 亿元以上的指数基金就比较稳定了，这个数字会在牛市的时候水涨船高，同时，一些在牛市表现好的基金可能在熊市的时候就被打回原形。所以我建议在牛市的情况下尽量选择资产规模在 5 亿元以上的指数基金进行投资。

以上我们说的是宽基指数的相关基金，对于那些成分股数量不多、个股流动性不太好的行业指数基金或者主题指数基金，就不是资产规模越大越好了。我们要尽量结合跟踪误差和成本在同类基金之间进行比较，选择适合的基金产品进行投资。

7.3.4 比较投资成本

投资成本对投资收益的影响我们之前已经说过很多次了。原则上，在跟踪误差和资产规模差不多的指数基金中，优选选择投资成本低的指数基金。

我们先复习一下，对于场外指数基金，投资成本主要是每年从管理资产中扣除的运作费用，包括管理费、托管费和销售服务费，另外加上在基金交易时一次性支付的申购费用和赎回费用。赎回费用一般是按照基金持有年限递减的，大部分的场外指数基金对持有基金2年以上的投资者是免赎回费用的。

对于场内指数基金，投资成本则是运作费用加上场内交易费用。目前我国大部分证券公司对场内指数基金收取的实际交易费用低于1‰，最低5元起。然而对不同场内指数基金来说，交易费用是一个外部变量。所以在对比场内指数基金的投资成本的时候，我们只需要比较运作费用即可。国内ETF的运作成本大概在0.2%~0.6%，LOF的运作费用会更高一点，大多在0.8%~1%。

对场外指数基金的成本进行比较就相对麻烦一些，我们以沪深300指数为例，给大家看看不同的指数基金的成本差异在哪里。我们列举了资产规模大于5亿元人民币的场外指数基金及它们的投资成本。这里不包含指数增强型基金，因为指数增强型基金更接近于主动管理型基金，如表7.2所示。

表7.2 场外指数基金的投资成本对比

证券代码	基金名称	资产规模（亿元）	运作费用 管理费	运作费用 托管费	运作费用 销售服务费	交易费用 申购费用	交易费用 赎回费用	1年投资成本	5年投资成本/每年
160706	嘉实沪深300ETF联接A	153.22	0.50%	0.10%	0	1.50%	0.25%	1.00%	0.60%
000051	华夏沪深300ETF联接A	119.55	0.50%	0.10%	0	1.20%	0	0.72%	0.60%
000311	景顺长城沪深300指数	67.49	1.00%	0.20%	0	1.20%	0.25%	1.57%	1.20%

第 7 章　如何挑选指数基金

续表

证券代码	基金名称	资产规模（亿元）	运作费用 管理费	运作费用 托管费	运作费用 销售服务费	交易费用 申购费用	交易费用 赎回费用	1年投资成本	5年投资成本/每年
050002	博时沪深300指数A	57.47	0.98%	0.20%	0	1.50%	0.50%	1.83%	1.18%
110020	易方达沪深300ETF联接A	56.3	0.15%	0.05%	0	1.20%	0.25%	0.57%	0.20%
000613	国寿安保沪深300ETF联接	53.83	0.50%	0.10%	0	1.00%	0.25%	0.95%	0.60%
005918	天弘沪深300ETF联接C	37.01	0.50%	0.10%	0.25%	0	0	0.85%	0.60%
000961	天弘沪深300ETF联接A	26.84	0.50%	0.10%	0	1.00%	0.05%	0.75%	0.60%
481009	工银沪深300指数A	23.9	0.50%	0.10%	0	1.20%	0.25%	0.97%	0.60%
519300	大成沪深300指数A	18.47	0.75%	0.15%	0	1.20%	0.15%	1.17%	0.90%
270010	广发沪深300ETF联接	18.43	0.50%	0.10%	0	1.20%	0.30%	1.02%	0.60%
006131	华泰柏瑞沪深300ETF联接C	17.58	0.50%	0.10%	0.25%	0	0	0.85%	0.60%
020011	国泰沪深300指数A	15.40	0.50%	0.10%	0	1.50%	0.20%	0.95%	0.60%
202015	南方沪深300联接基金	11.77	0.50%	0.10%	0	1.20%	0.30%	1.02%	0.60%
200002	长城久泰沪深300指数A	7.76	0.98%	0.20%	0	1.50%	0.50%	1.83%	1.18%
002987	广发沪深300ETF联接C	7.36	0.80%	0.15%	0.40%	0	0	1.35%	0.95%
007538	永赢沪深300A	6.40	0.15%	0.05%	0	1.00%	0	0.30%	0.20%

续表

证券代码	基金名称	资产规模（亿元）	运作费用 管理费	运作费用 托管费	运作费用 销售服务费	交易费用 申购费用	交易费用 赎回费用	1年投资成本	5年投资成本/每年
002385	博时沪深300指数C	6.28	0.98%	0.20%	0.40%	0	0	1.58%	1.18%
007339	易方达沪深300ETF联接C	5.38	0.15%	0.05%	0.20%	0	0	0.40%	0.20%
460300	华泰柏瑞沪深300ETF联接A	5.07	0.50%	0.10%	0	1.00%	0	0.70%	0.60%

说明：

（1）运作费用=管理费+托管费+销售服务费；

（2）申购费用通常按照购买金额阶梯收费，我们这里选取了小于50万元的收费。在估算1年投资成本的时候，我们把申购费用打一折，这符合目前销售平台的普遍政策。在估算5年的投资成本时，我们把打一折的申购费用除以5平均到每年；

（3）赎回费用通常是按照投资年限递减的，在估算1年投资成本时，我们取投资时间大于1年小于2年的费率；在估算5年的投资成本时，赎回费用按照0计算；

（4）综上所述，投资1年的成本预估=运作费用+10%×申购费用+投资大于1年的赎回费用；投资5年的成本预估=运作费用+10%×申购费用÷5。

我们发现场外基金的1年投资成本低至0.3%，高至1.83%，5年投资成本/每年低至0.2%，高至1.2%。同时我们发现，同一只基金的1年投资成本和5年的年平均投资成本可能会相差很大。我们画了一个图，横坐标上每一个点代表一只基金，每一只基金有两个点垂直排列在一条竖线上，黑色点代表1年投资成本，灰色点代表5年投资成本/每年，如图7.7所示。

从图7.7中我们可以看出，长期来看，基金的申购费用和赎回费用可以忽略不计，主要影响投资收益的是运作费用。然而，很多基金销售机构会用申购费用来代替投资成本，并且打出成本一折的口号，这纯粹是在误导投资者。基金公司的运作费用通常是没有任何折扣的，基金销售机构在销售基金的时候也不会主动提及，却是影响投资收益的重要因素。投资者在选购基金的时候，一定要在费率表里仔细查看和比较运作费用。

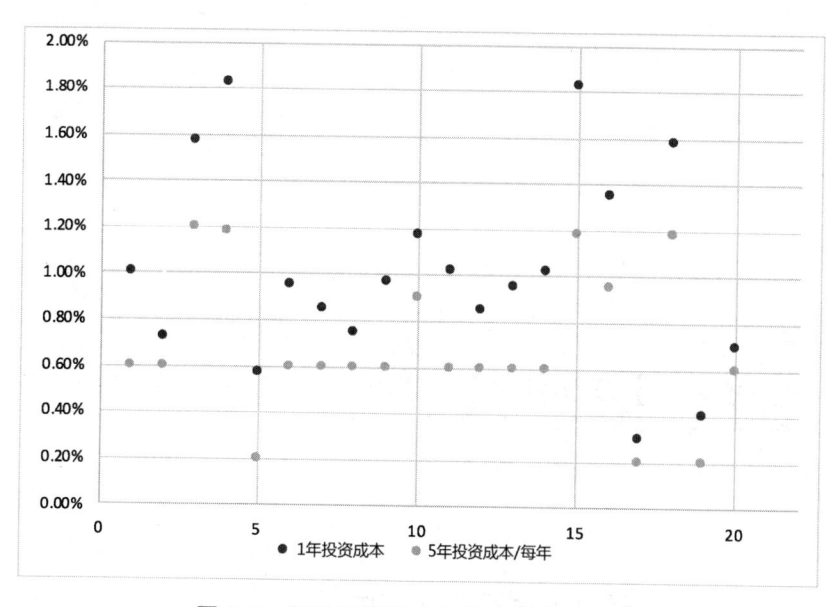

图 7.7　场外指数基金的投资成本比较图

第 8 章

ETF 指数基金

　　ETF 指数基金作为比较特殊的基金模式，有很多独特的优势，近十年来在国内外市场上都获得了认可，并且有飞速的发展，成为指数基金非常重要的一个类型。所以我们单独用一章来讲解 ETF 指数基金，包括什么是 ETF、ETF 有哪些独特的运作模式、对投资者来说 ETF 有哪些优缺点，以及投资者应该如何参与 ETF 的投资。

第 8 章　ETF 指数基金

8.1　ETF 的发展及历史

8.1.1　ETF 的诞生

我们之前介绍过指数基金的历史，在 1975 年约翰·博格创建了一只指数基金，这只基金在当时被华尔街称作"博格的愚蠢"，因为在此之前所有人关于指数基金的尝试都失败了。经过十多年的市场验证，约翰·博格的指数基金竟然活了下来，还越来越受市场欢迎。

传统公募基金通常费用高昂、说明复杂、流动性差，还设有最低投资门槛，让一般投资者望而生畏。指数基金的出现让从业人员看到了通过被动管理降低费用的可能性，也鼓励了更多人去挑战和改进传统的公募基金模式。

第一款类似于 ETF 的产品出现在 1989 年，是一只基于标准普尔 500 指数的参与型股权证券，但不幸的是，它被芝加哥联邦法院判定为期货合约，必须在期货市场进行交易。之后加拿大多伦多股票交易所在 1990 年尝试发行了基于多伦多 35 指数的参与股（Toronto 35 Index Participation Units），简称 TIPs 35。它采取的是基于交易所存货和收据的交易模式，所以交易起来并不方便。真正意义上的 ETF 出现在 1993 年，距今还不到三十年。1993 年 1 月 22 日，道富环球投资发布了标准普尔 500 ETF 信托（SPDR S&P500 ETF Trust），代码是 SPY。其在推出之后非常受欢迎，至今依旧是市场上最受欢迎的 ETF 之一，资产规模超过 4500 亿美元。

在很长的一段时间内，ETF 都是被动管理型基金，被很多人看作指数基金的升级版。但是在 2008 年，市场上出现了第一只主动管理型的 ETF。目前在欧美市场活跃着一些非常有创意的主动管理型 ETF，似乎预示着新的市场模式正在诞生。

不过在我国市场上，所有的 ETF 都是被动管理型的，也就是说，都是以某一个指数作为跟踪标的的指数基金。所以，本书中我们只讨论 ETF 指数基金。

8.1.2　ETF 的飞速发展

自从 1993 年道富环球投资推出第一只 ETF 以来，ETF 凭借成本低、交易方便、流动性好、信息透明等优势在全球范围内迅猛发展起来。2002 年全球市场共有102只ETF，到了2009年这个数据接近1000只。

根据深圳证券交易所金融创新实验室发布的《全球ETF行业发展年度报告》，截至2020年年底，全球ETF市场的产品数量共8607只，总规模近8万亿美元，同比增长25.6%。在2011年至2020年这十年时间内，全球ETF市场资产规模的年均复合增长率达18.4%。ETF作为一个产业来说，可谓增长迅速。

截至2021年4月，全球最大的ETF发行商是贝莱德集团，它有自己的ETF品牌——iShare，旗下管理375只ETF，总管理规模超过2万亿美元。排在第二名的是先锋领航集团，旗下管理82只ETF，总管理规模超过1.6万亿美元。排名第三的就是推出第一只ETF的道富环球投资，旗下管理141只ETF，管理规模超过9000亿美元，如图8.1所示。

ETF发行商	管理资产规模排名	+/-	管理资产规模（百万美元）	管理ETF数量（只）
iShares 贝莱德集团	1	-	$2,179,722.56	375
Vanguard 先锋领航集团	2	-	$1,693,889.25	82
State Street SPDR 道富环球投资	3	-	$923,471.27	141
Invesco 景顺	4	-	$331,376.19	227
Charles Schwab 嘉信理财	5	-	$225,635.99	25
First Trust 第一信托	6	-	$123,949.18	175
Fidelity 富达集团	7	▲6	$62,241.26	39
J.P. Morgan 摩根大通	8	▼1	$56,749.91	34
VanEck 凡埃克投资	9	▼1	$55,925.15	57
ProShares ProShares	10	▼1	$53,690.77	131

图 8.1　全球十大 ETF 发行商

数据来源：ETF DataBase，数据截至 2021 年 4 月 12 日。

8.1.3　ETF 在中国

早在2001年，上海证券交易所就开始思考如何对ETF进行创新，但是当时中国市场缺乏合适的指数。直到2004年上海证券交易所推出了上证50指数，ETF的开发才正式进入日程。2005年，上证50ETF在上海证券交易所

第 8 章　ETF 指数基金

上市交易，标志着我国 ETF 市场的诞生。华夏基金管理公司成为我国第一家管理 ETF 的公司。

根据深圳证券交易所金融创新实验室发布的《全球 ETF 行业发展年度报告》，截至 2020 年 12 月底，境内共 366 只 ETF 产品上市交易，资产规模达 11007.85 亿元。近十年来，ETF 的产品数量和资产规模均呈高速增长的态势，在 2020 年达到历史新高，ETF 的产品数量较上一年增加 115 只，资产规模增长 57.68%，可以说 2020 年是 ETF 在我国飞跃发展的一年，如图 8.2 所示。

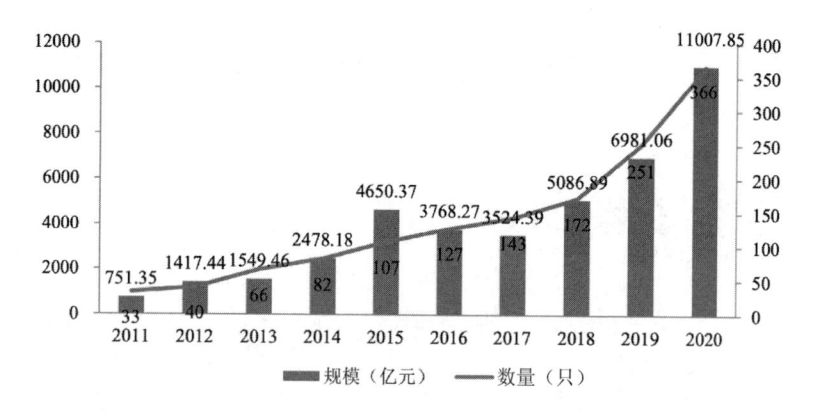

图 8.2　2011—2020 年境内 ETF 的市场发展情况

从产品类别来看，股票类 ETF 占主导，产品数量为 293 只，资产规模达 7653.45 亿元，占境内 ETF 总资产规模的 69.53%。其中，宽基指数类 ETF 的资产规模占股票类产品规模的 47.83%，较 2019 年的 61.25%有所下降；主题和行业类 ETF 的占比分别为 29.63%和 21.31%，而 2019 年这组数据分别为 27.54%和 8.68%，均有所上升。债券类 ETF、跨境类 ETF、商品类 ETF 和货币类 ETF 的数量分别为 18 只、16 只、14 只和 27 只，资产规模分别为 192.66 亿元、321.18 亿元、238.66 亿元和 2601.90 亿元，占比分别为 1.75%、2.92%、2.17%和 23.64%，如图 8.3 所示。

下一节我们会深入给大家介绍一下 ETF 的概念，为了方便论述，我们以股票型 ETF 为例子。在之后涉及资产配置的内容时，我们会把不同资产类型的 ETF 的特点和优劣势拿出来给大家介绍。

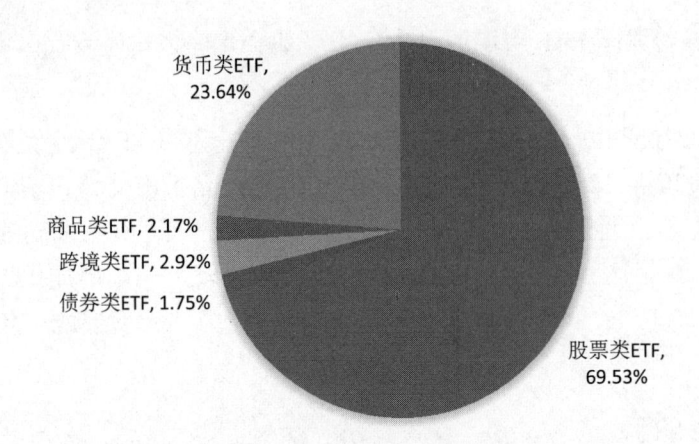

图 8.3　2020 年年底境内 ETF 的产品类别占比

8.2　初步了解 ETF

ETF 被看作指数基金的升级。在从产生至今的近三十年里，ETF 一直以超乎想象的速度发展，给基金行业带来了深远的影响。那么，究竟什么是 ETF 呢？

ETF 是 Exchange Traded Fund 的英文缩写，中文称为"交易型开放式指数基金"，又称"交易所交易基金"。在中国市场中，ETF 也被称作"指数股"，因为目前中国市场上所有的 ETF 都是基于指数的被动管理型基金产品。

购买 ETF 和购买其他指数基金一样，都是购买了模拟标的指数成分股的一篮子股票，所以也有人把 ETF 称作"大股票"。

从这些名称我们就可以看出来，ETF 既有股票的交易属性，又有开放式基金开放申购和赎回的特点。这两个特点正好对应 ETF 的两种交易方式，我们就从这两个方面来讲解 ETF。

8.2.1　像买卖股票一样买卖 ETF

ETF 是典型的场内基金，投资者只要在证券公司有 A 股证券账户，就可以通过证券交易所买卖 ETF 的份额。现在各家证券公司都有自己的交易 App，买卖 ETF 变得异常方便，在手机上就可以操作完成。

ETF 的交易规则和股票非常类似,我们把 ETF 和股票的交易要素汇总一下,方便大家在交易之前学习,如表 8.1 所示。

表 8.1 ETF 和股票的交易要素对比

	股票	ETF
交易时间	上午时段为 9:30-11:30 下午时段为 13:00-15:00	上午时段为 9:30-11:30 下午时段为 13:00-15:00
交易单位	买卖最低为 1 手 (1 手为 100 股)	买卖最低为 1 手 (1 手为 100 基金份额)
交易方式	买卖竞价	买卖竞价
最小价格变动单位	0.01 元	0.001 元
涨跌幅限制	10%和 20%	10%
交易费用	1‰印花税,佣金由证券公司确定	无印花税,佣金由证券公司确定
交易周期	T+1 日交易	股票类 ETF 为 T+1 日交易; 债券类 ETF、黄金类 ETF、跨境类 ETF、货币类 ETF 为 T+0 日交易

说明:A 股在很长时间内的涨跌幅限制是 10%,ST 及*ST 股票的涨跌幅限制为 5%;在 2020 年创业板注册制启动之后,创业板(包括创业板的 ST 公司)的涨跌幅限制为 20%,而 ETF 不受影响。

我们发现 ETF 在二级市场的交易与股票十分类似,证券公司为了鼓励投资者进行场内基金的交易,通常给 ETF 的佣金会低于股票的佣金,也经常出现在股票佣金的基础上打五折的情况,并且免除印花税。我们需要特别注意的是,ETF 在交易单位、最小价格变动单位、交易费用和交易周期等方面与股票略有不同。

8.2.2 ETF 的申购、赎回与场外指数基金的差别

ETF 是可以在场外申购和赎回的,这一点和场外指数基金一样。但是,它们在具体的申购和赎回方式上有着巨大的差异。

对场外指数基金来说,投资者在申购时,将现金交给基金公司,基金公司按照当天收盘后基金的净值将现金结算成基金份额。基金管理者将投资者申购的现金归为基金管理资产,这些现金要在接下来的交易日按照一定权重

买入对标指数的成分股，这样新流入的现金才算进入基金当中。当然，场外指数基金通常要预留一定的现金，来应对赎回。相反地，在赎回的时候，投资者卖出自己手中的基金份额，获得现金。这样的模式叫作现金申赎。

ETF 采用的是实物申赎的模式。也就是说，如果想要申购一只 ETF，投资者不能用现金，而是要用和 ETF 投资组合相对应的一篮子股票。这可不是一件容易做到的事情，试想一下，如果我们要申购一只基于上证 50 指数的 ETF，那么我必须按照指数的权重配齐这 50 只股票。目前 A 股股票的最小交易单位是 100 股，俗称 1 手，那么问题来了，单买 1 手茅台就要超过 20 万元，更别说 50 只股票了。这还只是上证 50 指数，如果是沪深 300 指数呢？这只是一个直观的例子，实际操作过程中的金额要比这大得多。申购或赎回的最低份额由每种 ETF 产品自行确定，而市场上大多数 ETF 的最低申赎份额都在 100 万份左右。

ETF 的申购过程其实是 ETF 份额的创造过程。ETF 的基金管理者在每日开市前会根据基金资产净值、投资组合及标的指数的成分股情况，公布"实物申购与赎回"清单。投资者可依据清单内容，将成分股票交付给 ETF 的基金管理者，从而取得"实物申购基数"或其整数倍的 ETF。以上流程将创造出新的 ETF，使得 ETF 的在外流通量增加。实物赎回则是与之相反的程序，使得 ETF 的在外流通量减少，也就是投资者将"实物申购基数"或其整数倍的 ETF 转换成"实物申购与赎回"清单中的成分股票的过程，如图 8.4 所示。

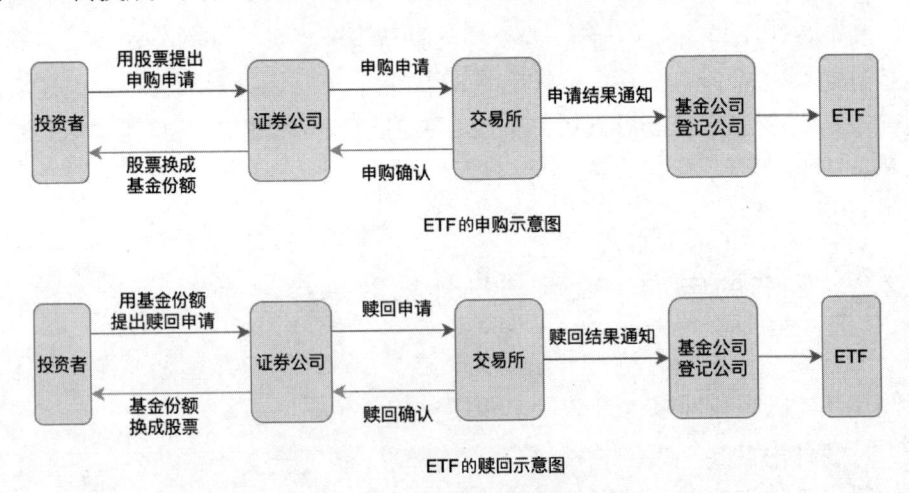

图 8.4　ETF 的申购与赎回示意图

第 8 章 ETF 指数基金

所以,参与 ETF 场外申赎的大多都是机构投资者,普通的个人投资者基本没有机会接触到。对普通投资者而言,最简单、方便的 ETF 交易方式就是在二级市场通过买卖竞价的方式交易 ETF。

8.2.3 ETF 与场外指数基金在交易上的区别

相对于场外指数基金,ETF 在交易上具有很多明显的优势,主要表现在以下几个方面。

1. 费用低

关于费用对投资结果的影响,我们已经讨论过很多次了,相信大家对此都有深刻的认识。ETF 可以说是指数基金类别中成本最低的一款产品,一方面,实物申购与赎回和被动型管理降低了 ETF 的管理成本,另一方面,二级市场的交易费用也会低于场外指数基金的交易费用,如表 8.2 所示。

表 8.2 买卖 ETF 与场外指数基金的成本比较

费用说明	ETF	场外指数基金
买入交易费用	由证券公司决定,通常为万分之三	申购费用由第三方销售机构收取,通常为 1%～1.5%,很多销售机构会有很大的折扣,通常不低于 0.15%
卖出交易费用	由证券公司决定,通常为万分之三	赎回费用通常在 0.5%左右,按照持有时长递减至 0
管理费(每年)	通常在 0.15%～0.5%	通常在 1%～1.5%
托管费(每年)	通常在 0.05%～0.1%	通常在 0.1%～0.2%

我们可以发现,投资一年 ETF 的成本大概在 0.2%～0.6%,而投资一年场外指数基金的成本在 1.25%～3%。如果你投资 10000 元,那么一年之后的收益可能会相差 200 多元。如果算上复利的强大效力,其对长期收益的影响是巨大的。

2. 资金效率高

除了费用居高不下,传统的场外指数基金的资金效率低也是常被诟病的一点。因为场外指数基金只有在每个交易日结束后才结算并公布一次基金净值,来作为申购和赎回的结算价格。所以通常在申购的时候至少需要一天才可以确认份额，如果赶上周五可能需要3~4天才可以确认份额，在这期间资金就被闲置了。而ETF是在交易时间内根据买卖竞价立即成交的，资金效率提高很多。我们可以看看下面的对比，如表8.3所示。

表8.3 买卖ETF与场外指数基金的效率比较

	ETF	场外指数基金
买入生效时间	T+1日，当日买入即时到账，次日可以卖出	当天15:00之前申购，最早T+2日可赎回
卖出到账时间	卖出ETF的资金立即可用，次日可取	资金到账时间：股票型指数基金为3~4个工作日，QDII为4~13个工作日

说明：很多种类的ETF，如债券类ETF、跨境类ETF、黄金类ETF等，可实现T+0日交易，即买入当日即可卖出。我们这里主要讨论股票类ETF。

3. 跟踪误差小

ETF和传统指数基金一样，管理目的是尽可能复制标的指数、减少跟踪误差。在7.3.2节中，我们一起分析了造成跟踪误差的几个原因，如基金费用、现金仓位、大额申购和赎回等。ETF由于本身管理成本低廉，再加上实物申购赎回的机制几乎免除了现金仓位、大额申购和赎回的影响，所以ETF的跟踪误差要普遍小于传统的场外指数基金。

4. 杠杆属性

ETF在二级市场的交易和股票一样，在很多市场中ETF都可以作为期权交易的标的，实现多空双向的杠杆交易。A股市场中虽然没有期权交易，但是融资融券业务的对象是包含ETF的，也就是说，投资者可以通过融资融券业务，给ETF交易加上杠杆，而场外指数基金是没有这个交易属性和功能的。这使得ETF有了更多的投资操作手段，交易更加灵活，同时可以吸引拥有不同投资目标的投资者。

8.3 ETF的套利

对投资者来说，ETF有两种交易方式，即二级市场交易和场外实物申购

第 8 章　ETF 指数基金

赎回。那么问题来了：ETF 作为一种开放式基金，是有基金净值的，但是在二级市场的价格是由买卖竞价决定的，也就是说，当买方的意愿强烈、大家都想买却不想卖的时候，价格就攀升，反之价格就走低。这就会导致二级市场的交易价格偏离基金净值的情况出现。

怎么来解决这种价格偏离呢？市场是非常高效的，当交易价格和基金净值出现偏离时，自然有投资者在其中进行套利，这就是接下来我们要介绍的内容——ETF 的套利。

8.3.1　ETF 的不同价格参数

我们首先介绍几个关于 ETF 价格的概念。

（1）市价，或者称作二级市场现价。当我们通过证券公司交易 ETF 时，依照的价格是通过买卖竞价得到的。这个和股票是一样的。当我们使用万得、大智慧、同花顺等股票交易软件的时候，我们会在 ETF 行情页面看到五档或者十档的买卖盘。这些就是当前买卖双方对 ETF 份额的报价，而市场现价就是当前 ETF 的成交价格，如图 8.5 所示。

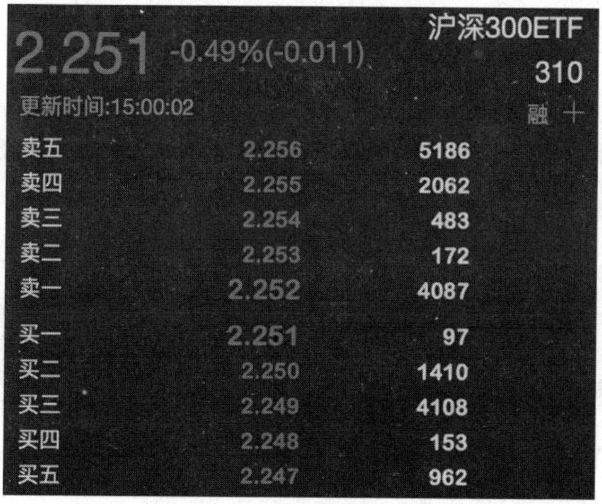

	沪深300ETF	
2.251	-0.49%(-0.011)	310
更新时间:15:00:02		融
卖五	2.256	5186
卖四	2.255	2062
卖三	2.254	483
卖二	2.253	172
卖一	2.252	4087
买一	2.251	97
买二	2.250	1410
买三	2.249	4108
买四	2.248	153
买五	2.247	962

图 8.5　ETF 买卖盘示例图

（2）ETF 净值。在每一个交易日结束之后，基金管理公司会根据 ETF 投资组合中证券的当日收盘价，计算出该 ETF 当日的净值，这种计算方式和场外指数基金的计算方式是一致的。

（3）IOPV，英文全称是 Indicative Optimized Portfolio Value，也叫作 Intraday Indicative Value（IIV），翻译成中文为交易日内参考价值。需要注意的是，IOPV 是一个估算价值，是交易所根据 ETF 投资组合中证券的最新价值估算的当前该 ETF 的实际价值，每 15 秒发布一次。

看起来有点儿复杂，我们画一个示意图，方便大家理解，如图 8.6 所示。

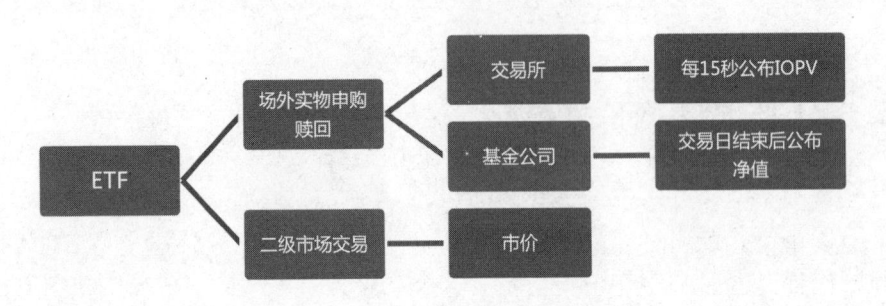

图 8.6　ETF 的三种不同价格

如果我们使用万得、大智慧、同花顺等这些常见的股票行情软件，可以在 ETF 的行情信息里面看到一些不同的参数，如图 8.7 所示。这是某只 ETF 的行情信息示意图，现价是 4.941 元，IOPV 是 4.9430 元，上一日净值是 4.9500 元。

现价	4.941	均价	4.947
涨跌	-0.006	开盘	4.959
幅度	-0.12%	最高	4.965
振幅	0.95%	最低	4.918
总量	133.00万	总额	6.58亿
IOPV	4.9430	溢折率	-0.04%
净值	4.9500	贴水率	-0.18%

图 8.7　ETF 的行情信息示意图

在一些行情软件的分时图中，我们还可以看到基于交易所每 15 秒发布一次的 IOPV 的连线，通常是紫色的，和交易价格很接近，但是并不完全重合，如图 8.8 所示。

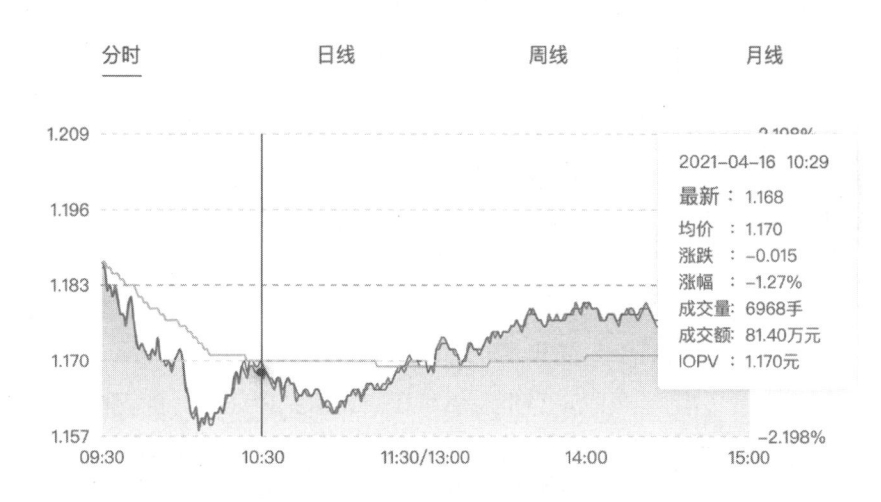

图 8.8　ETF 的分时图，图片来自深圳证券交易所网站

8.3.2　IOPV 和溢折率

当 ETF 在二级市场的现价高于 IOPV 时，说明二级市场出现溢价，也就是 ETF 在加价卖出，此时 ETF 的溢折率是正的；当 ETF 在二级市场的现价低于 IOPV 时，说明二级市场出现折价，也就是 ETF 在打折卖，此时 ETF 的溢折率是负的，如图 8.9 所示。

图 8.9　现价和 IOPV 偏离的 ETF 的溢折率示意图

溢折率的计算并不复杂，通常我们也不用自己去计算。

溢折率=【基金份额的成交价格（市价）−ETF 当前参考净值（IOPV）】/ETF 当前参考净值（IOPV）×100%，溢折率取正值代表溢价，取负值代表折价。

例如，我们根据图 8.9 左边的例子计算。

溢折率=[2.494（现价）−2.4890（IOPV）]/2.4890（IOPV）×100%≈0.20%

8.3.3　ETF 的套利分析

不论溢折率是正的还是负的，只要交易价格和基金净值出现了偏离，就产生了套利空间。

比如，当 ETF 的市价小于 IOPV 时，套利的投资者可以在二级市场买入 ETF，再换成一篮子股票在一级市场卖出获利；当 ETF 的市价大于 IOPV 时，套利的投资者可以将一篮子股票换成 ETF，再在二级市场卖出获利。说起来可能比较抽象，我们举一个简单的例子，方便大家理解。

有一只 ETF，包含 3 只成分股：A、B、C，每只股票 1 股。在某一个时刻，A、B、C 三只股票的市价分别是 10 元、15 元和 5 元，根据这些成分股的市价，交易所计算出 ETF 此刻的 IOPV 是 30 元。而此时 ETF 的市价是 35 元，说明目前的市场价格是高于 ETF 的实际价值的。

于是，聪明的投资者会从市场上分别买入 A、B、C 三只股票，总共花费 30 元，然后拿 A、B、C 这一篮子股票向交易所申购获得 ETF，随即在二级市场上以 35 元的价格卖出，此时投资者便获得了 5 元的无风险收益。这个过程就是套利，如图 8.10 所示。

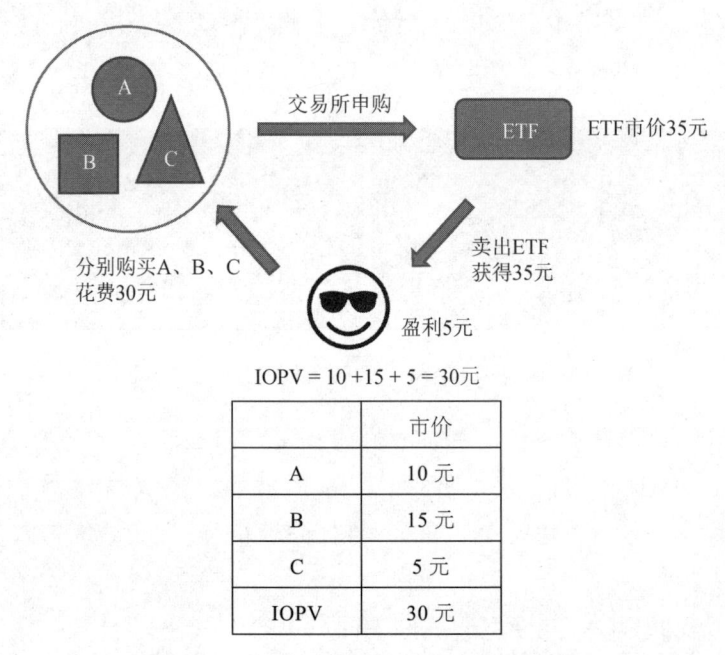

	市价
A	10 元
B	15 元
C	5 元
IOPV	30 元

图 8.10　ETF 溢价情况下的套利示意图

第 8 章　ETF 指数基金

同样地，当出现 ETF 的市价低于 IOPV 的情况时，投资者只要反向操作就可以完成套利。例如，在某一个时刻，A、B、C 三只股票的市价分别是 10 元、15 元和 5 元，根据这些成分股的市价，交易所计算出 ETF 此刻的 IOPV 是 30 元。而此时 ETF 的市价是 25 元，说明目前的市场价格要高于 ETF 投资组合的实际价值。

于是，聪明的投资者会从市场上买入 ETF，总共花费 25 元，然后拿 ETF 的份额向交易所申请赎回，得到一篮子股票 A、B、C，随即将三只股票在二级市场上分别以 10 元、15 元、5 元的价格卖出，共得到 30 元现金。投资者通过套利获得了 5 元的无风险收益，如图 8.11 所示。

	市价
A	10 元
B	15 元
C	5 元
IOPV	30 元

IOPV = 10 + 15 + 5 = 30 元

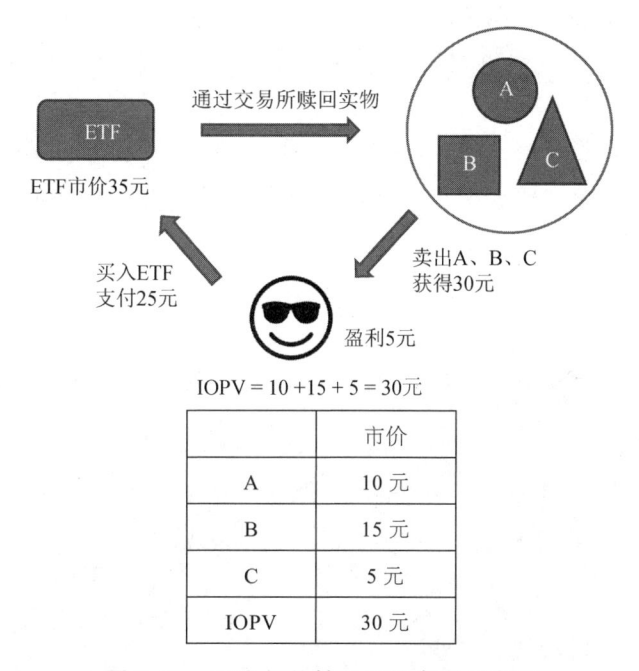

图 8.11　ETF 折价情况下的套利示意图

套利行为的存在对市场是有利的，不论市价向哪一个方向偏离，套利行为都是朝着相反的方向影响价格的。我们就用刚才 ETF 折价的例子来简单说明一下。一方面，当 ETF 的市价低于 IOPV，即 ETF 在折价出售时，进行套利的投资者会在二级市场上买入 ETF，涌入的买家会抬高 ETF 的交易价格；另一方面，进行套利的投资者将赎回的一篮子股票分别在市场上卖出，增加了卖盘，打压了每只股票的价格，反映在 IOPV 上面就是 IOPV 下降。我们发现套利行为导致 ETF 的交易价格上涨，而 IOPV 下降，一直到它们达到一致，此时这个方向上的套利空间就关闭了。如果 ETF 的现价超过了 IOPV，又出现了溢价，那么相反方向的套利行为会把价格重新拉向平衡。

看上去套利真是一门稳赚不赔的好生意，然而这并不适合普通投资者。首先，ETF 的套利对资金量有一定的要求；其次，套利机会通常是稍纵即逝的，需要很强的操作能力，专业机构有专门的自动化交易工具来完成套利过程；最后，套利也是存在风险的，并没有看上去那么美好。在流动性差、低效的市场里面，套利是有风险的，因为在任何一个环节不能顺利交易都有可能导致亏损；在高效的市场中，套利空间非常有限，市场高效正说明已经有足够多的人在进行套利操作了，这些进行套利的投资者共同提升了市场的效率。当很多人都在套利的时候，结果就是现价和 IOPV 的差距越来越小，导致套利的利润越来越低。

对普通投资者而言，了解 IOPV 和 ETF 的套利，可以帮助我们在交易 ETF 的时候判断市场供求关系，帮助我们做交易决策，这一点我们会在后面的内容中讲到。

8.4 ETF 投资进阶

ETF 作为指数基金的升级品种，具有投资费用低、交易快捷、流动性好、交易方式灵活等特点，不同类型的投资者都可以利用 ETF 实现自己的投资目标。

1. 长期价值投资者

长期价值投资者相信从长期来看，主动管理型策略很难超越指数、战胜市场。正如巴菲特所说的，长期持有低成本的指数基金对大多数人来说是最佳的投资策略。那么，一只大盘宽基 ETF 或者全市场 ETF 就是非常好的长期持有标的。对资深投资者来说，ETF 是很不错的中长期资产配置工具，可以选择多只 ETF 打造个人的投资组合。

2. 短期波段投资者

短期波段投资者享受低买、高卖的操作快感，对自身的择时能力很有信心，希望通过市场短期的波动获得波段收益。ETF 在二级市场通常实行 T+0 日或 T+1 日交易，极大地提升了资金的效率，而且二级市场的交易费用非常低廉，ETF 不收取印花税，基金分红和差价收入也无须交纳所得税。因此，此类投资者利用上述优点可以通过 ETF 进行波段操作。

3．激进型策略投资者

激进型策略投资者的风险承受能力更高，有更多的时间关注市场，他们希望利用杠杆在市场上获得更高的收益。ETF 的融资融券功能可以帮助投资者进行带杠杆的指数趋势交易和卖空交易。同时，这类投资者还可以对股指期货、期权等衍生品进行组合交易。当然，这对投资者的要求是非常高的，一方面投资者需要更多的专业知识、操作经验，另一方面投资者需要有风险控制能力和风险承受能力。

在本节中，我们主要从三种不同投资风格的投资者对 ETF 的使用入手，讲解要用好 ETF 还需要哪些知识和操作技巧。

8.4.1　资产配置的工具

资产配置是本书中非常重要的一项内容，我们会在投资实战篇里详细说明。

使用 ETF 来做资产配置，投资者还需要了解以下几个方面的内容。

了解不同资产类型的 ETF，是做资产配置的基础。我们帮大家简单梳理了一下国内 ETF 的类型。ETF 虽然发展时间不长，但是因为优点多、市场接受度高，成为金融市场的新生力量，不断有新的产品类型推向市场。按照对应的投资标的，我国的 ETF 主要包括股票类 ETF、跨境类 ETF、商品类 ETF、债券类 ETF 等。

股票类 ETF 的投资标的是在证券交易所上市交易的股票，投资目标是紧密跟踪相应的股票指数，并将跟踪误差和跟踪偏离度控制在一定范围内。股票类 ETF 无疑是产品丰富度最高的一个 ETF 类别，很多股票指数都有相关联的 ETF 产品，为投资者提供了一个方便快捷且费用低廉的指数基金投资渠道。

跨境类 ETF，简单来说，就是"跟踪境外指数、在境内上市交易"的 ETF 产品。对投资组合来说，跨境类 ETF 是非常重要的一个资产类别，因为它能够在国家和地区层面分散风险。跨境类 ETF 执行 T+0 日交易，但因为我国境内的交易规则和境外市场的交易规则之间存在一定差异,加上时差、汇率波动等因素,其在跟踪误差的控制方面有时候不是很理想。

目前,我国一共有跨境类 ETF 28 只,其中,在上海证券交易所上市的有 20 只,在深圳证券交易所上市的有 8 只,如表 8.4 所示。

表 8.4　我国跨境类 ETF 的产品列表(截至 2021 年 4 月)

基金代码	基金简称	交易所	基金管理人	市场区域
510900	H 股 ETF	上交所	易方达基金管理有限公司	中国香港
513000	225ETF	上交所	易方达基金管理有限公司	日本
513030	德国 30	上交所	华安基金管理有限公司	德国
513050	中概互联	上交所	易方达基金管理有限公司	美国等
513060	恒生医疗	上交所	博时基金管理有限公司	中国香港
513080	法国 ETF	上交所	华安基金管理有限公司	法国
513090	香港证券	上交所	易方达基金管理有限公司	中国香港
513100	纳指 ETF	上交所	国泰基金管理有限公司	美国
513300	纳斯达克	上交所	华夏基金管理有限公司	美国
513330	恒生互联	上交所	华夏基金管理有限公司	中国香港
513500	标普 500	上交所	博时基金管理有限公司	美国
513520	日经 ETF	上交所	华夏基金管理有限公司	日本
513550	港股通 50	上交所	华泰柏瑞基金管理有限公司	中国香港
513600	恒指 ETF	上交所	南方基金管理股份有限公司	中国香港
513660	恒生通	上交所	华夏基金管理有限公司	中国香港
513680	建信 H 股	上交所	建信基金管理有限责任公司	中国香港
513800	东证 ETF	上交所	南方基金管理股份有限公司	日本
513880	日经 225	上交所	华安基金管理有限公司	日本
513900	港股 100	上交所	华安基金管理有限公司	中国香港
513990	港股通综	上交所	招商基金管理有限公司	中国香港
159866	日经 ETF	深交所	工银瑞信基金管理有限公司	日本
159823	H 股 50ETF	深交所	嘉实基金管理有限公司	中国香港
159963	恒生中国	深交所	富国基金管理有限公司	中国香港
159960	恒生国企	深交所	平安基金管理有限公司	中国香港

第 8 章　ETF 指数基金

续表

基金代码	基金简称	交易所	基金管理人	市场区域
159954	H 股 ETF	深交所	南方基金管理股份有限公司	中国香港
159920	恒生 ETF	深交所	华夏基金管理有限公司	中国香港
159850	H 股 50	深交所	华夏基金管理有限公司	中国香港
159941	纳指 ETF	深交所	广发基金管理有限公司	美国

数据来源：上海证券交易所网站、深圳证券交易所网站。

商品类 ETF 是一种跟踪大宗商品价格的 ETF，我国境内市场最主要的商品类 ETF 是黄金 ETF，近几年也开始出现基于其他大宗商品的 ETF，如豆粕 ETF。我们以黄金 ETF 为例来说明。黄金 ETF 是跟踪黄金现货价格的 ETF 产品，主要投资在上海黄金交易所挂牌交易的纯度高于（含）99.95%的黄金现货合约。同时，黄金 ETF 通过黄金租赁业务、黄金互换业务等覆盖部分基金运营管理费用，以便让投资者能够完全享受到金价的投资收益。所以投资黄金 ETF 基本等同于投资黄金，可以取得和投资黄金一样的收益。这给在投资组合中分配黄金仓位的投资者带来了很大的方便，不用去另行开通期货交易账号就可以实现投资黄金的目的。黄金 ETF 也实行 T+0 日交易，买入当日即可卖出。

目前，我国已经有黄金 ETF、白银 LOF、石油 LOF 三种主要的商品类指数产品。但是相对于股票 ETF，商品类指数产品的规模还是较小，场内流动性也比较差。我们列举了一些国内主要的商品类 ETF 产品，如表 8.5 所示。

表 8.5　国内主要商品类 ETF 产品列表

证券代码	简称	跟踪指数	资产规模（亿元）	成立日期
518880	华安黄金 ETF	国内黄金现货价格收益率	113.84	2013-07-18
518800	国泰黄金 ETF	上海黄金交易所 Au99.99 合约	5.23	2013-07-18
159937	博时黄金 ETF	黄金现货实盘合约 Au99.99	84.82	2014-08-13
159934	易方达黄金 ETF	上海黄金交易所 Au99.99 合约	42.81	2013-11-29
161226	国投瑞银白银期货	上海期货交易所白银期货主力合约	11.26	2015-08-06

续表

证券代码	简称	跟踪指数	资产规模（亿元）	成立日期
501018	南方原油证券投资基金	WTI 原油*60%+BRENT 原油*40%	13.05	2016-06-15
161129	易方达原油 A 人民币	标普高盛原油商品指数	4.84	2016-12-19

注：数据截至 2021 年 3 月 31 日。

债券类 ETF 的投资标的是交易所或银行间债券市场的利率债和信用债。通过投资债券类 ETF，投资者可以很方便地实现对一篮子债券的投资。以国债 ETF 为例，其跟踪的标的指数是上证 5 年期国债指数，投资国债 ETF 就相当于购买了一篮子久期为 5 年左右的国债组合。债券是资产配置中非常重要的一类资产，很多时候我们认为债券和股票有一定的风险对冲作用。债券类 ETF 也实行 T+0 日交易，买入当日即可卖出。国内债券类 ETF 产品的种类并不多，如表 8.6 所示。

表 8.6　国内主要债券类 ETF 产品列表

证券代码	简称	跟踪指数	资产规模（亿元）	成立日期
159926	嘉实中证中期国债 ETF	中证金边中期国债指数	0.16	2013-05-10
511010	国泰上证 5 年期国债 ETF	上证 5 年期国债指数收益率	9.98	2013-03-05
511220	海富通上证可质押城投债 ETF	上证可质押城投债指数	13.34	2014-11-13
510110	海富通上证周期产业债 ETF	上证周期产业债指数	0.29	2010-09-19
511260	国泰上证 10 年期国债 ETF	上证 10 期国债指数收益率	8.53	2017-08-04
001021	华夏亚债中国指数 A	iBoxx 亚债中国指数	87.98	2011-05-25

注：数据截至 2021 年 3 月 31 日。

货币类 ETF 也称交易型货币市场基金，是一种既可在交易所的二级市场中买卖，又可在交易所内申购、赎回的货币市场基金。货币市场基金大家应该都不陌生，支付宝、微信钱包里面的"余额宝""零钱宝"都是货币市场基金。类似地，货币类 ETF 的产品定位为场内保证金现金管理工具，其特点为 T+0 日交易、收益稳定、适合闲散资金。

了解了不同类型的 ETF，我们就可以用 ETF 来做资产配置，打造一个符合自己投资目标的投资组合。利用 ETF 做长期投资，优点是投资成本低，但也有两个缺点需要投资者注意。

1．ETF 的分红不会自动再投资

当我们在基金销售机构购买基金的时候，总会有一个选项，叫作"分红再投资"。通常如果是长期投资，我们就会选择这个选项，因为这样才能够最大地发挥复利的效用。但是投资 ETF 没有这个功能，每次的分红会以现金的形式回到投资者的投资账户中，所以投资者需要手动将分红资金再投资，以实现长期复利效用最大化。

2．ETF 的交易诱惑

投资 ETF 就跟投资股票一样，我们在手机上就可以买卖，这其实是不利于投资者做长期投资的。我们在之前的内容里面反复提到"择时陷阱"，以及散户是如何被震荡出局、错过收益的。长期投资看似容易，实则是最不简单的一种投资方式，考验着我们在面对市场波动时对自己情绪和行为的控制。

8.4.2 波段投资

对很多投资新手来说，"炒波段"似乎是"天经地义"的股市交易策略，在低点买入，在高点卖出，收获利润。然而，在你真正开始在股票市场中的实战之后，你会发现，实现低买高卖并非容易的事情，主要有以下两个原因。

一方面，金融市场的复杂性决定了没有人可以预测市场走势。对专业投资者来说，他们有专门的研究团队、独有的信息渠道，尽可能全面地收集信息，来判断市场走势。即使这样，他们也会经常发生误判，造成亏损。而对普通投资者来说，他们没有时间和精力来做全面的分析和研究，很多时候他们对市场的判断只不过是人云亦云，或者自己的美好愿望而已。

另一方面，投资者如果没有非常稳定的价值基础和判断，很容易在市场的震荡中提前离场，错过收益，或者因为 FOMO（Fear of Missing Out，害怕错过）效应在高点买入从而被套牢。

所以，我们不鼓励普通投资者利用市场的短期波动来获得收益。但总是

有人看着股票的波动跃跃欲试，或者有部分投资者打算将投资作为兼职或者主要事业来发展，那么我们在这里给大家介绍一下 ETF 作为波段投资工具有哪些特有的优势。

1. 分散风险

ETF 在二级市场交易时看似和股票差不多，但是在本质上属于指数基金的一种，代表着指数成分股的一篮子股票。所以相对于单只股票来说，ETF 的风险更为分散。

举一个最简单的例子。在 A 股市场中，个股每日有涨跌幅限制，如果一只股票当天涨停，那么投资者就很难买入该只股票，同样地，如果一只股票当天跌停，投资者手中的股票也很难卖出。对波段投资者来说，这是很大的风险和不确定性。而 ETF 是一篮子股票的投资组合，个股之间的风险会相互对冲，很难出现涨停或者跌停的情况，这使得短期波段交易的风险和不确定性降低。

2. 历史百分位

我们在之前的内容中介绍过指数的估值，其中最常见的是市净率和市盈率的估值。对个股来说，通常我们会在同行业或者同类型的公司之间比较它们的市净率或者市盈率，来判断目前的股价是被高估了，还是被低估了。而对指数来说，我们会参考该指数的历史市净率和市盈率，来看当前估值在历史估值中的百分位，以判断当前指数价格的市场情况。

如表 8.7 所示，我们列举了 A 股市场上一些常见的宽基指数的 PE 估值、PB 估值和相应的百分位。

表 8.7　A 股主要宽基指数的 PE 估值、PB 估值及百分位

排名	指数代码及名称	点位	PE 估值	百分位	PB 估值	百分位	股息	ROE
1	399295.创业蓝筹	6445.25	76.45	99.63%	9.62	81.14%	0.52%	12.97%
2	399293.创业大盘	5890.56	61.45	87.98%	9.73	76.99%	0.44%	16.15%
3	399330.深证100	6879.94	31.51	83.96%	4.32	88.23%	0.94%	13.74%
4	399006.创业板指	2969.40	62.20	76.56%	7.72	85.39%	0.40%	12.57%
5	399102.创业板综	3009.31	88.47	76.52%	5.23	69.97%	0.43%	5.98%
6	000985.中证全 A	5512.84	20.29	67.26%	1.83	36.71%	1.49%	9.05%
7	399673.创业板50	2901.29	63.67	66.42%	9.15	82.48%	0.29%	14.67%

续表

排名	指数代码及名称	点位	PE 估值	百分位	PB 估值	百分位	股息	ROE
8	399001.深证成指	14224.45	29.56	64.52%	3.37	69.77%	0.95	11.42%
9	000906.中证 800	5288.69	16.27	63.57%	1.61	34.24%	1.83	9.90%
10	399317.国证 A 指	5723.38	19.51	62.32%	1.89	40.39%	1.56	9.67%
11	000903.中证 100	5193.71	13.33	61.93%	1.39	38.26%	2.41	10.45%
12	000300.沪深 300	5077.24	14.90	61.67%	1.54	37.04%	2.00	10.33%
13	000016.上证 50	3467.66	12.81	58.08%	1.32	35.92%	2.63	10.28%
14	399106.深证综	2281.30	36.35	53.12%	3.06	49.00%	0.88	8.44%
15	000010.上证 180	10332.03	12.58	45.57%	1.25	19.42%	2.44	9.93%
16	000001.上证综指	3441.17	15.72	44.85%	1.45	20.24%	1.95	9.24%
17	399005.中小 100	9184.27	30.97	43.44%	4.26	50.55%	0.83	13.74%
18	000688.科创 50	1314.91	81.70	38.38%	6.52	15.68%	0.34	8.02%
19	000904.中证 200	5411.80	19.89	34.73%	1.98	27.32%	1.07	9.96%
20	000046.上证中小	4449.32	15.14	31.14%	1.34	4.45%	1.78	8.90%
21	000852.中证 1000	6431.09	37.12	22.47%	2.59	32.04%	0.83	6.98%
22	000905.中证 500	6442.65	26.61	20.26%	2.00	16.95%	1.19	7.54%

注：截止日期为 2021 年 4 月 26 日。

我们看到截至 2021 年 4 月 26 日，创业蓝筹的 PE 估值达到 76.45，在历史上的百分位是 99.63%。也就是说，创业蓝筹当前的估值超过了历史上 99.63%的交易日，从这个角度看，创业蓝筹当前的估值已经处于历史的估值高点了。

同理，我们看中证 500 指数，目前的 PE 估值是 26.61，PE 估值的历史百分位是 20.26%，也就是说，中证 500 指数目前的 PE 估值超过了历史上 20.26%的交易日，换句话说，在历史上超过 79.74%的交易日里面，中证 500 指数的 PE 估值是高于其目前的 PE 估值的。

于是，我们发现历史百分位可以作为判断目前指数估值高低的一个指标。对波段投资者来说，最简单的方法就是给自己定一个买入和卖出的百分位点。市场上有人把 30%的历史百分位称作"机会点"，把 70%的历史百分位称作"危险点"。也就是说，当历史百分位低于 30%的时候是买入机会，当历史百分位超过 70%的时候就存在高估风险了。当然，这些策略都是因人而异的，没有完美的策略，更没有适用于所有人的策略。

3. 当前参考净值 IOPV

我们之前讲过，在 ETF 套利的过程中，IOPV 是一个很重要的价值指标。但在实际投资过程中，能参与 ETF 套利的投资者是少之又少的。对大多数普通投资者来说，IOPV 还有一个很重要的作用，就是反映盘中 ETF 是否折溢价。

如果一只 ETF 的溢价率过高，说明该 ETF 在市场上的交易过于火热，或者套利机制不能顺畅进行。这种情况在跨境类 ETF 里面尤为常见，主要是因为不同市场的交易时间、交易机制不同。在排除不同市场的不同交易机制导致套利不顺畅之外，盘中 IOPV 还体现了市场供需的情况。当市场交易活跃、投资者买入情绪高涨的时候，通常会出现盘中溢价，反之则出现折价。

例如，2021 年 1 月 19 日，内地投资者对香港市场的投资热情高涨，通过沪港通、深港通等渠道将大量资金投入香港市场，一众港股和沪港深 ETF 上演暴涨行情。万得资讯的数据显示，港股通 100ETF、上证港股通 ETF、港股通 50ETF、恒生 ETF、恒生指数 ETF 在当天的溢价率分别为 12.23%、8.22%、8.18%、5.41%和 4.92%，如表 8.8 所示。

表 8.8 跨境类 ETF 的溢价举例

代码	名称	现价（元）	IOPV（元）	溢价率
513900.SH	港股通 100ETF	1.367	1.218	12.23%
513990.SH	上证港股通 ETF	1.237	1.143	8.22%
513550.SH	港股通 50ETF	1.177	1.088	8.18%
513660.SH	恒生 ETF	2.961	2.809	5.41%
513600.SH	恒生指数 ETF	2.901	2.765	4.92%

数据来源：万得资讯，数据截至 2021 年 1 月 19 日。

也就是说，如果投资者在当天通过二级市场买入港股通 100ETF，那么相当于花了 1.367 元买了实际价格是 1.218 元的东西，多花了 12.23%。而由于 ETF 套利机制的存在，市场价格最终会回归基金净值，即使指数本身没有变，投资者也会因为支付了过高的溢价而受到损失。

同理，如果 ETF 在市场上出现折价，也就是市场价格低于 IOPV，那么相当于投资者用一个打了折扣的价格买到 ETF，即使指数没有上涨，投资者也会因为折价买入而有一定的收益。

所以我们在做投资的时候，特别是在做中短期波段投资的时候，既要关注 ETF 的价格，也要关注 ETF 的 IOPV 和溢价率，在市场大涨的时候不要买入溢价过高的 ETF。

8.4.3 杠杆交易

ETF 的二级市场交易属性和独特的实物申赎机制，让 ETF 受到很多利用套利和杠杆进行交易的投资者的欢迎。特别是在欧美成熟市场中，ETF 的种类繁多，玩法更是多样，感兴趣的朋友可以自行研究。我们针对 A 股市场的交易政策，介绍了一些 ETF 可以使用的杠杆交易策略。

需要注意的是，我们介绍的融资融券和 ETF 期权这两个杠杆交易策略都对投资者有一定的资金和知识经验的要求，有兴趣的朋友可以向自己所在的券商咨询。

1. ETF 的融资融券

融资融券交易又称证券信用交易或保证金交易，是指投资者向具有融资融券业务资格的证券公司提供担保物，借入资金以买入证券（融资交易）或借入证券并卖出（融券交易）的行为。可见，融资融券实际包含两项业务：融资交易和融券交易。

所谓 ETF 融资交易，是指投资者以现金或证券作为质押，向券商借入资金购买 ETF，并在约定的期限内偿还借款本金和利息，从而实现杠杆交易。杠杆倍数的大小与保证金比例、担保物折算率等因素有关。一般来说，ETF 融资交易的杠杆倍数为 2.8 倍～3 倍。投资者向券商融资买进证券的行为也被称为"买多"。如果投资者非常自信，判断市场会上涨，可以通过融资交易，增加自己的投资杠杆倍数。

对于什么是杠杆交易，有兴趣的朋友可以自行研究。我们用一个简单的例子来说明，方便投资新手理解。

例如，小明看好一只 ETF，计划用 10000 元来投资这只 ETF。假设 30 天后这只 ETF 真的涨了 10%，那么小明的收益是 1000 元。再回到 30 天前，如果小明非常肯定自己的判断，那么他可以通过融资交易向券商融资 20000 元，买入 30000 元的 ETF。30 天后，同样是 10% 的涨幅，小明的收益就变成了 3000

元，参考 10000 元的自由资金投入，收益率从 10%上升到了 30%。这是一个 3 倍杠杆的案例，当然其中没有计算抵押资金和利息。但需要注意的是，如果小明判断错误，杠杆也会让损失成倍数地扩大，如图 8.12 所示。

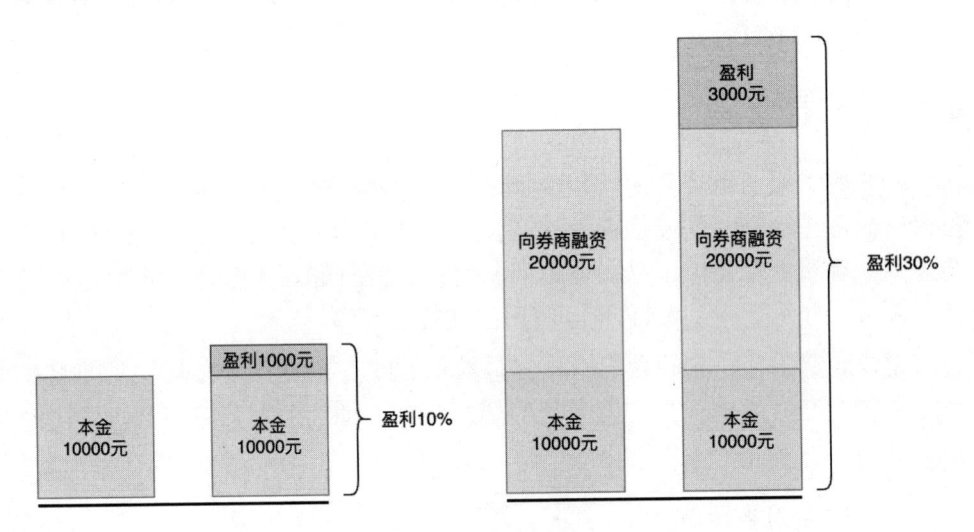

图 8.12　ETF 融资交易案例示意图

  ETF 融券交易是指投资者以现金或证券作为质押，向券商借入 ETF 并卖出，在约定的期限内，买入相同数量和品种的 ETF 归还券商并支付相应的融券费用。投资者向券商融券卖出的行为也被称为"卖空"。卖空给那些判断证券会下跌的投资者提供了投资工具，更重要的是，卖空可以结合买入实现"多空组合策略"。多空组合策略是国外对冲基金应用最为广泛的投资策略之一，指的是在买进一类资产的同时卖出另一类资产，获取两类资产价格相对变化的收益，同时尽可能降低系统性风险。

  例如，小明看好一只潜力股票 A，相信在未来一段时间内股票 A 可以跑赢大盘。但是最近市场整体估值偏高，如果出现整体的市场回调，那么势必会影响自己投资的股票 A，所以现在买入股票 A 的风险可能比较大。在这样的情况下，小明决定先买入股票 A，然后通过融券业务卖出大盘 ETF，构建一个多空组合，获取股票 A 相对于大盘指数的超额收益，如图 8.13 所示。

  融资融券自从 2010 年推出以来，一直在扩大其所覆盖的证券范围。截至 2021 年 4 月底，上海证券交易所一共有 108 只 ETF 可以进行融资融券交易，深圳证券交易所一共有 45 只 ETF 可以进行融资融券交易，占到所有 ETF 数量的 40%左右，如表 8.9 和表 8.10 所示。

第 8 章　ETF 指数基金

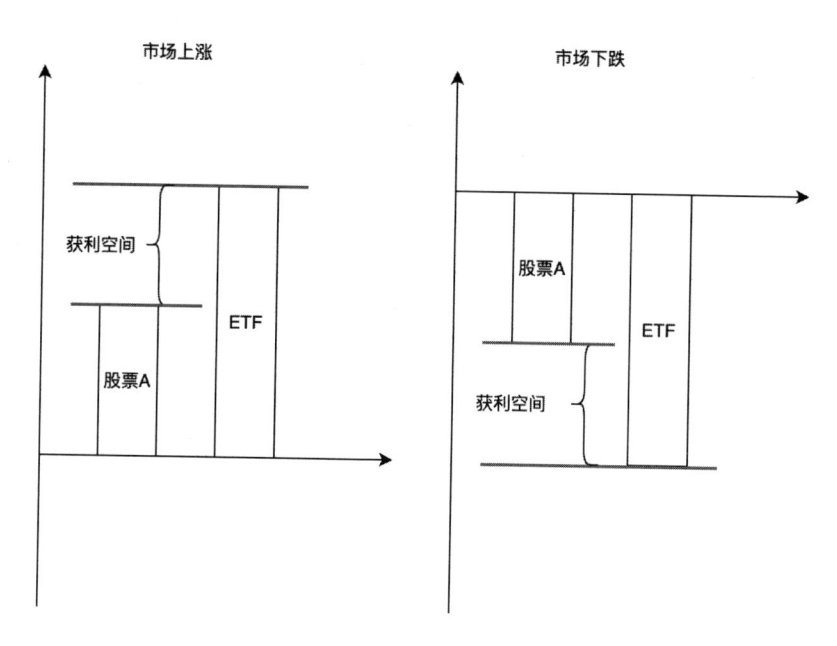

图 8.13　多空组合策略示意图

表 8.9　上海证券交易所可进行融资融券交易的 ETF 名单

证券代码	证券简称	证券代码	证券简称	证券代码	证券简称	证券代码	证券简称
510050	50ETF	512200	地产 ETF	513330	恒生互联	515750	科技 50
510150	消费 ETF	512290	生物医药	513500	标普 500	515790	光伏 ETF
510180	180ETF	512330	信息 ETF	513550	港股通 50	515800	800ETF
510210	综指 ETF	512400	有色 ETF	513660	恒生通	515880	通信 ETF
510230	金融 ETF	512480	半导体	513900	港股 100	515920	智能消费
510300	300ETF	512500	中证 500	515000	科技 ETF	515980	人工智能
510310	HS300ETF	512510	ETF500	515010	华夏证券	516020	化工 ETF
510330	华夏 300	512520	MSCIETF	515030	新汽车	516050	科技龙头
510360	广发 300	512580	环保 ETF	515050	5GETF	516080	创新医药
510390	平安 300	512660	军工 ETF	515070	AI 智能	516120	化工 50
510500	500ETF	512670	国防 ETF	515080	中证红利	516150	稀土产业
510510	广发 500	512680	军工基金	515120	创新药	516160	新能源
510580	ZZ500ETF	512690	酒 ETF	515170	食品饮料	516220	化工龙头

181

续表

证券代码	证券简称	证券代码	证券简称	证券代码	证券简称	证券代码	证券简称
510590	平安500	512700	银行基金	515180	100红利	516780	稀土ETF
510710	上50ETF	512710	军工龙头	515250	智能汽车	516800	智能制造
510810	上海国企	512720	计算机	515260	电子ETF	516880	光伏50
510880	红利ETF	512760	芯片ETF	515290	银行	517000	沪港深
510900	H股ETF	512800	银行ETF	515320	电子50	517050	互联网50
511010	国债ETF	512880	证券ETF	515330	天弘300	517080	HGS500
511380	转债ETF	512900	证券基金	515380	泰康300	517100	AH500ETF
512000	券商ETF	512910	100ETF	515390	HS300	517300	AH300ETF
512010	医药ETF	512980	传媒ETF	515560	证券E	518800	黄金基金
512070	证券保险	512990	MSCIA股	515580	中证科技	518880	黄金ETF
512090	MSCI易基	513030	德国30	515650	消费50	588000	科创50
512100	1000ETF	513050	中概互联	515660	沪深300E	588050	科创ETF
512160	MSCI基金	513090	香港证券	515700	新能车	588080	科创板50
512170	医疗ETF	513100	纳指ETF	515710	食品ETF	588090	科创板

表8.10 深圳证券交易所可进行融资融券交易的ETF名单

证券代码	证券简称	证券代码	证券简称	证券代码	证券简称
159801	芯片基金	159902	中小100	159948	创业板EF
159806	新能车	159905	深红利	159949	创业板50
159807	科技50	159915	创业板	159952	创业ETF
159813	芯片	159919	300ETF	159960	恒生国企
159819	AI智能	159920	恒生ETF	159966	创蓝筹
159820	500ETF基	159922	500ETF	159967	创成长
159824	新能汽车	159925	南方300	159968	ZZ500ETF
159825	农业ETF	159928	消费ETF	159977	创业板TH
159828	医疗ETF	159929	医药ETF	159992	创新药
159837	生物科技	159934	黄金ETF	159993	龙头券商
159850	H股50	159937	博时黄金	159994	5GETF

续表

证券代码	证券简称	证券代码	证券简称	证券代码	证券简称
159856	互联网50	159938	医药	159995	芯片ETF
159869	游戏ETF	159939	信息技术	159996	家电ETF
159870	化工ETF	159940	金融	159997	电子ETF
159901	深100ETF	159941	纳指ETF	159998	计算机

2．ETF期权

ETF期权是指以ETF指数基金为标的物的期权。目前上市交易的ETF期权共有三个。上海证券交易所有两个，分别是50ETF期权和300ETF期权。深圳证券交易所有一个，为300ETF期权。它们之间的主要区别在于标的物不同：50ETF期权的标的物是华夏上证50ETF指数基金（代码为510050）；上海证券交易所300ETF期权的标的物是华泰柏瑞300ETF指数基金（代码为510300）；深圳证券交易所300ETF期权的标的物是嘉实300ETF指数基金（代码为159919）。

第3篇　投资实战篇

第9章
定投让自己慢慢变富

通过对以上 8 章内容的学习，我们知道了为什么要做投资、投资的心理准备工作，以及指数基金的基础知识。从本章开始，我们进入投资实战篇，通过列举案例帮助大家了解定投和资产配置，从而打造属于自己的"生钱机器"。

定投是一种简单、有效、容易上手，却不乏深刻内涵的策略。在本章中，我们从什么是定投开始，然后给大家总结定投的好处，最后告诉大家如何开始定投操作。

9.1 什么是定投

9.1.1 DCA（Dollar-Cost Averaging）策略

定投的概念源自 DCA 策略，直译过来是现金成本平均策略。在这个策略中，投资者为了减少价格波动的影响，会把总投资金分为很多份，在一定时间范围内，定期投资到目标资产当中。无论资产价格如何变化，投资者都会按照计划定期进行购买。

例如，小明有 10 万元打算投资到指数基金 A，但是不能判断当前是不是最好的买入点，如果不小心买在高点，可能好几年都不能回本。于是小明打算采用 DCA 策略买入。他把 10 万元分成 20 份，一份 5000 元。不论价格是多少，小明都在每个月 1 日买入指数基金 A，连续买入 20 个月，将 10 万元全都投入市场，如图 9.1 所示。

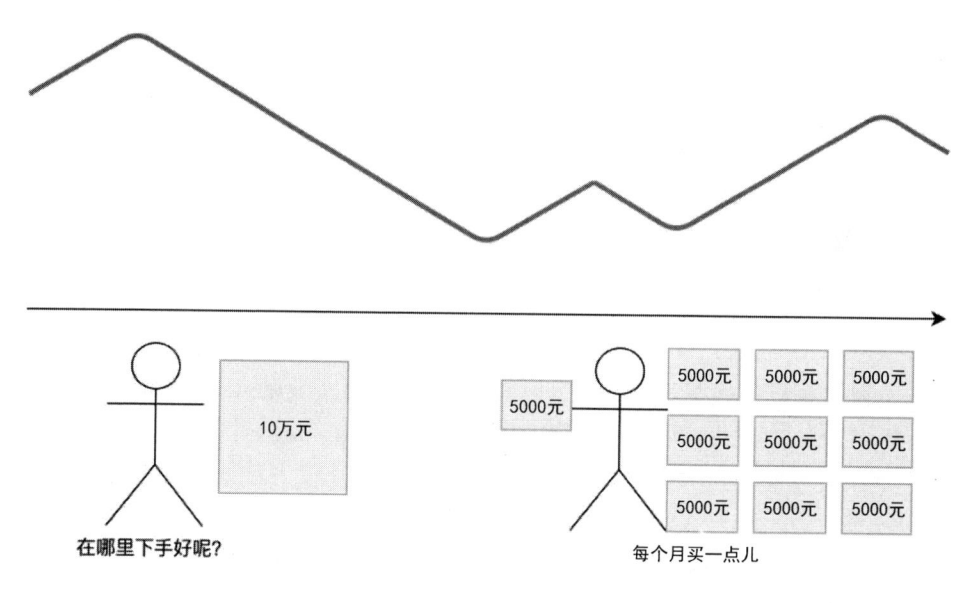

图 9.1 DCA 策略示意图

DCA 策略和试图"低买高卖"的择时策略完全不同，它放弃了对市场短期趋势的判断，非常适合对价值标的进行长期投资。DCA 策略也被称为"定额计划"，这就和我们要讲解的"定投"非常类似了。

9.1.2　基金定投

DCA 策略只是一种买入策略，可以应用于各类资产。在中国我们见得最多的、讨论最多的是基金定投。基金定投是基金公司基于 DCA 策略面向投资者推出的一种自动投资方案，基金定投的全称是定期定额投资基金。顾名思义，基金定投就是在固定的时间将固定的金额投资到指定的开放式基金中。

基金定投操作起来非常容易，对于场外资金，基金公司自有平台和很多第三方销售机构都提供了定投的选项，投资者只要绑定银行卡，设定投资周期、每次的投资时间和投资金额就可以了。例如，每月 1 日自动转入 500 元，申购某只指数基金。只要银行卡余额充足，每个月的投资计划就会自动进行，省时省力。

而对于 ETF 来说，证券公司通常没有自动投资的功能，投资者如果要采用定投的策略，需要算好时间，按时在证券交易平台自行操作。这其实增加了定投的难度，降低了定投的成功率。

9.2　定投的原理

我们为什么要以定投的方式投资指数基金呢？这要从定投的原理说起。

9.2.1　在时间维度分散风险

美国作家托尼·罗宾斯在他创作关于财富积累的畅销书——《钱：7 步创造终身收入》的过程中，采访了包括指数基金之父约翰·博格、投资传奇巴菲特、桥水基金管理人雷·达里奥、耶鲁基金会管理人戴维·斯文森等数十位投资界公认的神级人物。他们有不同的投资风格，擅长不同的投资领域，但是总结下来，获得高投资收益有最主要的两条路：第一条路是找到风险—收益不对称的机会；第二条路是资产配置。

第一条路适合职业投资者，他们把投资当作职业，把全部的时间和精力投入对市场的观察、分析和研究当中，寻找风险—收益不对称的机会，迅速决策，并且根据最新的市场信息，随时修正投资决策。第二条路适用于所有投资者。资产配置是本书的重要理念，我们在之前的很多章节中提到了这个概念，后面也会列举更多资产配置的案例。

我们经常听说，对房地产来说，最重要的是位置、位置，还是位置。而对投资来说，想要获得更高的收益率，同时尽可能降低风险，最重要的是分散、分散，还是分散。指数基金作为一篮子股票，本身已经在资产层面做了分散，而定投则是在时间层面进行分散。

让我们举一个简单的例子，方便大家理解。假设有三只基金 A、B、C，它们的走势如图 9.2 所示。

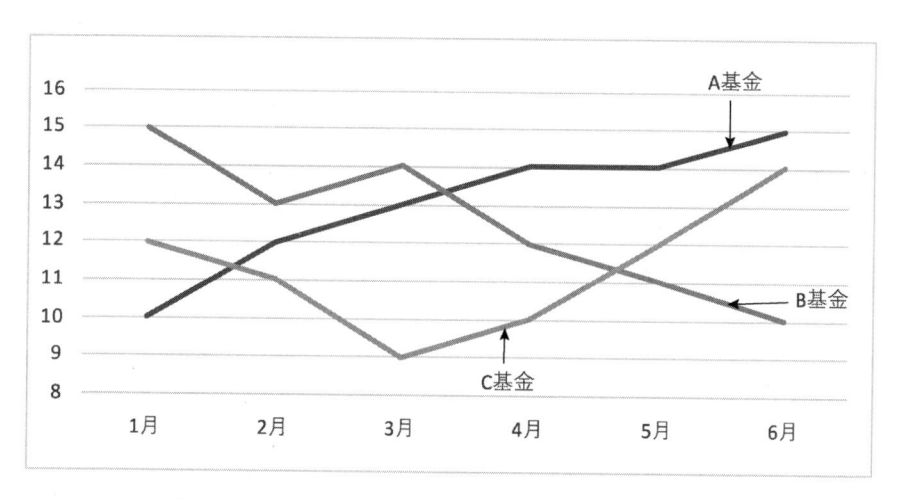

图 9.2　A、B、C 三只基金在 6 个月内的走势示例图

A、B、C 三只基金在 6 个月内的价格变化如表 9.1 所示。

表 9.1　A、B、C 三只基金在 6 个月内的价格变化

时间	A 基金	B 基金	C 基金
1 月	10 元	15 元	12 元
2 月	12 元	13 元	11 元
3 月	13 元	14 元	9 元
4 月	14 元	12 元	10 元
5 月	14 元	11 元	12 元
6 月	15 元	10 元	14 元

现在，我们有两种方式投资这三只不同的基金，一种是一次性买入 6000 元，另一种是用定投的方式每个月买入 1000 元。让我们来看看这两种方式在

收益率上有什么差别。

首先我们看 A 基金，在考察期内一直是单边上涨的，在这种情况下，一次性投入所有投资款和分 6 次定投，收益会有什么样的差异呢？如图 9.3 所示。

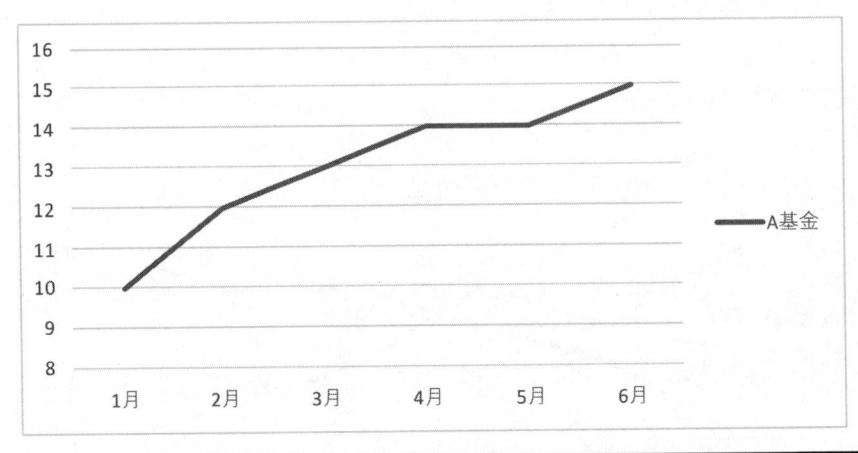

时间	A 基金 价格（元）	一次性投资 投入金额（元）	股份总数	定投策略 投入金额（元）	股份总数
1 月	10	6000	600	1000	100.00
2 月	12	0	600	1000	183.33
3 月	13	0	600	1000	260.26
4 月	14	0	600	1000	331.68
5 月	14	0	600	1000	403.11
6 月	15	0	600	1000	469.78
资产总额（元）		9000.00		7046.70	
收益率		50%		17%	

图9.3 A 基金在 6 个月内的趋势图和收益对比

A 基金在考察期内价格一直在上涨。在这样的情况下，如果在一开始就把所有资金 6000 元买入基金 A，6 个月后的收益率是 50%；面对同样的行情走势，如果采用定投的方式，每个月投入 1000 元，那么 6 个月后总资产是 7046.70 元，收益率是 17%，要低于一次性投入所有资金的情况。

第 9 章 定投让自己慢慢变富

我们发现，在这种单边上涨的行情下，一次性投资的收益会高于定投策略。原因也很好理解，如果基金的价格会一直走高，那么在开始低点的时候把资金全部投入获得的回报最大。然而，问题在于没有人能够提前预判市场。定投策略在单边上涨的行情中可能不是收益最高的策略，但有一些投资经验的人可能都知道，比起损失部分收益，在单边上涨的市场中，最大的遗憾是因为恐惧或者贪婪，一直等待回调而错过进场，就是所谓的"踏空"。

看过了单边上涨的情况，我们再来看一个下跌的情况。B 基金在 6 个月的考察期里整体上呈现了下跌的走势。在这种情况下，一次性买入和定投的结果会有什么不同呢？如图 9.4 所示。

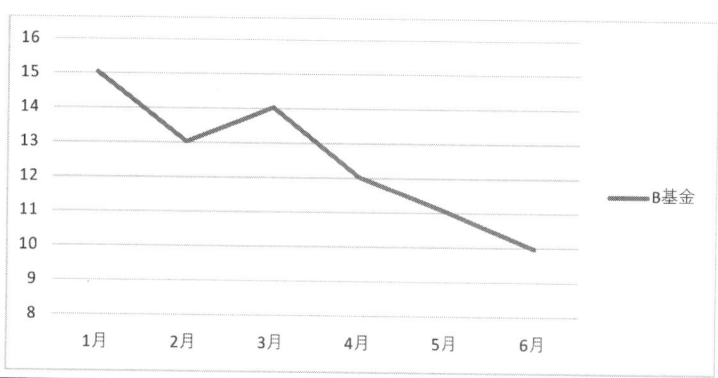

时间	B 基金	一次性投资		定投策略	
	价格（元）	投入金额（元）	股份总数	投入金额（元）	股份总数
1 月	15	6000	400	1000	66.67
2 月	13	0	400	1000	143.59
3 月	14	0	400	1000	215.02
4 月	12	0	400	1000	298.35
5 月	11	0	400	1000	389.26
6 月	10	0	400	1000	489.26
资产总额（元）		4000.00		4892.61	
收益率		−33%		−18%	

图 9.4　B 基金在 6 个月内的趋势图和收益对比

如果在期初一次性投入 6000 元的资金到 B 基金，期末的总资产是 4000

元，亏损33%；面对同样的走势，如果采用定投的方式，期末总资产是4892.61元，亏损18%。在这个情形下，定投策略的亏损是小于一次性投资的。

在上面两个例子中，我们可以看到定投在时间维度上的分散作用。在单边行情中，不论是上涨，还是下跌，定投策略都会把收益率向中间拉平，减少了价格波动对收益的影响。

9.2.2 微笑曲线

我们再来看看C基金的情况，在考察期内，C基金经历了先下跌、后上涨的过程，形成了一个下凹的曲线。在这种情况下，两种投资策略会产生什么结果呢？如图9.5所示。

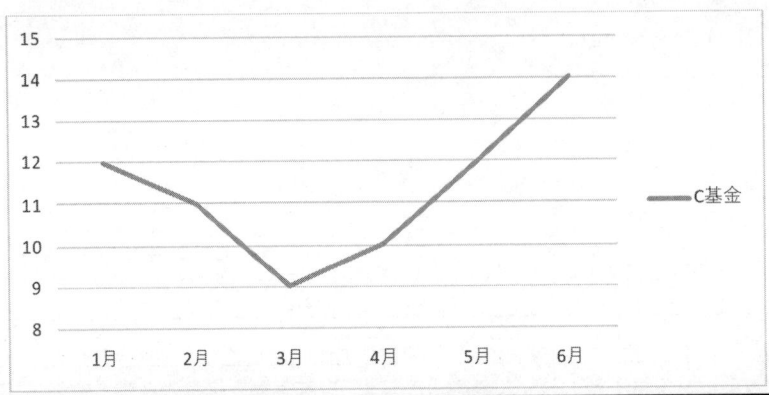

时间	C基金 价格（元）	一次性投资 投入金额（元）	股份总数	定投策略 投入金额（元）	股份总数
1月	12	6000	500	1000	83.33
2月	11	0	500	1000	174.24
3月	9	0	500	1000	285.35
4月	10	0	500	1000	385.35
5月	12	0	500	1000	468.69
6月	14	0	500	1000	540.12
资产总额（元）		7000.00		7561.62	
收益率		17%		26%	

图9.5 C基金在6个月内的趋势图和收益对比

在 C 基金的案例中，如果在期初一次性地投资 6000 元，6 个月后资产总额是 7000 元，收益率是 17%；面对同样的价格走势，如果采用定投策略，每个月投入 1000 元，那么期末的资产总额是 7561.62 元，收益率是 26%，高于一次性投资的收益。

定投策略会在固定时间以固定的金额买入基金，不论基金的价格是上涨还是下跌。在 C 基金的案例中，当价格下跌的时候，同样的资金能够买到的基金份额会变多。虽然在 2 月、3 月、4 月投资都处在亏损状态，但是定投策略要求持续买入，从而摊平了总的投资成本，如表 9.2 所示。

表 9.2　C 基金在一次性投资和定投策略下不同阶段的收益率对比

时间	C 基金	一次性投资				定投策略				
	价格（元）	投入金额（元）	股份总数	当前资产（元）	当前收益率	投入金额（元）	买入份额	股份总数	当前资产（元）	当前收益率
1 月	12	6000	500	6000	0%	1000	83	83	1000	0%
2 月	11	0	500	5500	−8%	1000	91	174	1917	−4%
3 月	9	0	500	4500	−25%	1000	111	285	2568	−14%
4 月	10	0	500	5000	−17%	1000	100	385	3854	−4%
5 月	12	0	500	6000	0%	1000	83	469	5624	12%
6 月	14	0	500	7000	17%	1000	71	540	7562	26%
资产总额（元）		7000.00				7561.62				
收益率		17%				26%				

我们可以看到，在 C 基金价格下降的过程中，每次用 1000 元买到的基金份额在增加。

类似 C 基金这种先跌后涨的弧线走势，我们称为定投的微笑曲线。这是最适合定投的走势。我们会发现，很多时候即使基金本身没有涨幅，只要有微笑曲线，定投策略就可以有不错的收益。我们用熟悉的沪深 300 指数举例，如图 9.6 所示。

一次性投资的方案是在 2018 年 5 月 2 日，一次投入 10 万元购买沪深 300 指数相关联的指数基金，为了简化，我们就假设指数点位为基金价格，然后在 2019 年 2 月 28 日一次性卖出。

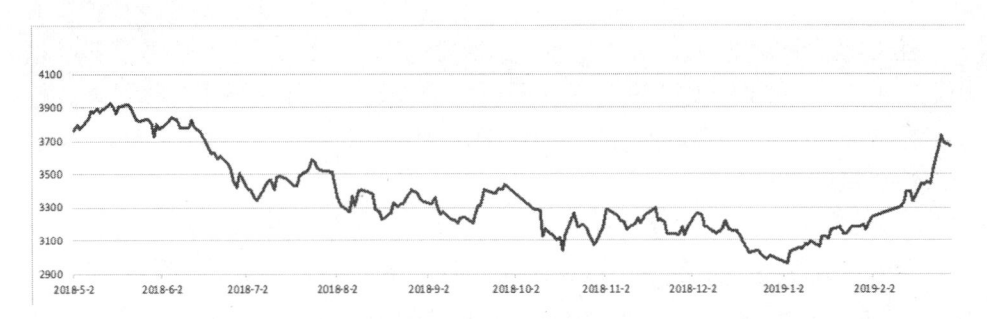

图 9.6 沪深 300 指数的走势图（2018 年 5 月 2 日至 2019 年 2 月 28 日）

数据来源：万得资讯。

定投策略的方案是，在每个月第一个交易日，用 1 万元买入沪深 300 指数相关联的指数基金，连续买入 10 个月，共投入 10 万元，然后在 2019 年 2 月 28 日一次性卖出。为了方便理解，我们把期初、期末，以及每一个月的第一个交易日的价格和买入情况罗列出来，如表 9.3 所示。

表 9.3 沪深 300 指数的定投收益示例

时间	沪深 300 指数	一次性投资 投入资金（元）	份额	定投策略 投入资金（元）	份额
2018-05-02	3763.6461	100000	26.5699796	10000	2.65699796
2018-06-01	3770.5891	0	0	10000	2.65210548
2018-07-02	3407.9638	0	0	10000	2.93430347
2018-08-01	3447.3882	0	0	10000	2.90074672
2018-09-03	3321.8248	0	0	10000	3.01039356
2018-10-08	3290.8988	0	0	10000	3.03868354
2018-11-01	3177.0338	0	0	10000	3.14759006
2018-12-03	3260.9502	0	0	10000	3.06659084
2019-01-02	2969.5353	0	0	10000	3.36753027
2019-02-01	3247.3971	0	0	10000	3.07938934
期末 2019-02-28	3669.3703	100000	26.5699796	100000	29.8543312
资产总额（元）		97495.0939		109546.596	
收益率		−2.50%		9.55%	

我们发现，总体上沪深 300 指数是没有上涨的，一直到期末也没有回到期初的点位。但是如果采用定投策略，是可以赚钱的。在这 10 个月的行情里面，运用定投策略可以轻松实现 9.55%的收益率，这就是定投的微笑曲线的魅力。

9.2.3 定投+指数基金的神奇组合

虽然之前我们已经讲了很多关于指数基金和定投的知识了，但现在还是想把定投指数基金的好处系统地给大家罗列一下，让大家能够更清楚地理解为什么"定投+指数基金"获得了行业大佬的推崇，并成为普通投资者的首选。

1. 省时省力

虽然财商、理财这些概念越来越红火，也有越来越多的人参与到证券、基金的投资当中，但是真正能够像专业投资者那样拿出足够的时间和精力去搜集信息、做调研的人还是少之又少，毕竟大多数人还有繁忙的日常工作和家庭生活。

在这种情况下，定投指数基金就是一个不错的策略，投资者不用绞尽脑汁地判断市场走势，甚至都不用打开行情软件盯盘。定投不会让你短期暴富，从长期来看却是可以放心坚持的投资策略。投资者不用担心自己是不是买在了高点，不用担心错过牛市踏空收益，也不用为了资本市场频频爆出的利空消息而担惊受怕。

所以，定投指数基金是省时省力、有助于创造幸福生活的长期策略。

2. 个人财富的积沙成塔

定投指数基金可以起到被动储蓄的作用。我们当下生活的环境中到处充斥着商业广告，刺激大家消费，想存点儿钱下来变得越来越难。如果你看了本书，打算尽早开始做个人财富积累，那么定投指数基金就是不错的选择。每个月拿出收入的 10%~20%投入到指数基金当中，长期坚持下来你会惊奇地发现，可能只是少了一些奖励性消费，如奶茶、可买可不买的新衣服，并不会严重地影响你当月的生活水平，并且你会惊讶于自己竟然积累了这么多的资产。

3. 长期复利效应

定投是将收益再投资的策略，有效地利用了复利的力量。投资时间越长，复利产生的收益就越大，我们在投资理念篇中举过很多关于复利的例子，相信大家还有印象。

4. 操作方便

各个基金公司、销售平台都推出了基金定投业务，投资者可以在基金购买点办理定投业务。现在，投资者也可以在网上进行基金的申购、赎回等交易，实现基金账户与银行资金账户的绑定，设置申购日、金额、期限、基金代码等，操作很方便。

9.3 如何挑选定投的指数基金

既然定投指数基金有这么多好处，那么怎么开始呢？首先我们要选择定投的标的。我们列举了几个选择定投标的的标准，供大家参考。

9.3.1 是宽基指数还是行业指数

从打造"生钱机器"的角度来看，这个机器的主体应该是宽基指数。

我们都听过一句话："个股会死，指数不死"，而行业指数似乎趋于个股和宽基指数之间。因为行业有非常明显的周期性，有自己的生命周期。如果说对宽基指数的信心来自整个市场经济发展的确定性，那么对行业指数来说，影响因素就要复杂得多。

我们以传媒行业为例来说明。传媒行业在 2015 年左右迎来了市场高峰期，各种并购、扩展不断。而后，行业政策、市场环境都发生了变化，整个行业受到了很大的影响。我们把中证传媒指数和沪深 300 指数的走势图叠加在一起，很容易看出传媒行业在市场中的表现，如图 9.7 所示。

可想而知，如果你把自己的主要资产投入传媒行业的指数基金中，结果可能不会让你开心。

第 9 章 定投让自己慢慢变富

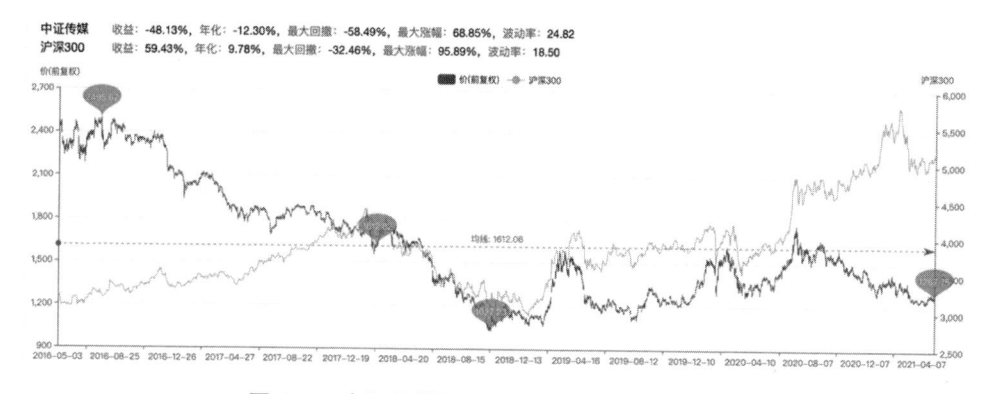

图 9.7 中证传媒指数过去 5 年的行情走势图

数据来源：乌龟量化。

除此之外，还有一类比较受关注的指数是主题指数，一般是最近的一些热点话题，如 5G、电动车、白酒等。和行业指数一样，这些指数都不适合作为个人积累财富的选择。从某种意义上来说，行业指数、主题指数和个股的选择类似，受产业周期和主题热度的影响，不确定因素多，风险大。

如果你真的想要投资，可根据我列出来的几个标准，逐一核对，看看是不是满足。

1. 你对这个行业有深刻的见地

当投资者想要买入某一只股票或者基金的时候，通常是有自己的理由的。只有对行业有深刻的理解和判断，才能保证投资过程是理性和坚定的，最后才有可能获得收益。如果你的理由是下面这些理由中的任何一个，都不足够让你买入一只股票或者基金。

- 因为之前价格涨了很多，所以觉得有前景。
- 听亲戚、朋友推荐，他们自己也买了很多。
- 听投资大佬在媒体站台推荐。
- 听内部人说了一些利好消息。
- 听说即将有政策利好。

以上任何一个理由都不能说明你对这个行业有所了解，如果想买，不妨告诉自己："我就是单纯地希望这个指数会涨，我愿意掏钱去赌一下。"如果是这样，你愿意把自己的大部分积蓄放进去吗？应该不会吧。

2. 指数的成分股数量不低于50

当我们仔细去研究行业指数和主题指数的时候，会发现很多类似指数的成分股数量都很少。例如，中证白酒指数的成分股数量是16，CS新能车指数的成分股数量是33，国证芯片指数的成分股数量是30，等等。

指数的成分股数量少，有可能是因为行业规模小，或者是因为行业风险集中在几个大的公司。这些都会增加指数的波动，也容易导致流动性问题出现。

3. 挑选存续时间长的指数和相关基金

随着市场对指数基金喜爱程度的增加，对新指数的需求也越来越多，市场上各类指数层出不穷。我们发现大部分指数在编制之后，使用的人并不多，有一些指数在热点过去之后就被打入"冷宫"了。所以，如果要选择行业或者主题指数基金，基金的存续时间就变得很重要。基金至少要成立三年以上，才能说明该指数有长期投资的价值，同时说明基金的管理者对行业和热点有一定的研究和经验积累。

总之，从打造以个人财富积累为目标的"生钱机器"的角度来看，首选与宽基指数相关的指数基金，慎重选择行业指数或者主题指数的相关基金。

9.3.2 什么样的指数基金最适合定投

从定投的原理和目标我们可以总结出来，最适合定投的指数基金应该表现出两个特点：首先，从长期来看上涨趋势不变；其次，中短期有波动，经常会出现"微笑曲线"。我们分别来讲解。

1. 从长期来看上涨趋势不变

我们在第一章中就验证过一个对资产的基本认识——从长期来看股权资产是收益最高的资产，远超债权、房地产、黄金等。我们回顾一下美国标准普尔500指数从成立之初到现在的走势，如图9.8所示。

从图9.8可以看出，美国标准普尔500指数从成立之初到现在呈现出非常明显的上涨趋势。我们聚焦一下，看看最近20年美国标准普尔500指数的走势，如图9.9所示。

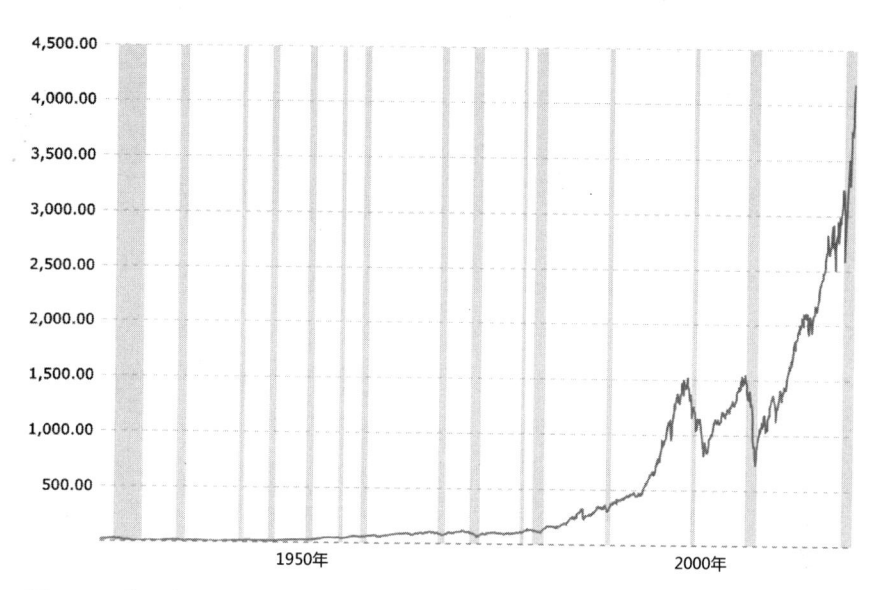

图 9.8　美国标准普尔 500 指数的历史数据（1928 年 3 月至 2021 年 4 月）

注：灰色显示的是经济萧条时期。

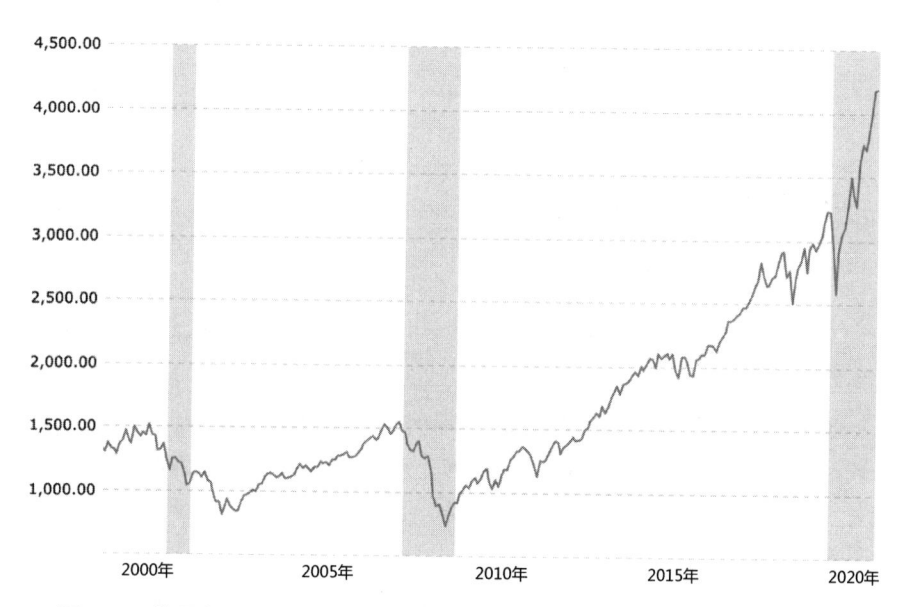

图 9.9　美国标准普尔 500 指数最近 20 年的走势（2000 年至 2020 年）

图 9.9 所示的美国标准普尔 500 指数最近 20 年的走势看上去是非常激动人心的。美国最近有一种说法，称在 1980—1995 年左右出生的人为"新的失

去的一代"（New Lost Generation）。因为这些人在刚进入职场、参加工作的时候就遇到了 2008 年的金融危机，在职业发展的黄金年龄段遇到了经济萧条、失业、债务，错失了积累财富的机会，从而生活一直都缺乏经济安全感。这也是美国第一次出现新的一代人的财富积累赶不上他们的父母或者祖父母。

我们看看沪深 300 指数自编制以来的走势，如图 9.10 所示。

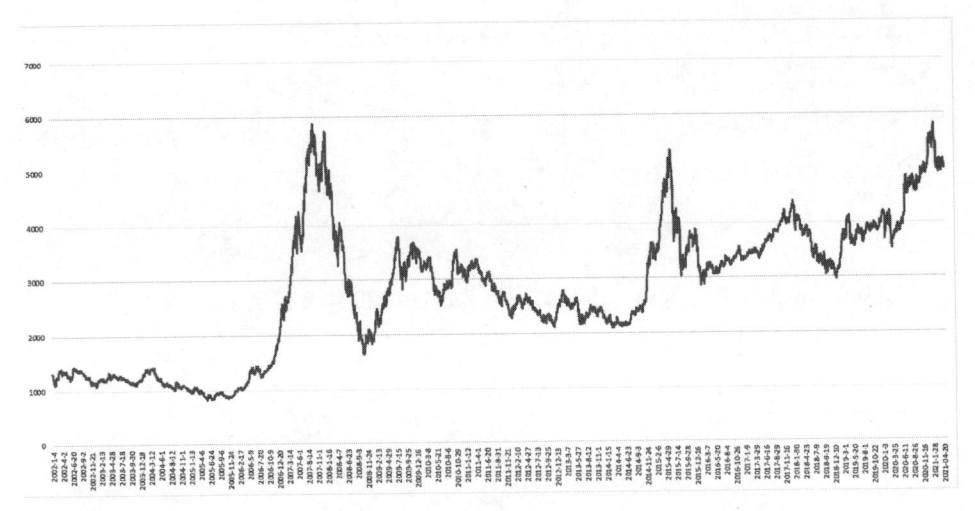

图 9.10　沪深 300 指数自编制以来的走势（2002 年 1 月至 2021 年 4 月）

虽然沪深 300 指数的走势比标准普尔 500 指数的走势要更加跌宕起伏，但是长期向上的趋势是不变的。

不过这些都是历史数据，我们怎么才能判断未来这些宽基指数还是整体向上的呢？

金融市场总是充斥着各种各样的消息：来自全球格局的，来自国家政策的，来自资金流向的，来自公司治理的，等等。这些消息会同时影响资产价格，这让在中短期内判断价格走向变得异常困难，对非职业的普通投资者来说几乎是不可能完成的任务。

然而，时间是神奇的解药，从长期来看很多变幻莫测的因素会在时间的维度上相互抵消，最后剩下一些不变的因素。那么，什么是不变的因素呢？

我们说的长期是 10 年以上，对定投来说，时间周期可以定为 15 年以上。在这样的时间维度上，科技进步对生产效率的提升是不变的，国家经济的增

第9章 定投让自己慢慢变富

长是不变的。当然，肯定有人较真儿，为什么不变呢？但是，当出现"黑天鹅事件"的时候，我们可能已经不关心个人财富积累这件小事了。

回顾人类漫长的历史，科技进步对生产效率的提升从来没有改变过。只要这件事情不变，经济增长这件事从长期来看就一定会发生。

总之，市场上主要的宽基指数基本上可以满足长期上涨趋势不变的要求。

2. 中短期有波动

长期上涨趋势确定了，为什么还要中短期有波动呢？我们曾经做过对比，在一个单边上涨的市场中，最好的策略是一次性买入，或者说，有多少钱就投入多少钱到市场，越早进场越好。然而，到目前为止我们好像还没有找到一直上涨且没有波动的资产。

相对于标准普尔500指数，沪深300指数更适合定投，因为从历史数据来看，沪深300指数的波动更大。我们选取了几个过去的时间点，分别看看如果一次性投入所有资金，截至2021年4月30日收盘，沪深300指数的回报率是多少，如表9.4所示。

表9.4 沪深300指数在不同时间点的投资结果对比

标点	时间	沪深300指数的收盘点位	持有时间（年）	收益率	年化收益率
A	2002-01-04	1316.455	19.32	289.19%	7.29%
B	2007-10-16	5877.202	13.54	−12.82%	−1.01%
C	2008-11-04	1627.759	12.48	214.76%	9.62%
D	2009-08-03	3787.033	11.74	35.29%	2.61%
E	2014-07-10	2142.847	6.81	139.10%	13.66%
F	2019-01-03	2964.8421	2.32	72.89%	26.57%
期末	2021-04-30	5123.490			

注：收益率=期末指数点位/买入时的指数点位−1。

我们发现，如果在2002年1月进场，持有该指数一直到2021年4月底，那么总资产是投入时候的3.89倍；但是，如果在2007年10月入场，持有该指数一直到2021年4月底，那么收益是亏损的。这也是很多人说的，买指数买到高点，十几年回不了本。考虑到投资时长的因素，我们算出了不同时间点入场的年化收益率，在最后一列。我们把这几个时间点对应的收盘点位在走势图里面标出来,让大家更直观地感受一下,如图 9.11 所示。

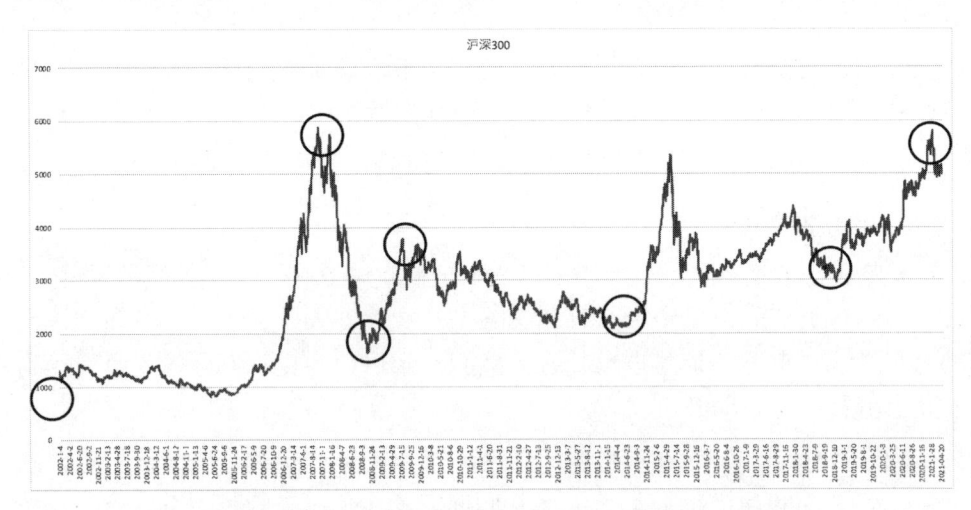

图 9.11　沪深 300 指数在不同时间点买入的示意图(2002 年 1 月至 2021 年 4 月)

每次看到这样的示意图,波段投资者都会跃跃欲试,希望大家在投资之前回顾一下我们讲过的"择时陷阱"和"散户投资者的投资心态图"。低买高卖看上去很美,却不容易做到。

那么,如果定投沪深 300 指数,情况又会是怎样的呢?

假设从 2002 年开始,小明每个月第一个交易日定投 1000 元到沪深 300 指数,一直到 2021 年 4 月。截至 2021 年 4 月 30 日,小明拥有的资产如表 9.5 所示。

表 9.5　小明定投沪深 300 指数的测算演示

时间	沪深 300 指数	投入(元)	获得股份	总股份	总资产(元)	当下总投入(元)	当下收益率
2002-01-04	1316.455	1000	0.760	0.76	1000.00	1000	0.00%
2002-02-01	1215.743	1000	0.823	1.58	1923.50	2000	−3.83%
2002-03-01	1227.229	1000	0.815	2.40	2941.67	3000	−1.94%
2002-04-01	1317.579	1000	0.759	3.16	4158.24	4000	3.96%
2002-05-08	1342.292	1000	0.745	3.90	5236.23	5000	4.72%
2002-06-03	1213.388	1000	0.824	4.73	5733.38	6000	−4.44%

第 9 章 定投让自己慢慢变富

续表

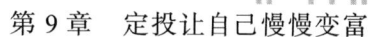

时间	沪深300指数	投入（元）	获得股份	总股份	总资产（元）	当下总投入（元）	当下收益率
2002-07-01	1415.33	1000	0.707	5.43	7687.58	7000	9.82%
2002-08-01	1355.303	1000	0.738	6.17	8361.53	8000	4.52%
2002-09-02	1362.152	1000	0.734	6.90	9403.79	9000	4.49%
2002-10-08	1272.939	1000	0.786	7.69	9787.90	10000	-2.12%
2002-11-01	1227.849	1000	0.814	8.50	10441.19	11000	-5.08%
2002-12-02	1132.929	1000	0.883	9.39	10634.02	12000	-11.38%
2003-01-02	1074.984	1000	0.930	10.32	11090.13	13000	-14.69%
2003-02-10	1190.459	1000	0.840	11.16	13281.44	14000	-5.13%
2003-03-03	1223.408	1000	0.817	11.97	14649.04	15000	-2.34%
2003-04-01	1223.559	1000	0.817	12.79	15650.84	16000	-2.18%
2003-05-12	1251.309	1000	0.799	13.59	17005.80	17000	0.03%
2003-06-02	1300.486	1000	0.769	14.36	18674.14	18000	3.75%
2003-07-01	1215.199	1000	0.823	15.18	18449.47	19000	-2.90%
2003-08-01	1226.239	1000	0.816	16.00	19617.08	20000	-1.91%
……							
2020-01-02	4152.2408	1000	0.241	104.57	434196.17	217000	100.09%
2020-02-03	3688.3578	1000	0.271	104.84	386688.33	218000	77.38%
2020-03-02	4069.6662	1000	0.246	105.09	427664.80	219000	95.28%
2020-04-01	3675.0758	1000	0.272	105.36	387198.89	220000	76.00%
2020-05-06	3936.2539	1000	0.254	105.61	415716.11	221000	88.11%
2020-06-01	3971.3402	1000	0.252	105.86	420421.64	222000	89.38%
2020-07-01	4247.7835	1000	0.235	106.10	450687.02	223000	102.10%
2020-08-03	4771.3108	1000	0.210	106.31	507232.91	224000	126.44%
2020-09-01	4842.1223	1000	0.207	106.52	515760.81	225000	129.23%
2020-10-09	4681.1412	1000	0.214	106.73	499613.84	226000	121.07%
2020-11-02	4720.8313	1000	0.212	106.94	504849.92	227000	122.40%
2020-12-01	5067.0983	1000	0.197	107.14	542880.03	228000	138.11%

续表

时间	沪深300指数	投入（元）	获得股份	总股份	总资产（元）	当下总投入（元）	当下收益率
2021-01-04	5267.7181	1000	0.190	107.33	565374.08	229000	146.89%
2021-02-01	5417.6484	1000	0.185	107.51	582465.81	230000	153.25%
2021-03-01	5418.78	1000	0.185	107.70	583587.47	231000	152.64%
2021-04-01	5110.78	1000	0.196	107.89	551416.73	232000	137.68%
2021-04-30（期末）	5123.49	1000	0.195	108.09	553788.05	233000	137.68%

注：(1) 和之前一样，我们假设沪深300指数的点位为基金价格，这样就不涉及具体的指数基金了。

(2) 为了简化，我们只计算了指数的点位波动带来的收益，忽略了分红。

(3) 当下收益率=期末总资产/投入资金总和。

在表9.5的最后一列，我们计算了从2002年1月4日到2021年4月30日定投沪深300指数的收益率。我们把从2002年1月4日到2021年1月4日的收益率用曲线表现出来，如图9.12所示。

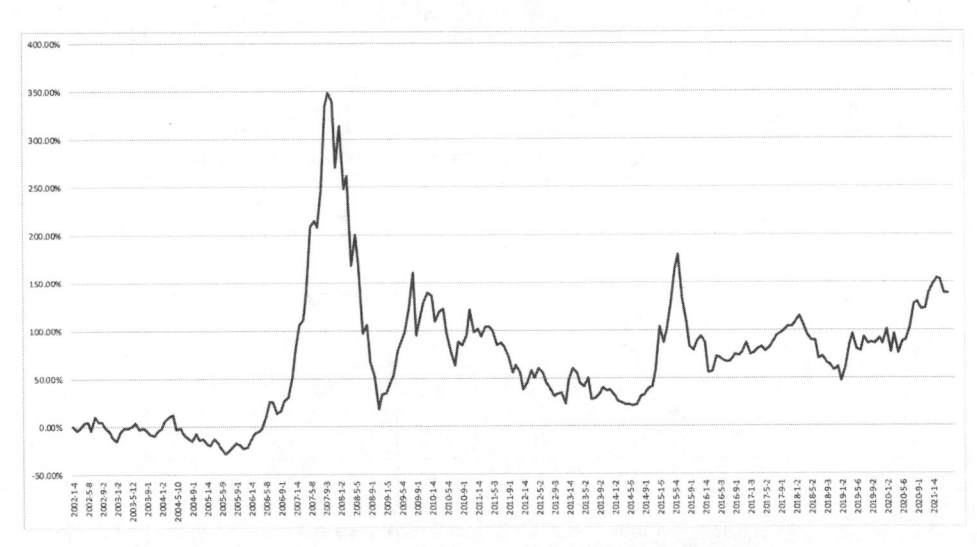

图9.12 定投沪深300指数在不同时间点的收益率曲线
（2002年1月4日至2021年1月4日）

第 9 章 定投让自己慢慢变富

通过观察图 9.12，我们有两点发现。

（1）在刚开始的一段时间内，定投是亏损的，随着时间的延长，收益率一直为正。

（2）当前时间点的收益率很大程度上和当前的指数点位有关系，对比沪深 300 指数在这段时间内的走势图，我们会发现和图 9.12 所示的定投沪深 300 指数在不同时间点的收益率曲线是非常相似的。

这也给定投提出了一个新的问题，就是何时卖出。这一点我们会在第 10 章向大家说明。

回到小明定投的例子里面，除了看当前时间点的定投收益率，我们还可以算一个数值，即如果从某个时间点开始定投，截至 2021 年 4 月 30 日收盘的收益率是多少。也就是说，在结束时间不变、开始时间变化的情况下，收益率会如何变化呢？如图 9.13 所示。

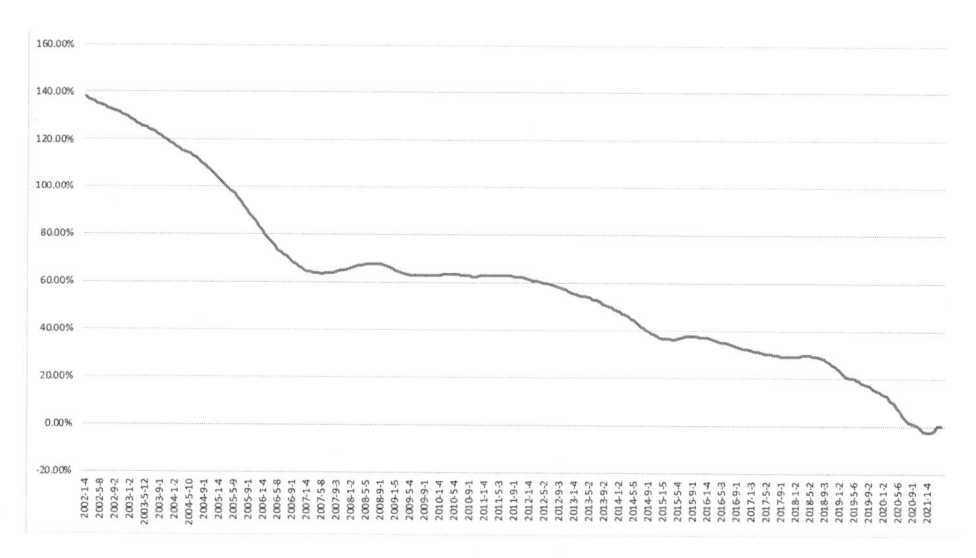

图 9.13 定投沪深 300 指数开始时间不同对收益率的影响
（2002 年 1 月 4 日至 2021 年 1 月 4 日）

图 9.13 非常清晰地说明，虽然沪深 300 指数在 2001 年 1 月至 2021 年 4 月这段时间内跌宕起伏，但对定投来说，越早开始，收益率越高。

总之，对定投来说，最适合的资产是那些长期保持增长趋势，同时中短期波动较多的资产。从这个角度来看，宽基指数是非常合适的选择。

9.3.3 定投指数基金的筛选标准

锁定了要定投的指数，接下来就需要在跟踪这个指数的指数基金里面筛选出具体的定投标的了。筛选的标准基本上等同于我们在 7.3 节中提到的标准，如下所示。

（1）成立时间大于 3 年，基金的资产规模大于 5 亿元。

（2）运营费率越低越好。

（3）跟踪误差越小越好。

当我们用上面的标准去筛选指数基金的时候，会发现以某个指数为跟踪标的的 ETF 基本在上述各条标准上都要好于以这个指数为跟踪标的的场外指数基金。那么，场外指数基金是不是就完全没有机会了呢？在实际操作中，我们发现很多人会选择定投场外指数基金，这也是有原因的。

首先，定投场外指数基金操作方便。不论你在银行、券商、基金公司，还是在一些基金网站申购基金，平台都会提供定投功能。投资者只要绑定银行卡，设置好定投金额、周期，保证卡里余额充足，定投就会自动完成，省时省力。而 ETF 需要投资者定期在证券公司的交易平台上购买二级市场的份额，劳心劳力。

其次，场外指数基金有利于长期持有。虽然 ETF 的一大优势是方便交易，但是在定投的世界里，方便交易并不总能带来好处。我们应该都有过这样的经验，在你投资了某项资产之后，总是时不时地想查看一下现在的资产价格，看看是赚了还是亏了。股票市场的行情软件既方便，价格变动也快，这会让在二级市场买入 ETF 的投资者时不时地就想打开看看价格，而投资者一看到价格就会有反应。价格涨的时候高兴，想着当初怎么没有多买点，然后就加仓；价格跌的时候就沮丧，开始怀疑定投这件事情是不是靠谱。各种心理活动很容易打乱定投的节奏，甚至迫使定投中断。

最后，如果要想获得复利效应，分红再投资是很重要的一个步骤。在定投场外指数基金的时候，基金销售机构都会提供这个选项，而投资者在二级市场定投 ETF 的时候，是没有这个选项的。每次 ETF 的分红都会以现金的形式被发放到投资者的账户当中。这一点我们在定投的时候需要注意一下。

所以，场外指数基金和 ETF 在定投方面是各有优缺点的，如图 9.14 所示。

第 9 章 定投让自己慢慢变富

场外指数基金

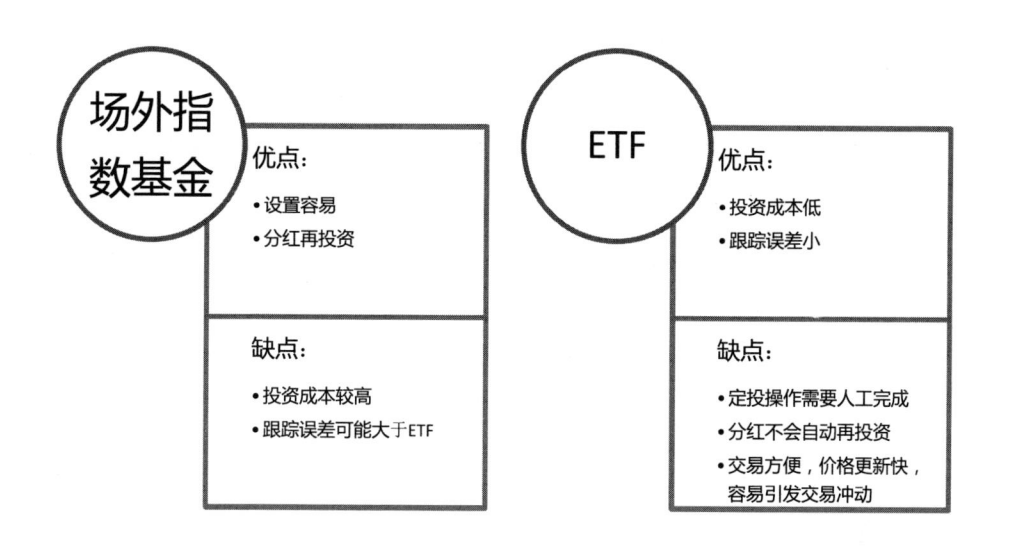

优点：
- 设置容易
- 分红再投资

缺点：
- 投资成本较高
- 跟踪误差可能大于 ETF

ETF

优点：
- 投资成本低
- 跟踪误差小

缺点：
- 定投操作需要人工完成
- 分红不会自动再投资
- 交易方便，价格更新快，容易引发交易冲动

图 9.14　场外指数基金和 ETF 在定投方面的优缺点对比

9.4　如何设置定投周期和定投额度

确定了要定投的指数，也选好了与该指数相关的指数基金，那么下一步就是设置定投周期和定投额度了。

9.4.1　设置定投周期

定投要多久投一次收益更高？对这个问题不少金融机构和学者都做过研究。根据历史回测的结果，简单来说，就是频率越高越好，但是差别并不显著。

我们还是以沪深 300 指数为例来说明，来计算过去十年（即 2011 年 1 月 4 日到 2020 年 12 月 31 日）在不同的投资周期内进行定投的结果如何。我们设置了三个定投周期，分别如下。

（1）每周二投资 1000 元，即定投周期为 1 周。

（2）每 2 周的周二定投 2000 元，即定投周期是 2 周。

（3）每 4 周的周二定投 4000 元，即定投周期是 4 周。

选择周二是因为 2011 年 1 月 4 日是星期二，方便计算，结果如表 9.6 所示。

表 9.6 以 1 周、2 周、4 周为定投周期，定投沪深 300 指数的收益率比较

定投周期	每期投资金额（元）	期数	总投入金额（元）	期末总资产（元）	收益率
1 周	1000	490	490000	819804.21	67.31%
2 周	2000	245	490000	820164.14	67.38%
4 周	4000	123	492000	822311.14	67.14%

注：（1）期末总资产是截至 2020 年 12 月 31 日定投份额所对应的资产总额；

（2）收益率=期末总资产/总投入金额-1。

在选定的这个时间段内，每 4 周定投的收益率要低于每周和每 2 周的收益率。当然，我们也会发现其实不论是每周、每 2 周还是每 4 周定投，收益率的差异是微乎其微的。所以作为普通投资者，我们没有必要在这个方面进行太多优化。

一般来讲，我们建议每个月或者每两周进行一次投资，周期再短可能操作起来会比较麻烦，再长就会使定投失去在时间维度上分散风险的作用。

那么在一个月中，究竟设置哪一天进行投资呢？通常月初和月末容易赶上节假日，放假之前和放假之后的第一个交易日容易有假期情绪，假期期间也会有消息面的累积，容易造成市场波动。所以，我们建议把定投时间放在月中。当然，如果你是每个月存不下钱的"月光族"，那么把定投日设置在发工资的下一天也是不错的选择。

对于参与双周定投的投资者，基于同样的原因，我们不建议其在周一或者周五进行定投。业内的说法是：周一有周末两天的消息面累积，容易造成市场波动；周一各个市场开始上班，准备公告，周二发布到市场，市场上的消息比较多，也容易引起市场波动；周五，周末情绪通常伴随着市场上涨。所以周三和周四两天相对比较平静，适合定投买入。

当然，这些都是经验，按照回测数据来看，定投时间对定投收益率的影响微乎其微。长期坚持定投远比对这些细节进行优化重要得多。

9.4.2 设置定投额度

设置好了定投周期，那么究竟一次要定投多少钱呢？这要根据每个人的收入和开销情况来确定。我们以按月定投为例，给大家提供几个方案做参考。

1. 增量定投，月收入的 10% 以上

对初入职场刚开始积累财富的年轻人，或者之前没有存款、开始积累资产的投资新手来说，每个月的定投金额应不低于月收入的 10%。当然，越高越好，这个也取决于你当下的收入水平和开销情况。

我们举一个例子，小明今年 24 岁，打算开始通过定投的方式积累个人资产。目前每个月的收入是 8000 元，开销是 7000 元，定投 10% 的月收入（即 800 元）到指数基金，剩下 200 元作为机动资金。这是一个不错的开始。

我们假设定投指数基金的平均年化收益率是 8%，这和实际情况差不多。而小明每年的工资增长 15%，一直到他 40 岁。我们可以算算小明 40 岁时的资产规模，如表 9.7 所示。

表 9.7 小明的定投计划示例

定投时间	每月初
定投比例	月收入的 10%
定投期限	24 岁～39 岁
定投期数	192 期（16 年）
平均年化收益率	8%
收入增长	15%（每年）
40 岁时月收入	65,096 元
40 岁时总资产	864,388 元

更直观一点，我们可以画出小明的总资产的增长曲线，如图 9.15 所示。

如果小明可以控制自己的开销，不让支出和收入同比例增长，那么小明就可以用更多的资金来定投。我们假设每年小明都可以在定投的百分比上加两个点，也就是说，24 岁时小明拿每个月收入的 10% 用来定投，25 岁时小明拿每个月收入的 12% 用来定投，依次类推，一直到 39 岁时，小明拿每个月收入的 40% 用来定投。这时会是什么样的结果呢？如表 9.8 所示。

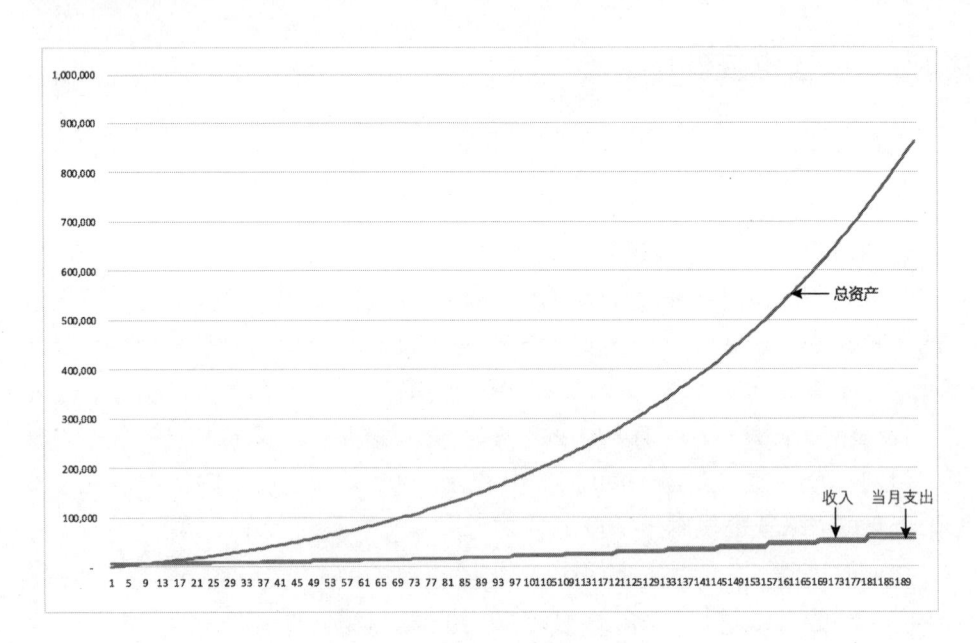

图 9.15　小明定投模拟案例

表 9.8　小明的定投计划示例（控制支出）

定投时间	每月初
定投比例	24 岁时月收入的 10%，以后每年增加 2%
定投期限	24 岁～39 岁
定投期数	192 期（16 年）
平均年化收益率	8%
收入增长	15%（每年）
40 岁时月收入	65,096 元
40 岁时总资产	2,378,159 元

有人可能会问："每个月投入那么多钱会不会影响生活质量啊？"我们可以看看，按照我们的假设，小明 40 岁时的月收入是 65,096 元，其中 40% 用来投资，还剩下 39,058 元用来生活开销。同时，小明已经拥有了 2,378,159 元的个人资产，如图 9.16 所示。

2. 存量定投

如果你突然有了一笔资金，如年底奖金、分红，或者想把之前的存款用来投资指数基金，在这种情况下，你怎么设置每次的定投额度呢？

第 9 章 定投让自己慢慢变富

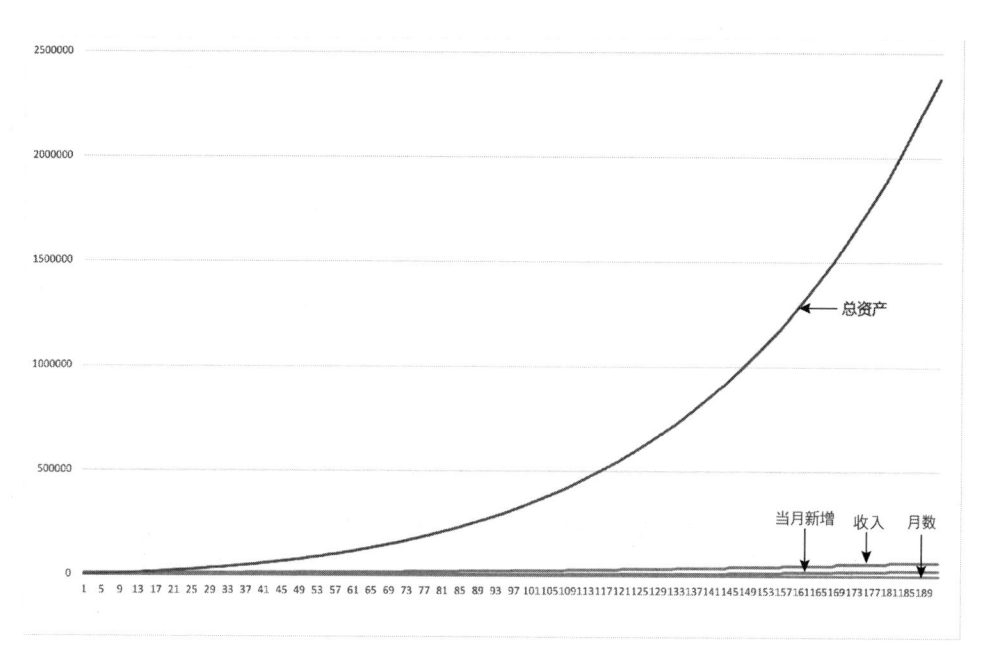

图 9.16 小明定投模拟案例（控制支出）

有一个比较简单的原则是，至少分两年把资金投入市场。也就是说，如果你手里有 30 万元的资金，可以选择每个月定投 1 万元，分 30 个月定投到指数基金。如果你手里有 20 万元，可以每个月投入 8000 元，分 25 个月投入指数基金。

这样做的目的是尽可能在时间维度上分散风险，利用市场的波动平摊买入的成本。

以上我们介绍了什么是定投、定投的原理及如何操作，还给大家总结了定投成功的秘诀。这些知识是定投指数基金成功的基石，在此基础上下一章我们会介绍定投指数基金的一些进阶策略。

第 10 章
定投指数基金的进阶策略

本章我们继续讨论指数基金的定投。随着定投指数基金在市场上越来越受欢迎，一些专业的投资机构和投资者开始不满足于简单的普通定投策略，逐步研究和尝试不同的进阶策略。接下来我们介绍几种满足不同场景的定投指数基金的进阶策略。

第 10 章　定投指数基金的进阶策略

10.1　智能定投策略

智能定投是最近很火的一个概念，如果你打开一些基金销售软件，会看到在基金定投的页面下有"智能定投"的选项，如图 10.1 所示。

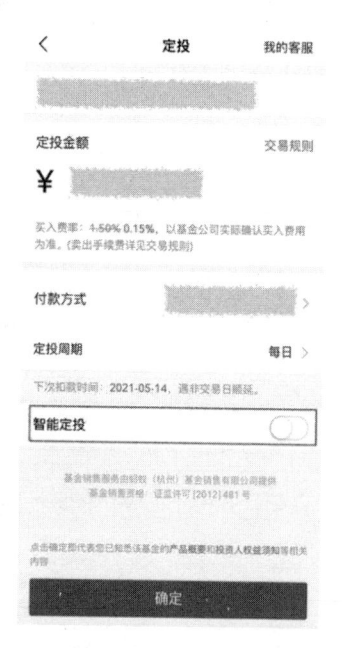

图 10.1　支付宝基金智能定投页面示意图

不同的基金公司和销售平台都有自己的智能定投策略，每一家的参数都不尽相同，但是主要基于两个策略，一个是估值策略，另一个是均线策略。这两个策略理解起来并不困难，都通过判断当前指数点位是被高估了还是被低估了，来调整当期的定投额度，以取得"高价少买、低价多买"的效果，从而提高收益率、降低风险。

投资者可以在投资平台选择智能定投策略，也可以在了解了策略原理之后，制定属于自己的定投策略。

10.1.1　估值策略

在第 4 章中，我们讲过指数的市盈率历史百分位和市净率历史百分位的概念。估值的历史百分位反映了指数当前的估值在历史行情中的位置，这是定投估值策略的主要判断依据。

我们具体来讲如何制定一个定投估值策略。

1．选估值标准

对于宽基指数及大部分的指数，我们都可以使用市盈率的估值，市净率的估值可以作为参考。在指数网站或者一些基金销售机构的网站上都可以查找到指数的估值百分位，如图 10.2 所示。

指数名称	指数类型	PE	PE百分位	PB	PB百分位	股息率	ROE	预测PEG
MSCI印度 935600	宽基指数	28.03	99.48%	3.78	99.48%	1.36%	13.48%	--
主要消费 SH000932	行业指数	39.75	94.52%	8.35	91.88%	0.98%	21.02%	1.96
中证白酒 SZ399997	行业指数	52.04	93.81%	12.28	91.01%	0.83%	23.59%	2.34
国企指数 HKHSCEI	宽基指数	12.48	93.56%	1.36	79.84%	1.73%	10.89%	2.17
新经济 HKHSSCNE	策略指数	41.12	93.16%	5.38	93.99%	0.47%	13.09%	--
食品饮料 SZ399396	行业指数	48.08	93.11%	10.45	91.28%	0.93%	21.74%	2.17
纳指100 NDX	宽基指数	35.24	93.09%	8.52	97.19%	0.61%	24.19%	1.75
恒生指数 HKHSI	宽基指数	13.45	92.44%	1.25	49.60%	2.05%	9.32%	1.85
标普500 SP500	宽基指数	32.41	92.23%	4.40	99.07%	1.31%	13.59%	2.13
德国DAX GDAXI	宽基指数	36.25	89.73%	1.83	86.43%	2.29%	5.04%	--
深证100 SZ399330	宽基指数	28.61	89.60%	4.24	95.36%	0.94%	14.82%	1.05
央视50 SZ399550	策略指数	10.79	89.46%	1.39	52.62%	2.66%	12.86%	1.02
基本面60 SZ399701	策略指数	21.74	88.76%	2.90	89.92%	1.43%	13.35%	0.82
50AH优选 SH000170	宽基指数	11.19	88.63%	1.23	81.96%	1.94%	10.97%	1.01
上证50 SH000016	宽基指数	11.87	87.16%	1.39	66.28%	2.55%	11.75%	0.80
香港中小 SPHCMSHP	宽基指数	17.41	86.66%	1.82	94.90%	1.93%	10.43%	--

图 10.2　指数基金的估值百分位排序图

数据来源：蛋卷基金。

第 10 章　定投指数基金的进阶策略

通常我们认为，如果指数的市盈率百分位低于 30%，那么指数是被低估的，如果高于 70%，则说明当前指数的估值偏高。在很多网站我们可以看到 30% 和 70% 的分位线，如图 10.3 所示。

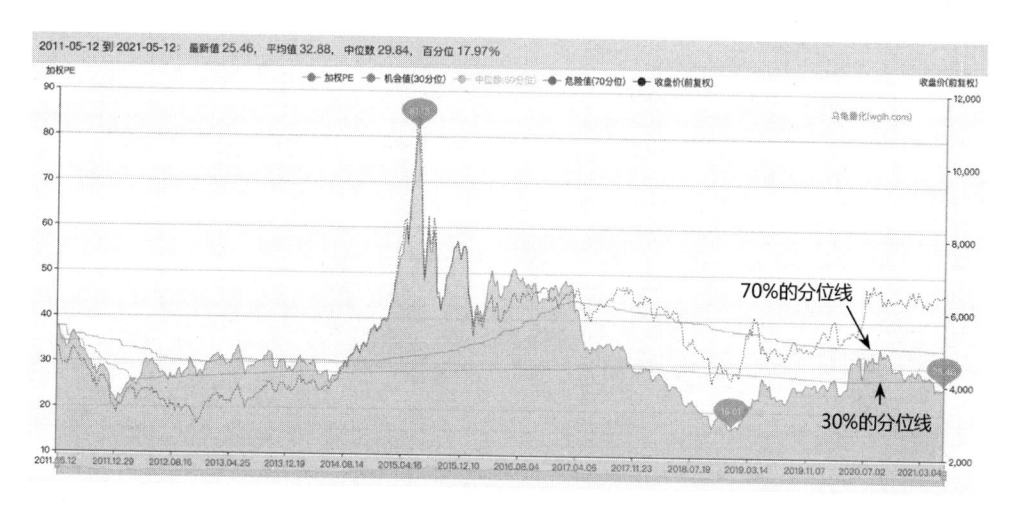

图 10.3　中证 500 指数近十年的历史市盈率走势图

数据来源：乌龟量化。

2．制定规则

估值策略有两种用法：第一种是确定是否买入；第二种是级差买入。

对于第一种用法，最简单的方式是在定投当期判断一下目前指数的估值是不是偏高。如果偏高，则本期定投取消；如果目前指数的估值不属于偏高的范围，那么就执行定投。这个策略主要的目标是尽量避免在高估值的市场中进行投资，从而降低定投风险。

我们以中证 500 指数的定投为例来说明。假设小明和小丽都从 2011 年 5 月开始定投中证 500 指数，定投额度是每个月 1000 元，定投时间是每个月第一个交易日。小明采用的是普通定投，即定时定额地进行投资。小丽采用的是估值策略下的智能定投，规则如表 10.1 所示。

表 10.1　小丽估值策略下的智能定投规则

当前指数的 PE 百分位	定投规则
大于或者等于 70%	当期定投取消
小于 70%	定投正常进行

我们测算一下截至 2021 年 4 月 30 日两人的定投收益，如表 10.2 所示。

表 10.2　普通定投和基于估值策略的智能定投的收益比较

	小明普通定投	小丽智能定投
定投时间	2011 年 5 月至 2021 年 4 月	2011 年 5 月至 2021 年 4 月
月数	120	120
实际定投期数	120	113
总投资金额（元）	120,000	113,000
期末总资产（元）	159,890.26	154,198.93
收益率	33.24%	36.46%

我们发现小丽在采用基于估值策略的智能定投后，有 7 个月因为估值过高而没有投资，最后的收益率比小明高出了 3%。

在这个基础上，我们还可以参考指数的当前估值来调整定投额度，而不是简单地判断是投还是不投。这就是估值策略的第二种用法——级差买入。级差是在基础定投额度的基础上增加或者减少的比例，级差越大，加大投入和减少投入的额度也越大。根据实证研究，级差为 10%～30%最有效，取得的效果也最好。

我们依旧以定投中证 500 指数为例来说明。我们选择 20%作为级差，即每一档扣款率相差 20%，于是得到小张的定投策略。

当期实际定投额度 = 基础定投额度×当期扣款率

当期扣款率的规则如表 10.3 所示。

表 10.3　小张采取的定投策略的扣款率规则

当前指数的 PE 百分位	当期扣款率
PE 百分位≥90%	0
70%≤PE 百分位<90%	60%
50%≤PE 百分位<70%	80%
30%≤PE 百分位<50%	100%
PE 百分位<30%	120%

我们再来比较一下小明、小丽和小张的定投结果，如表 10.4 所示。

表 10.4　小明、小丽和小张采取不同定投策略的收益对比

	小明普通定投	小丽估值策略 A	小张估值策略 B
定投时间	2011 年 5 月至 2021 年 4 月	2011 年 5 月至 2021 年 4 月	2011 年 5 月至 2021 年 4 月
月数	120	120	120
实际定投期数	120	113	120
总投资金额（元）	120,000	113,000	125,400
期末总资产（元）	159,890.26	154,198.93	171,893.44
收益率	33.24%	36.46%	37.08%

加了级差的估值策略的定投收益率较之前小丽的估值策略又有了稍许的提升。理论上，我们可以根据历史数据不断地优化策略，但是要注意以下两点。

首先，基于历史数据的实证研究并不总适用于未来，也就是说，基于过去的指数走势，我们可能得到了一套收益最优的级差参数，但是并不意味着以同样的参数在未来取得的收益依旧是最优的。

其次，太复杂的策略会增加操作难度，我们知道定投的核心是长期、不间断，如果策略太复杂，投资者就很容易中途放弃，结果适得其反。

这两点对我们之后要介绍的几个策略都是同样适用的，所以策略优化要适度。对定投来说，长期执行永远是关键。

10.1.2　均线策略

均线策略和估值策略的原理是一样的，都是试图在价格低的时候多买入，在价格高的时候少买入。均线策略的决策依据是指数的价格均线。设置每期的基础定投额度，实际定投额度会根据指数价格和均线的关系来做调整。调整的公式是：

实际定投额度 = 基础定投额度 × 当期扣款率

其中，当期扣款率是均线策略的关键。我们应该按照自己的需要，在不同的价格下设置不同的扣款率，以达到"在高位少买、在低位多买"的目的。

我们来看看制定均线策略的具体步骤。

1. 选定均线

选定的均线通常为 180 日均线、250 日均线或者 500 日均线。我们在一般的股票行情软件里面都可以看到这些均线，如图 10.4 所示。

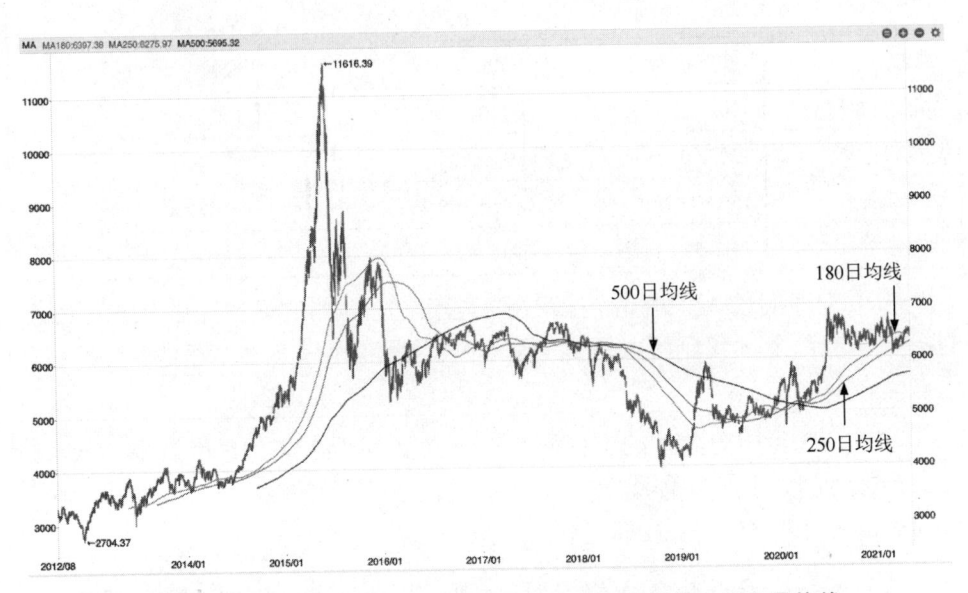

图 10.4　中证 500 指数的 180 日均线、250 日均线、500 日均线

以不同的均线为标准，得到的策略的收益率会略有不同，不过投资者不用特别在意这个问题，不同的均线造成的差异不会特别大。

2. 设定级差

级差的设定决定了当期扣款率，我们以此来调整定投额度。通常基金公司和基金销售机构会设置 10%、20%、30% 三个档位的级差。级差越大，意味着每次增加或者减少的定投额度就越大。我们以 10% 的级差为例来说明。

当指数在定投日期的前一日（即 T-1 日）的收盘价高于均线时，说明指数处于高位，那么本期定投会降低扣款比例，少买入，如表 10.5 所示。

表 10.5　指数在 T-1 日的收盘价高于均线情况下的实际扣款比例示例

指数在 T-1 日的收盘价高于均线	实际扣款比例
0～15%	90%
15%～50%	80%

第 10 章 定投指数基金的进阶策略

续表

指数在 T-1 日的收盘价高于均线	实际扣款比例
50% ~ 100%	70%
100%以上	60%

当指数在 T-1 日的收盘价低于均线时，说明当前指数处于低位，本期定投扣款率会提高，多买入，如表 10.6 所示。

表 10.6 指数在 T-1 日的收盘价低于均线情况下的实际扣款比例示例

指数在 T-1 日的收盘价低于均线	实际扣款比例
0 ~ 5%	110%
5% ~ 10%	120%
10% ~ 20%	130%
20% ~ 30%	140%
30% ~ 40%	150%
40%以上	160%

我们发现在 10%的级差的情况下，每期的实际扣款金额可能是基础定投额度的 60% ~ 160%。如果在同样的规则下将级差提高到 30%，那么每期的实际扣款金额就变成了基础定投额度的，如表 10.7 所示。

10.7 不同级差的实际扣款比例对比

若 T-1 日指数的收盘价高于均线	实际扣款比例 级差 10%	实际扣款比例 级差 20%	实际扣款比例 级差 30%
0 ~ 15%	90%	80%	70%
15% ~ 50%	80%	60%	40%
50% ~ 100%	70%	40%	10%
100%以上	60%	20%	0
若 T-1 日指数的收盘价低于均线	实际扣款比例 级差 10%	实际扣款比例 级差 20%	实际扣款比例 级差 30%
0 ~ 5%	110%	120%	130%
5% ~ 10%	120%	140%	160%
10% ~ 20%	130%	160%	190%

217

续表

若 T-1 日指数的收盘价低于均线	实际扣款比例 级差 10%	实际扣款比例 级差 20%	实际扣款比例 级差 30%
20%~30%	140%	180%	220%
30%~40%	150%	200%	250%
40%以上	160%	220%	280%

所以我们在设置级差的时候，要确保实际扣款金额在自己可以接受的范围内，这样定投就不会影响到我们正常的生活开销。

在定投中证 500 指数的例子中，小强是新出现的投资者，他决定采用均线策略定投中证 500 指数，他的策略如下。

参考均线：500 日均线。

级差设置：20%。

具体策略如表 10.8 所示。

表 10.8　小强定投中证 500 指数的均线策略设定

若 T-1 日指数的收盘价高于 500 日均线	实际扣款比例
0~15%	80%
15%~50%	60%
50%~100%	40%
100%以上	20%
若 T-1 日指数的收盘价低于 500 日均线	实际扣款比例
0~5%	120%
5%~10%	140%
10%~20%	160%
20%~30%	180%
30%~40%	200%
40%以上	220%

小强依旧从 2011 年 5 月至 2021 年 4 月连续 120 个月实施定投策略，如图 10.5 所示。

第 10 章 定投指数基金的进阶策略

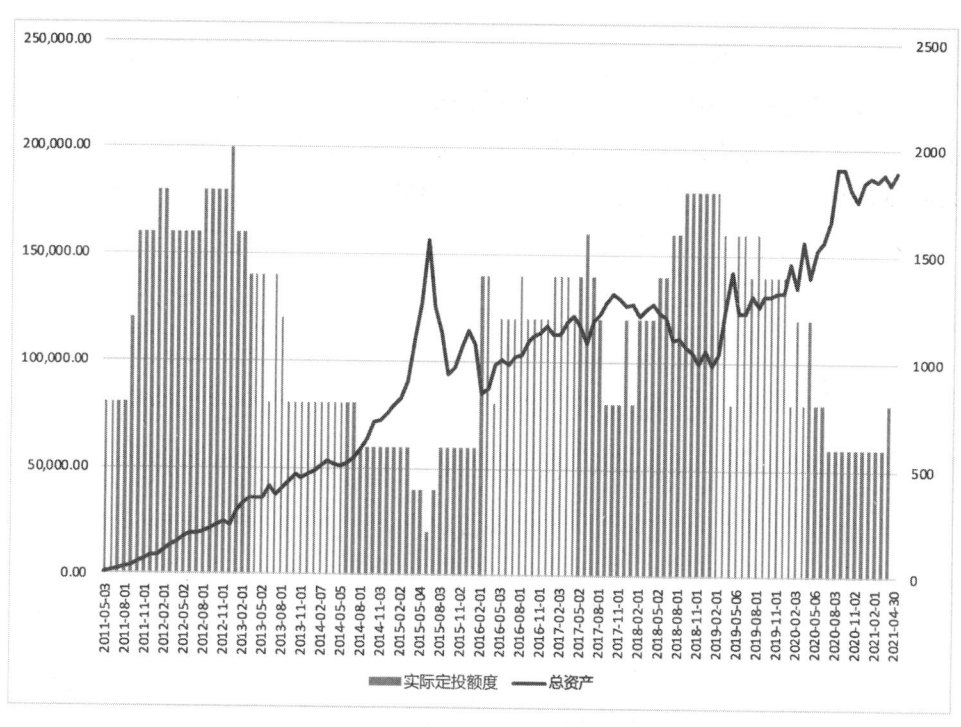

图 10.5 均线策略下定投的每期实际定投额度和总资产的趋势图

截至 2021 年 4 月 30 日，小强的投资回报是多少呢？如表 10.9 所示。

表 10.9 不同定投策略的收益差别举例

	小明	小丽	小张	小强
定投策略	普通定投	估值策略	带级差的估值策略	均线策略
定投时间	2011 年 5 月至 2021 年 4 月	2011 年 5 月至 2021 年 4 月	2011 年 5 月至 2021 年 4 月	2011 年 5 月至 2021 年 4 月
月数	120	120	120	120
实际定投期数	120	113	120	120
总投资金额（元）	120,000	113,000	125,400	134,600
期末总资产（元）	159,890.26	154,198.93	171,893.44	189,295.65
收益率	33.24%	36.46%	37.08%	40.64%

需要注意的是，设定的级差不同，会对收益率产生影响，基于不同指数的实证研究结果也会不同，并不能说明某一个策略就一定好于另一个。大家

在使用的过程中应该按照自己的需求来选择。

在实际操作过程中,有一些均线策略会考虑近期波动。例如,支付宝的定投均线策略会考虑近 10 个交易日的波动,如果波动太大,就会降低扣款比例。这也是对均线策略的一种优化,如图 10.6 所示。

均线策略说明

T-1日指数收盘价低于500日平均值

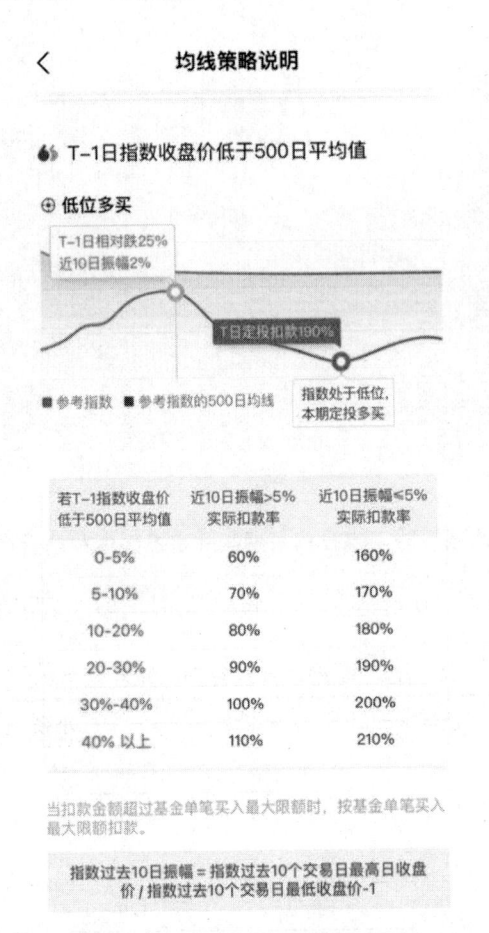

低位多买

T-1日相对跌25%
近10日振幅2%
T日定投扣款190%

■ 参考指数 ■ 参考指数的500日均线
指数处于低位,本期定投多买

若T-1指数收盘价低于500日平均值	近10日振幅>5%实际扣款率	近10日振幅≤5%实际扣款率
0-5%	60%	160%
5-10%	70%	170%
10-20%	80%	180%
20-30%	90%	190%
30%-40%	100%	200%
40% 以上	110%	210%

当扣款金额超过基金单笔买入最大限额时,按基金单笔买入最大限额扣款。

指数过去10日振幅 = 指数过去10个交易日最高日收盘价 / 指数过去10个交易日最低收盘价-1

图 10.6　支付宝的定投均线策略说明

估值策略和均线策略是定投指数基金最常用的智能定投策略。除此之外,还有很多智能定投策略。这些策略虽然基于不同的指标,但是总体上来说思想是一致的,都是通过一系列的指标判断当前市场价格是偏高还是偏低,在价格高的时候少买,在价格低的时候多买,更好地平摊成本,提高收益率,降低风险。

10.1.3 趋势定投策略

趋势定投策略是比较特别的一种定投策略，我们之前讲的定投策略都是针对同一只指数基金的，但是趋势定投策略并不局限在一只指数基金上。

趋势定投策略是指在设置定投计划时，分别选择高风险基金和低风险基金各一只，然后根据技术指标来判断市场强弱。如果市场较强，就定投高风险基金；如果市场较弱，就定投低风险基金。在市场较弱时将存量份额转为低风险基金，在市场较强时再转回，如图 10.7 所示。

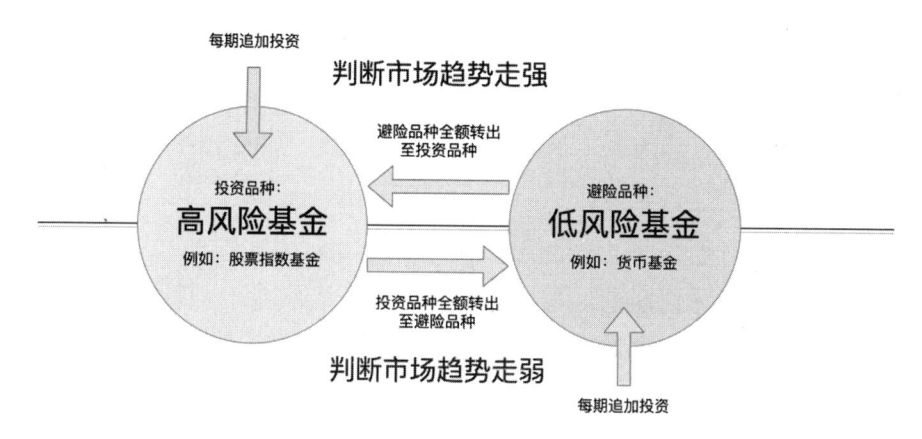

图 10.7　趋势定投策略示意图

如何判断市场趋势是走强还是走弱呢？技术分析流派有很多方法，我们给出了两种在基金定投领域内常用的方法。

1．时点指标法

首先选取指数的三条不同时期的均线，作为参考均线。例如，10 日均线、180 日均线和 500 日均线分别代表短期、中期和长期。然后根据定投扣款日前 1 个交易日（即 T-1 日）的三条均线之间的关系来判断市场的趋势。

当短期均线 < 中期均线 < 长期均线时，市场趋势走弱；

当短期均线 > 中期均线 > 长期均线时，市场趋势走强。

2．事件驱动法

在上一扣款日到最新扣款日之间的这段时间内，短期均线、中期均线、长期均线之间有没有发生相对位置变化。例如：

当中期均线从上向下穿过长期均线,或者短期均线从上向下穿过长期均线且中期均线在长期均线下方时,市场趋势走弱;

当短期均线从下向上穿过长期均线,或者中期均线从下向上穿过长期均线且短期均线在长期均线上方时,市场趋势走强。

10.1.4 移动平均成本策略

我们知道,当"定投平均成本小于定投退出时的净值"时,基金定投就可以获利。那么,如果能够在基金当前净值低于平均成本的时候多买入,就可以进一步降低平均成本。移动平均成本策略就是根据这个思路制定的。

根据扣款前一个交易日(即T-1日)的基金净值和之前定投的平均成本之间的差距(又称为偏离度)来确定每期定投额度。

偏离度的计算公式如下。

偏离度 =(基金净值−平均成本)/ 平均成本

当基金的当前净值低于平均成本时,增加定投额度;当基金的当前净值高于平均成本时,减少定投额度。这样做可以让定投的平均成本在市场下跌时,以较快的速度进一步降低,而在市场上升时增长较慢。简单地说,就是越"亏"越买,在盈利时少买。

在实际操作的时候,我们把偏离度设置在5%~20%,级差设置在10%~30%。表10.10所示就是移动平均成本策略的定投设置。

表10.10 移动平均成本策略示例

T-1日基金净值和平均成本的偏离度	定投的实际扣款比例
偏离度≥10%	70%
−10%≤偏离度<10%	100%
偏离度<−10%	130%

在上面这个例子里,偏离度设置在10%,级差设置在30%。

以上我们介绍了四种智能定投策略,它们都能在一定程度上在某些市场中优化普通定投的收益率,但是没有一种策略是完美的。我们来总结一下几种定投策略的优缺点,如表10.11所示。

第 10 章 定投指数基金的进阶策略

表 10.11 不同定投策略的优缺点比较

策略	特点概括	原理	优点	缺点
普通定投策略	定期、定额长期持续地投资	摊薄买入成本，避免择时陷阱	简单方便	灵活度低，收益率受市场走势的影响大
估值策略	定期不定额，当期定投金额根据指数估值的历史百分位来确定；或者定额不定期，当期投还是不投由指数估值百分位决定	估值高的时候少买，估值低的时候多买	非常适合指数基金的定投，容易理解	估值具有局限性，对于长期单边上涨的行情，会造成估值失效，从而可能会错过牛市行情
均线策略	定期不定额，用均线来判断当前指数价格的高低，从而决定当期定投金额	价格高的时候少买，价格低的时候多买	很多平台提供均线策略定投，操作容易	不同的均线和参数选取会影响收益率；在市场剧烈波动的情况下，均线对价格的判断会不准确
趋势定投策略	定期定额，不定标的。当市场走强的时候定投高风险资产，如指数基金；当市场走弱的时候，定投安全资产，如货币基金	牛市利用风险，熊市避免风险	所有策略里面唯一涉及"卖出"的定投策略	操作复杂，手续费高，技术判断有局限性
移动平均成本策略	定期不定额。当期定投金额由基金当前的净值和定投平均成本的偏离度决定	通过"多亏多买、多赚少买"来降低定投平均成本	直观，容易理解	"多亏多买、多赚少买"并不符合人们的心理预期，不容易做到

10.2 定投指数基金的止盈策略

我们以沪深 300 指数为例做一些测算。从 2002 年 1 月到 2021 年 1 月，假设我们在每个月的第一个交易日定投固定的金额。如果最后都以 2021 年 1 月 4 日的收盘价来衡量总资产，那么从什么时候开始定投的收益最高呢？如图 10.8 所示。

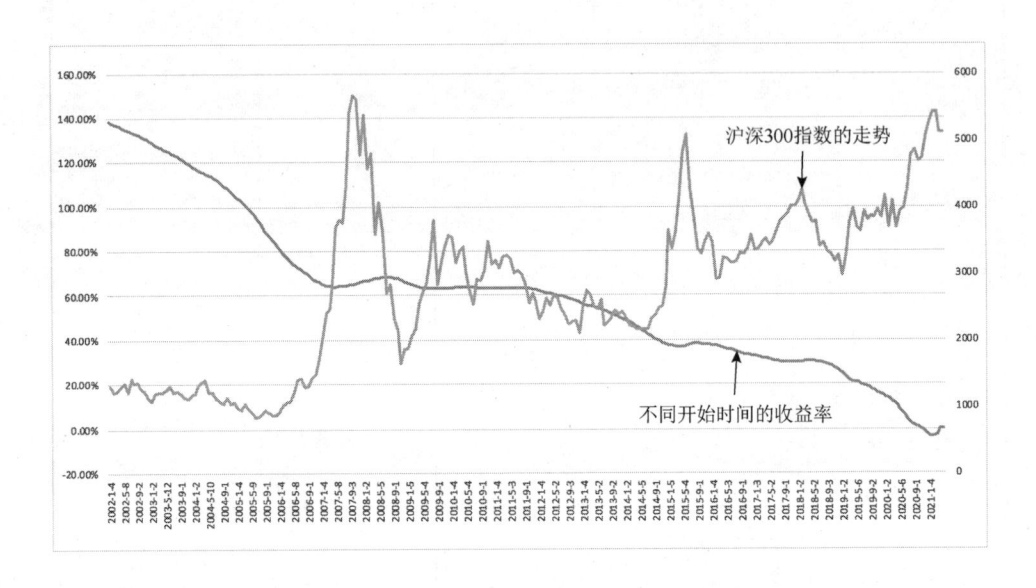

图 10.8　在不同时间点开始定投沪深 300 指数的收益率的变化趋势

我们发现，虽然收益率的变化趋势有一些起伏，但是原则上定投越早开始，收益率越高。

如果从 2002 年 1 月开始定投，在不同时间点停止，收益率又有什么变化呢？如图 10.9 所示。

我们发现，定投停止的时间点的收益率和沪深 300 指数的涨幅是非常相关的，也就是说，在不同的时间点卖出，获得的收益的差别会非常大。如果说定投越早开始越好，那么什么时候卖出就没有那么简单有效的规则了。

接下来我们来讨论定投指数基金如何止盈的问题。

第 10 章　定投指数基金的进阶策略

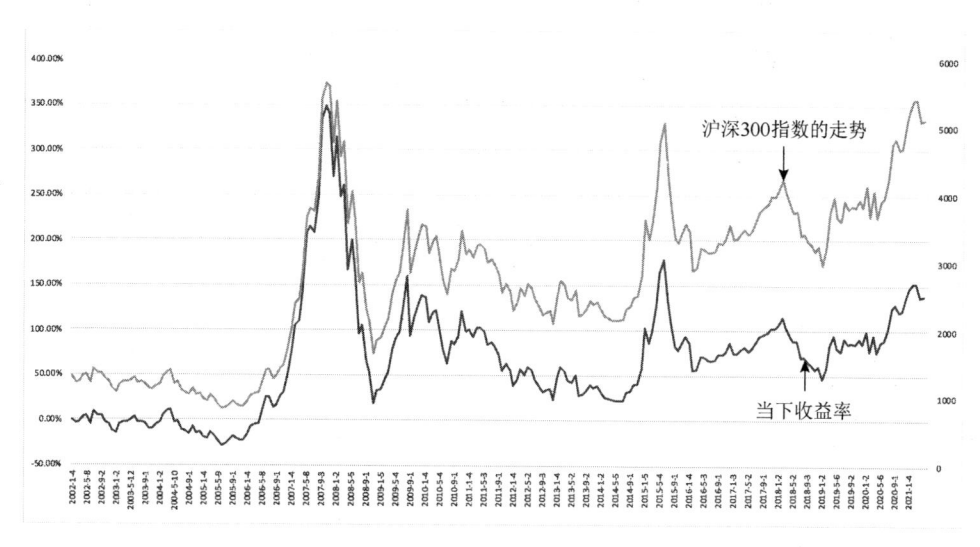

图 10.9　在不同时间点停止定投沪深 300 指数的收益率的变化趋势

10.2.1　永不卖出

巴菲特说过："投资的最理想状态是永不卖出。"投资指数基金最理想的状态是把资产打造成"生钱机器"，永不卖出。

资产的积累是非线性的，在刚开始的时候可能看上去很慢，增长不起眼，但是在一定的时间之后，财富积累到一定体量，回报是非常惊人的。如果你把定投当作财富积累的途径，那么最好的方法是不去考虑如何卖出。

在美国市场中，很多人做过研究，如果你把所有资产购买标准普尔 500 指数的相关基金，当你的资产规模超过了年收入的 25 倍之后，每年从资产里面取出 4% 用作生活花销，多少年会取完呢？回测标准普尔 500 指数近 60 年的历史数据，这个答案是永远取不完。即使期间多次遇到金融危机和大萧条，这个模型也可以一直持续，不会出现"破产"归零的情况。

这是一个通过定投指数基金被动储蓄、发挥复利的威力，同时赶上社会整体经济高速发展的列车，让财富聚沙成塔、个人慢慢变富的过程。当资产到达了一定规模时，投资收益就可以作为被动收入来支撑我们的生活。我们就可以实现财务自由，提前退休。

当然，理想很丰满，要做到并不容易，需要有以下几个先决条件。

1. 定投时间足够长，资金量不能太少

我们都听过"复利是世界第八大奇迹"这种说法，但是为什么我们很少体会到复利带给我们的好处？原因通常有两个：一个是定投时间不够长，一个是初始资金太少。当然，投资需要和生活水平保持平衡，我们也不建议为了存下钱来投资而影响到日常生活。

虽然，"生钱机器""复利效力""提前退休"这些概念都很有诱惑力，但是我们依旧有比这些概念回报更高的事情，如对自己的教育投入、对营造良好家庭氛围的投入，等等。

2. 用来投资的钱可以做到永远不被使用

投资的关键是"使用对的钱投资"。所谓"对的钱"，就是你长期内不会用到的钱。首先，不能是借来的钱，因为借来的钱需要还；其次，在投资的资金之外一定要有备用金或者意外情况下的安全系统，如保险等。

很多人投资了某项资产，因为用不到钱，长期放着就忘记了，而很多时候恰恰是这样的投资会带来惊人的回报。

3. 保持慢慢变富的心态

这是最难做到的地方，当你开始投资指数基金时，也就进入了变幻莫测的金融市场。在牛市时，你会看到新闻说某公司的市值翻倍，甚至隔壁邻居突然变成了炒股高手，日进斗金，而定投看上去既无聊、增长又慢。这个时候，请大家回想巴菲特"慢慢变富"的故事。

所以，要达到永不卖出的理想状态是非常难的。如果不能满足上面的条件，我们还有哪些选择呢？

10.2.2 分批估值止盈法

对基金止盈来说，我们希望在尽可能高的价格上卖出，但是又不想错过之后的涨幅。我们希望在指数估值高的时候卖出，锁定收益，这样当指数估值回落的时候不会影响我们的收益。估值百分位是一个我们用来判断市场情绪和估值高低的工具。

为了分散择时的风险，我们会设置几个阶梯，分批次地卖出所有基金份额，如表 10.12 所示。

第 10 章 定投指数基金的进阶策略

表 10.12 分批估值止盈法示例

PE 百分位	卖出比例
达到 70%	60%
达到 80%	30%
达到 90%	10%

然而在实际操作过程中，PE 百分位计算起来比较复杂，当涉及某一个具体指数的时候，我们也会直接用该指数的 PE 值来做估值参考。

我们以中证 500 指数为例来说明。图 10.10 所示是从 2007 年 1 月到 2021 年 5 月中证 500 指数的市盈率变化图。

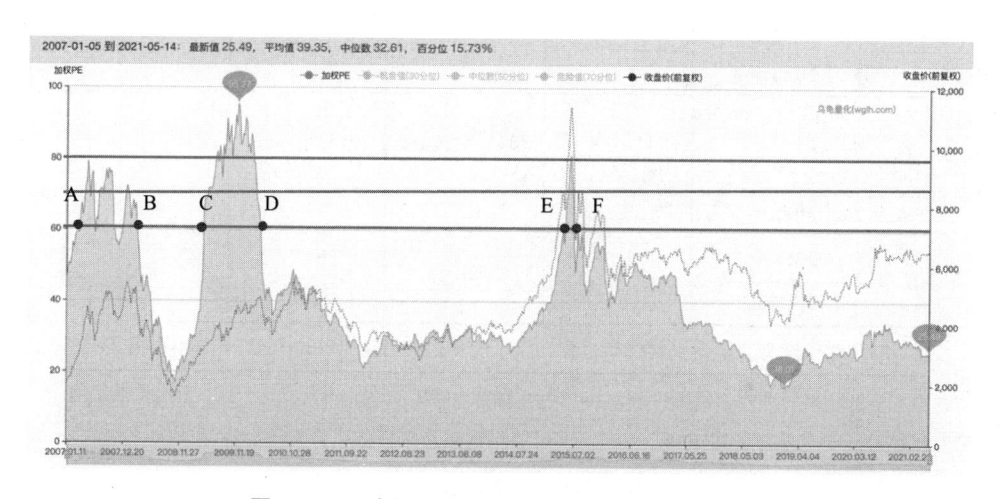

图 10.10 中证 500 指数的历史市盈率变化图

数据来源：乌龟量化。

我们发现在 2007—2008 年、2009—2010 年，以及 2015 年，中证 500 指数的市盈率都经历了先大幅上涨而后回落的过程。我们可以在市盈率为 60、70、80 的时候开始卖出基金份额。如果从中证 500 指数的基准日（2004 年 12 月 31 日）开始算，我们的定投会被分成四个阶段。

第一阶段：2004 年 12 月 31 日至 2007 年 3 月 22 日，A 点之前。

第二阶段：2008 年 3 月 20 日至 2009 年 4 月 30 日，B 点到 C 点之前。

第三阶段：2010 年 4 月 22 日至 2015 年 4 月 30 日，D 点到 E 点之前。

第四阶段：从 2015 年 7 月 2 日至今，F 点之后。

我们来算一下划分出来的四个阶段的定投收益率，以周定投为标准，每次定投额度一定，如表 10.13 所示。

表 10.13　分批估值止盈法对中证 500 指数的回测结果

定投阶段	定投时间	第一次卖出 PE 超过 60	第二次卖出 PE 超过 70	第三次卖出 PE 超过 80	总收益率	年化收益率
第一阶段	2004 年 12 月 31 日至 2007 年 3 月 22 日	2007 年 3 月 22 日	2007 年 5 月 10 日	剩余 10%资产没有卖出	212.45%	65.37%
第二阶段	2008 年 3 月 20 日至 2009 年 4 月 30 日	2009 年 4 月 30 日	2009 年 6 月 4 日	2009 年 7 月 16 日	27.80%	20.85%
第三阶段	2010 年 4 月 22 日至 2015 年 4 月 30 日	2015 年 4 月 30 日	2015 年 5 月 28 日	2015 年 6 月 11 日	127.08%	25.85%
第四阶段	从 2015 年 7 月 2 日至今	—	—	—	—	—

注：（1）对于没有完全卖出的份额，我们以下一轮定投开始前一个交易日的指数点位来确定资产价值，从而计算收益率。例如，第一阶段的定投有 10%的份额没有卖出，那么就按照第二阶段的定投开始前一个交易日，即 2008 年 3 月 19 日的指数点位来计算资产价值和收益率。

（2）第四阶段的定投按照目前中证 500 指数的估值，依旧在定投阶段，并没有到止盈的时候。根据 2021 年 4 月 30 日指数的点位来看，该轮定投目前的总收益率是 11.90%。

从中证 500 指数历史回测的结果来看，分批估值止盈法的结果是不错的，年化收益率大多能在 20%以上。这主要得力于在估值降低的时候坚持定投，并且在牛市相对高点卖出。然而没有完美的策略，在第一阶段的定投里面，我们并没有在最高点卖出所有的股份。在第二阶段的定投中，我们错过了 C 点和 D 点之间最高将近 20%的涨幅。不过阶段性止盈的好处就是，即使没有在高点完全卖出份额，剩下的份额也不会有太多风险。而错过牛市后期的收益，是分批估值止盈法不可避免的问题。如果未来一个牛市涨幅大、持续时间长，分批估值止盈法很可能会错过牛市后期的涨幅。

需要注意的是，分批估值止盈法里面的 60 倍市盈率、70 倍市盈率、80

第 10 章　定投指数基金的进阶策略

倍市盈率等分割点是根据指数的历史数据来确定的，并不代表对未来的描述和预测，这是我们在使用任何策略的时候都需要认识到的问题。

10.2.3　目标收益率法

目标收益率法，顾名思义，就是设定一个目标收益率，一旦定投的收益率超过了目标收益率，就可以止盈卖出了。听上去非常简单，操作起来也不困难，但里面有一个难点，就是我们应该如何设置目标收益率。

如果目标收益率设置太高，有可能一直达不到，从而错过了牛市止盈的机会；如果目标收益率设置太低，会出现过早止盈的情况，在我们卖了定投份额之后，市场依旧在牛市中疯涨，我们就只能因为"踏空"而干着急。那么究竟怎样设置目标收益率呢？在第三章中我们计算过 A 股几个主要宽基指数的涨幅，现在拿出来再看一下，如表 10.14 所示。

表 10.14　A 股 20 年间主要指数的涨幅

指数名称	代码	2000 年 12 月 29 日收盘	2020 年 12 月 31 日收盘	涨幅	年化收益率
上证综指	000001	2073.48	3473.07	167.50%	2.61%
深证成指	399001	4752.75	14470.68	304.47%	5.72%
沪深 300 指数	399300	1000	5211.29	521.13%	10.87%
中小板指数	399005	1000	9545.18	954.52%	15.67%
中证 500 指数	1B0905	1000	6367.11	636.71%	12.27%

注：(1) 沪深 300 指数以 2004 年 12 月 31 日为基日，基日点位为 1000 点，故其年平均收益率按照 2004 年 12 月 31 日到 2020 年 12 月 31 日共 16 年计算。

(2) 中证 500 指数以 2004 年 12 月 31 日为基日，基日点位为 1000 点，故其年平均收益率按照 2004 年 12 月 31 日到 2020 年 12 月 31 日共 16 年计算。

(3) 中小板指数以 2005 年 6 月 7 日为基日，基日点位为 1000 点，故其年平均收益率按照 2005 年 6 月 7 日到 2020 年 12 月 31 日共 15.5 年计算。

沪深 300 指数、中小板指数和中证 500 指数的年化收益率都在 10% 以上，如果我们要设置目标收益率，10% 可以是我们做长期指数基金定投的一个平均收益率，在这个基础上，我们可以根据自己的投资风格、市场情绪和指数标的做一定的调整。

还有一种常用的目标收益率设置方法，就是通过涨幅来判断牛市是否到来，如果牛市来了就分批止盈。具体方法我们以沪深 300 指数为例给大家介绍一下。首先确定你定投的指数在最近几次牛市中的最大涨幅。沪深 300 指数在最近四次牛市中的最大涨幅如表 10.15 所示。

表 10.15　沪深 300 指数在最近四次牛市中的最大涨幅

牛市	最低点	最高点	区间涨幅
第一次	2005 年 7 月 11 日，824.097 点	2007 年 10 月 16 日，5877.202 点	613.17%
第二次	2008 年 11 月 4 日，1627.759 点	2009 年 8 月 3 日，3787.033 点	132.65%
第三次	2014 年 7 月 10 日，2142.847 点	2015 年 6 月 8 日，5353.751 点	149.84%
目前第四次	2019 年 1 月 3 日，2964.842 点	2021 年 2 月 10 日，5807.72 点	95.89%

数据来源：万得资讯。

我们发现，沪深 300 指数在之前三次牛市（即 2005 年至 2007 年的第一次、2008 年至 2009 年的第二次、2014 年至 2015 年的第三次）中，从最低点到最高点的区间涨幅都在 130% 以上。那么，我们可以把 100% 当作目标收益率，当该指数在一个区间内的最大涨幅超过 100% 的时候，就可以分批止盈。

按照这个标准，沪深 300 指数在从 2019 年 1 月 3 日到 2021 年 2 月 10 日这段时间内，最大涨幅是 95.89%，还没达到 100% 的目标收益率，因此我们可以继续定投，暂且不着急止盈。

10.3　定投成功的秘诀

和大家分享一个我非常喜欢的故事。一次，爱彼迎的 CEO 布莱恩·切斯基和亚马逊的 CEO 贝索斯坐下来聊天，两个人谈到了他们共同的偶像——巴菲特。布莱恩·切斯基问贝索斯："你觉得巴菲特给过你的最好建议是什么？"

贝索斯说："有一次我问巴菲特，你的投资理念非常简单，为什么大家不直接复制你的做法呢？巴菲特的回答是'因为没有人愿意慢慢地变富'。"

定投指数基金就是一个能够让你慢慢变富的策略，看上去非常简单，要成功执行却不容易。我总结了几个定投成功的秘诀，希望能够对大家有用。

第 10 章　定投指数基金的进阶策略

10.3.1　不间断

在操作层面上，定投最重要的是长期和不间断。这些看上去很简单，但要真正做到其实很难。

我们看看定投期间可能出现的心理波动，如图 10.11 所示。

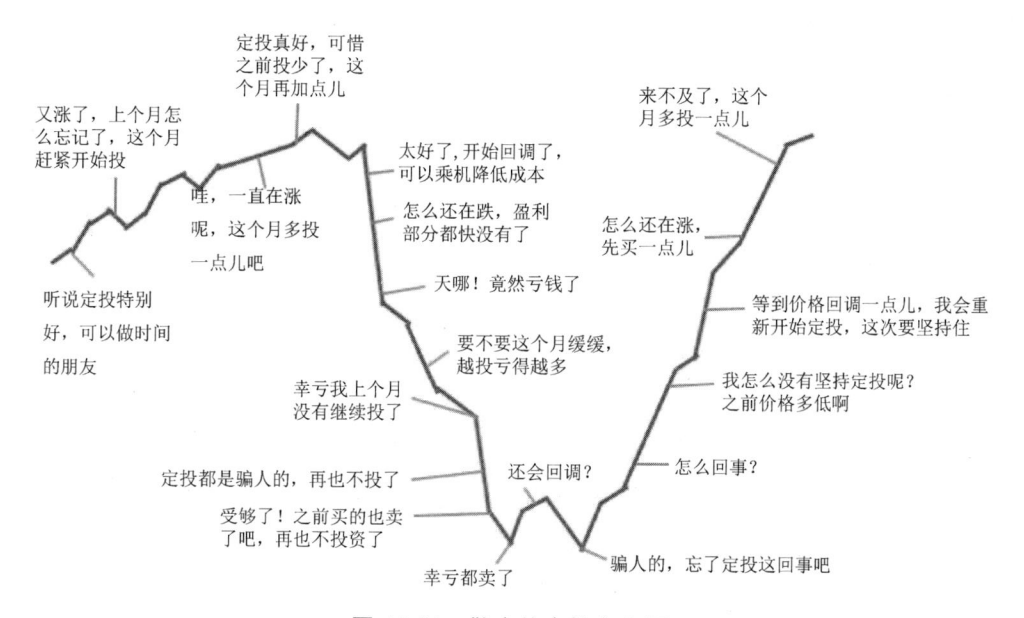

图 10.11　散户的定投心态图

投资者只要在市场中，就难免受到市场情绪的影响，买股票是这样的，定投指数基金也是这样的。指数基金之父、先锋领航集团的创始人约翰·博格曾经在接受采访时说过："人们会说，'要是股市跌了一半，你会有什么感觉'，我说，老实说，我感觉非常痛苦。我的心都揪得紧紧的。那么我能做点儿什么减轻一些痛苦？我会找出一两本讲'坚持到底'的书，再读一遍。"

定投通常被称作"懒人投资"，原因就是定投已经把规则都设定好了，想要获得理想的定投收益，最好的办法不是做什么，而是什么都不做，让设置好的规则去自我执行就好了。为了减少干扰，我有几个具体的操作建议。

（1）定投场外指数基金，而不是场内 ETF。

（2）在基金购买平台设置好定投时间和定投额度，让系统帮你执行。

（3）定投时间定在发工资的第二天，保证账户金额充足。

（4）忘了定投这件事。

10.3.2 不要过早止盈

很多投资新手只要看到投资赚钱了就很开心，总是想着落袋为安。特别是一些前期账户出现较长时间浮亏的投资者，倾向于在刚刚回本或者略有盈余的时候就止盈。这都会阻碍我们的定投达到理想的收益率。

定投周期通常是以年来计算的，在讲目标收益率止盈法时，我们提到两种设置目标收益率的方法：一种是根据指数的历史年平均收益率，一种是根据指数在牛市中的区间涨幅。除了这两种方法，我们再给大家介绍一个思考的思路，就是资金的时间成本。

假设我们不将资金用来定投指数基金，那么可以将它们放在银行收利息，或者购买货币基金。购买货币基金是一种几乎没有风险的流动性很好的理财方式。截至 2021 年 5 月，货币基金的七日年化收益率在 2.5% 左右。另外，我们进行投资，还有很重要的一个目标是跑赢通货膨胀，特别是在当下各国都在实施宽松货币政策的情况下。假设平均通货膨胀率为 3%，那么我们设定投资的年平均收益率在 5.5%（2.5%+3%）以上。于是，我们可以计算资金机会成本总收益率，其计算公式如下。

$$资金机会成本总收益率 = (1+2.5\%+3\%)^{投资年限} - 1$$

我们至少应该在定投总体收益率超过资金机会成本总收益率之后再考虑止盈。那么定投总收益率会不会永远达不到资金机会成本总收益率呢？如果你相信社会经济总量会不断增长，那么就一定会达到；如果你不相信社会经济总量会不断增长，那么定投指数基金这种投资方式可能不适合你。

10.3.3 定投是一场修行

投资虽然很简单，但是执行起来不容易。定投就是这样一种投资策略，你需要给自己做出承诺、设定目标，最难的是开始。在你走出最关键的那一步之后，以为前方是康庄大道，却没想到会迎来狂风大浪。金融市场是一个"江湖"，当你不在里面的时候，看见的、听到的都是故事、传奇、笑谈。当你置身其中的时候，一点点小的波动对你来说都是惊涛骇浪。

第 10 章　定投指数基金的进阶策略

你会恐惧、会怀疑、会愤怒，你会发现自己原来如此贪婪。投资的过程是认识自己的过程，慢慢地你会感受到自己的情绪，然后控制它们，你的目标也会逐渐明确，你学会了在波动中保持冷静，在乘风破浪中享受过程和结果。

第 11 章

资产配置，打造自己的"生钱机器"

我们用了很大的篇幅来讨论股权指数和相应的指数基金，并且详细讲解了如何通过定投指数基金打造属于自己的"生钱机器"。在本章中，我们会在这个基础上引入资产配置的概念，利用不同类别的资产和相应的指数基金，来完善我们的"生钱机器"。

第 11 章　资产配置，打造自己的"生钱机器"

11.1　为什么需要投资组合

指数基金的一大优势是分散风险，股权类指数基金包含了少则数十只、多则上千只的股票，分散了个股的风险。然而，即使是这样，股权类指数基金依旧有无法规避的市场性风险。

我们看一下美国标准普尔 500 指数从 1928 年到 2018 年每年的最大回撤，如图 11.1 所示。

标准普尔500指数每年的最大回撤（%）：1928年至2018年

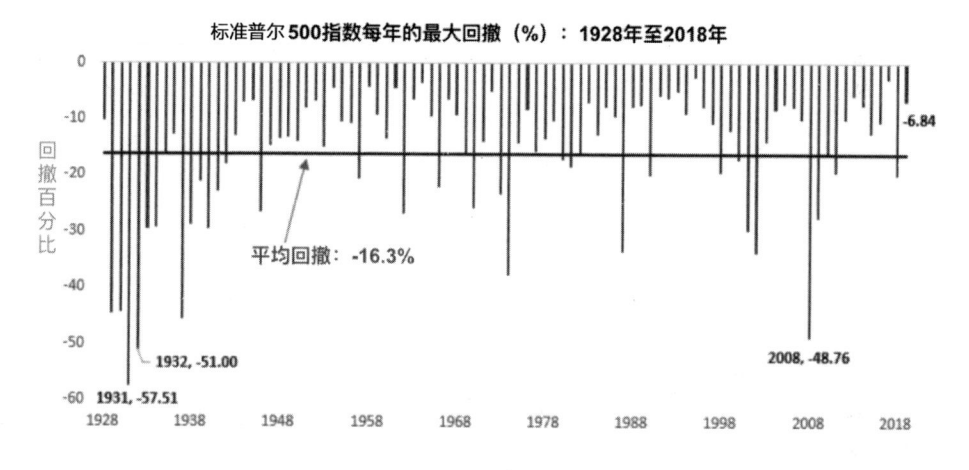

图 11.1　标准普尔 500 指数从 1928 年到 2018 年每年的最大回撤

数据来源：Bespoke Premium。

我们可以看到，在过去 90 多年里，美国标准普尔 500 指数的平均年内最大回撤是 16.3%，最大的年内回撤超过 50%。在每次大的回撤之后，市场都需要很长的时间才能恢复到之前的水平。

我们来看看中国的情况。我们计算了一下沪深 300 指数、上证 50 指数和中证 500 指数从 2005 年到 2020 年每一个自然年的最大回撤，如图 11.2 所示。

A 股市场一直以波动率大而闻名，从最大回撤来看也是如此，如表 11.1 所示。

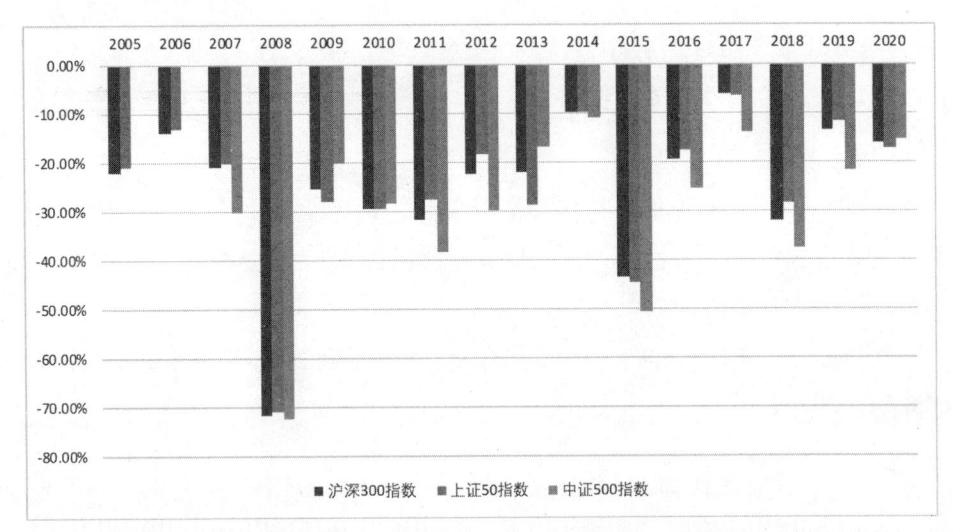

注：图中2005年、2006年的两个竖条分别代表沪深300指数和上证50指数（从左到右），2007—2020年的三个竖条分别代表沪深300指数、上证50指数和中证500指数（从左到右）。

图 11.2 沪深 300 指数、上证 50 指数和中证 500 指数每一个
自然年的最大回撤（2005—2020 年）

表 11.1 沪深 300 指数、上证 50 指数和中证 500 指数每一个
自然年的最大回撤（2005—2020 年）

年份	沪深 300 指数	上证 50 指数	中证 500 指数
2005 年	−22.02%	−21.04%	—
2006 年	−13.82%	−13.09%	—
2007 年	−20.90%	−20.03%	−30.36%
2008 年	−71.60%	−70.98%	−72.42%
2009 年	−25.26%	−27.88%	−20.25%
2010 年	−29.50%	−29.34%	−28.38%
2011 年	−31.64%	−27.73%	−38.47%
2012 年	−22.41%	−18.36%	−29.69%
2013 年	−22.16%	−28.59%	−16.71%
2014 年	−9.72%	−9.88%	−10.87%
2015 年	−43.48%	−44.66%	−50.56%
2016 年	−19.38%	−17.47%	−25.40%

第 11 章 资产配置，打造自己的"生钱机器"

续表

年份	沪深 300 指数	上证 50 指数	中证 500 指数
2017 年	−6.07%	−6.38%	−13.87%
2018 年	−31.88%	−28.46%	−37.66%
2019 年	−13.49%	−11.72%	−21.65%
2020 年	−16.08%	−17.19%	−15.24%
平均	−24.96%	−24.55%	−29.40%

沪深 300 指数、上证 50 指数在 2005 年到 2020 年这 16 年间，平均每年的最大回撤为−24.96%和−24.55%，最大回撤超过了 70%。中证 500 指数在从 2007 年到 2020 年这 14 年间，平均每年的最大回撤为−29.40%，回撤最小的一年是 2014 年，也超过了 10%。

最大回撤，全称为最大回撤率，是指在选定周期内，从任一历史时点往后推，当产品净值走到最低点时的收益率的回撤幅度的最大值。最大回撤是一个重要的风险指标，用来描述买入产品后可能出现的最糟糕的情况。一年内的最大回撤，是指在一个自然年内任意一个时间点买入的产品在同一年内可能遭受的最大损失。

我们在讲一个投资组合或者一个策略的表现的时候，通常最关心两个指标，一个是收益率，另一个是最大回撤。如果你希望通过投资打造"生钱机器"，在退休之前实现财务自由，那么你需要考虑当遇到不可控因素时自己的抗风险能力。

例如，老张和老王都是普通职员，而且都非常有规律地进行储蓄和投资。在他们退休的时候，每个人都拥有价值 200 万元的指数基金，可以用来满足退休后的生活需求。计划是这样的，两个人每年都从自己的基金账户里面取出 4%（即 8 万元）用来生活。唯一不同的是，老张在 2015 年退休，老王在 2019 年退休，这对他们的退休生活会有什么样的影响呢？

老张在刚退休时，就遇到股票市场大跌，退休账户的金额在退休后的三年内缩水一半。股票下跌，但是生活还得继续，老张不得不在亏损的情况下卖出基金份额。可想而知，这对老张的打击是非常大的。如果之后每年都从账户里面取 8 万元，那么很快老张的账户就要见底了。老张只好降低生活开销，理想中游山玩水的退休生活变成了宅在家里看电视。我们要知道，当你遭遇 50%的亏损的时候，需要 100%的收益率才能回本，这是一个漫长而艰难的过程。

而老王的情况就完全不同了，在老王退休之后的几年内，虽然市场也有波动，但是大体上是向上增长的。老王按照原定计划每年从退休账户中提取4%的生活费，加上退休金，衣食无忧，每年还能出去旅行。虽然老王每年从退休账户中取钱出来，但退休账户里面的资金是一直在增长的，每年取出的钱也在相应地增长。

在你退休前的几年中，市场表现会如何影响你退休账户里的可用金额？我们可以做一个模拟的对比测算，如表11.2所示。

表11.2 老张的退休账户投资情况

年龄（岁）	假设指数收益率	每年年初取现（元）	每年年初的退休账户资产（元）
60			2,000,000
61	−15.95%	80,000	2,000,000.00
62	−12.51%	81,600	1,613,760.00
63	−25.01%	83,232	1,340,442.89
64	47.55%	84,897	942,725.31
65	−5.60%	86,595	1,265,765.20
66	−7.65%	88,326	1,113,137.07
67	28.66%	90,093	946,447.39
68	15.58%	91,895	1,101,785.57
69	−11.28%	93,733	1,167,265.70
70	21.78%	95,607	952,417.69
71	−25.31%	97,520	1,043,380.75
72	26.07%	99,470	706,465.63
73	37.21%	101,459	765,239.47
74	−1.90%	103,489	910,772.71
75	21.02%	105,558	791,945.78
76	31.05%	107,669	830,696.46
77	−35.70%	109,823	947,526.87
78	24.60%	112,019	538,643.68
79	19.50%	114,260	531,573.96
80	2.40%	116,545	498,690.54

第 11 章 资产配置，打造自己的"生钱机器"

续表

年龄（岁）	假设指数收益率	每年年初取现（元）	每年年初的退休账户资产（元）
81	−10.24%	118,876	391,317.14
82	35.08%	121,253	244,543.36
83	−35.20%	123,678	166,540.20
84	23.40%	27,774	27,774.46
85	9.10%	0	0
86	19.13%	0	0
87	−2.40%	0	0
88	35.56%	0	0
89	22.65%	0	0
90	15.78%	0	0

注：（1）表格中的收益率是为了案例假设的，主要思路是市场先跌后涨。

（2）老张按照原计划每年从退休账户中取出 4% 作为生活费。当账户里的资金减少的时候，同样 4% 的比例所对应的金额会减少，不足够用来生活，那么老张为了生活需要支取更多的钱。所以每年支出的金额按照账户总资产的 4%，或者 80000 元加上每年通货膨胀后的生活成本，两者取较大的。

（3）假设每年的通货膨胀率是 2%。

按照这个模型，在老张 84 岁的时候，其退休账户就见底了。可想而知，这对 84 岁的老张来说是多大的打击。事实上，在从老张 60 岁退休到 84 岁这 24 年间，股票市场的年化收益率是 6.15%，也不能说非常糟糕，而对老张来说，一开始的亏损太大了，导致即使后来市场还不错，也很难追回来。

让我们来看看老王的情况。同样地，老王在 60 岁退休，积攒了 200 万元的退休基金。不同的是，我们把每年收益率出现的顺序颠倒一下，如表 11.3 所示。

表 11.3 老王的退休账户投资情况

年龄（岁）	假设指数收益率	每年年初取现（元）	每年年初的退休账户资产（元）
60			2,000,000
61	15.78%	80,000	2,000,000
62	22.65%	92,624	2,315,600
63	35.56%	113,603	2,840,083

续表

年龄（岁）	假设指数收益率	每年年初取现（元）	每年年初的退休账户资产（元）
64	-2.40%	154,001	3,850,017
65	19.13%	150,305	3,757,617
66	9.10%	179,058	4,476,449
67	23.40%	195,352	4,883,806
68	-35.20%	241,065	6,026,616
69	35.08%	156,210	3,905,247
70	-10.24%	211,008	5,275,208
71	2.40%	189,401	4,735,027
72	19.50%	193,947	4,848,667
73	24.60%	231,766	5,794,157
74	-35.70%	288,781	7,219,520
75	31.05%	185,686	4,642,151
76	21.02%	243,342	6,083,539
77	-1.90%	294,503	7,362,568
78	37.21%	288,907	7,222,679
79	26.07%	396,410	9,910,239
80	-25.31%	499,754	12,493,838
81	21.78%	373,267	9,331,673
82	-11.28%	454,546	11,363,645
83	15.58%	403,264	10,081,606
84	28.66%	466,106	11,652,660
85	-7.65%	599,692	14,992,312
86	-5.60%	553,836	13,845,909
87	47.55%	522,822	13,070,538
88	-25.01%	771,447	19,286,173
89	-12.51%	578,473	14,461,825
90	-15.95%	506,089	12,652,236

注：（1）表格中的收益率是为了案例假设的，主要思路是市场先跌后涨。

（2）老王按照原计划每年从退休账户中取出4%作为生活费。当账户里的资金减少的时候，4%

第 11 章　资产配置，打造自己的"生钱机器"

的比例已经不足以支付生活费，那么为了生活老王需要支取更多的钱。所以每年支出金额按照账户总资产的4%，或者80000元加上每年通货膨胀后的生活成本，两者取较大的。

（3）假设每年的通货膨胀率是2%。

我们发现，虽然老王每年支出的钱比老张多，但是账户的余额在一直增加。到老王90岁的时候，账户里面有1265万多元。按照这个趋势发展下去，老王不但可以富余地过晚年生活，还可以留下一笔遗产给后人。

除股票之外，我们看看其他资产的收益率和最大回撤的情况。这里的结论主要来自对过去100年间美国市场的研究，因为中国市场存在的时间相对较短，数据较少，我们就不做说明了。从已有的数据来看，得出的结论还是非常有代表性的，如表11.4所示。

表 11.4　各类资产的长期年平均收益率和历史最大回撤

资产类别	长期年平均收益率	历史最大回撤
股票	8%～10%	40%～70%
债券	2%～4%	20%
黄金	6%～7%	60%
大宗商品	5%～6%	超过80%
房地产	8%～10%	40%～60%

我们可以发现，在这些资产大类中，除了债券，其他资产的历史最大回撤都超过了50%，而投资者的心理防线大多在30%～40%左右，当手里的资产失去一半的时候，大多数人的心理状态都是接近崩溃的。即使从长期来看，未来在很大概率上还是会涨上来的，但是当下大多数人都承受不了这样的账面损失，更别说在需要用钱时不得不割肉离场的情况。

这就是那些投资大师们都推崇通过资产配置、建立投资组合来分散风险的原因。现代投资组合理论之父哈里·马科维茨说过："分散投资就是免费的午餐。"

耶鲁大学捐赠基金会的管理人戴维·斯文森对此有过这样的补充："对于任何一个收益率水平，如果你分散投资的话，你就可以达到相当的收益率水平，而承担的风险更低了；或者对于任何一个风险水平，如果你分散投资，风险水平是相同的，但是你可以获得更高的收益水平。所以，分散投资是免费的午餐。分散投资让你的组合更好，要么收益更高，要么风险更低。"

这就是我们建立投资组合的目的，通过分散风险，在控制风险的前提下，获得更高的收益。

11.2 投资组合的关键要素

衡量一个投资组合的好坏，有两个主要的指标，一个是收益率，另一个是最大回撤。收益率越高越好，最大回撤越小越好，我们看看是什么在影响这两个指标。

11.2.1 投资组合的收益率担当

我们都理解，收益率肯定是越高越好。在第 1 章里面，我们就已经明确地表述过，回顾人类金融史，股权是长期收益率最高的资产，没有之一，并且远超过其他资产。那么在一个投资组合中，股权类资产肯定是收益率担当，如果希望收益率高，就要加大股权类资产的投资比例。

但是，股权类资产也有很高的波动性，尤其是个股资产。这时候我们需要想到分散投资。

戴维·斯文森曾经在采访中说过："如果你决定买指数基金，你就分散到可能的最大程度，因为你拥有了整个市场所有的股票。这就是指数基金一个最大的好处，这是指数基金创始人约翰·博格给美国投资人做的大好事。这让投资者有机会用低成本的方式来购买整个市场。"

即使采取分散投资，整个股票市场还是有很大的波动性，所以我们还需要找到能够减少波动的因素。

11.2.2 是什么在影响波动

1986 年，Gary P. Brinson、Randolph Hood 和 Gilbert L. Beebower 三位著名学者发表了一篇名为《投资组合业绩表现的决定因素》的论文。这篇论文里面有一个结论：在投资组合回报的波动性中，有 93.6% 都是由资产配置决定的，而市场择时和产品选择的贡献可以忽略不计。

当时这个结论就让整个投资界感到非常惊讶，因为当时的投资机构都把大量的时间和精力放在了择时和产品选择上面。

1991 年，又有三位学者对这项研究进行了后续的补充，在更换了一些研究对象和研究方法之后，他们得出的结论是：在投资组合回报的波动性中，有 91.5% 是被资产配置决定的，其他两项因素可以忽略不计。

直到这个时候，华尔街投资界才对"资产配置对投资组合回报的波动性有决定性的影响"这个结论达成了共识。

11.3 大师们的投资组合方案

具体怎样建立一个投资组合呢？说起来简单，就是将一些资产类别按照一定的比例组合在一起，就像是一个菜谱。但好的投资组合需要在市场中打磨，不断地调整，最终沉淀下来的也只是原则性的配方。

所以有人说投资是一门艺术，在打造投资组合这件事上，这句话真的非常贴切，你需要像打磨一件作品一样去打磨你的投资组合。

接下来我们为大家介绍几个常见的投资组合方案，它们大多出自投资大师之手，并且经历过市场的验证。我们可以根据自己的情况选择适合自己的方案，并将其应用在实际投资中。

11.3.1　60/40 组合

60/40 组合非常直观和简单，就是 60% 的股票资产（如股票指数基金）加上 40% 的债券。

60/40 组合是一个最基础的投资组合，经常被用来作为其他投资组合的比较基础。从模拟 60/40 组合在美国市场中的历史业绩来看，从 1987 年 1 月至 2021 年 4 月，平均年化收益率是 9.24%，标准差是 9.44%，历史最大回撤是 30.54%，如图 11.3 和图 11.4 所示。

对于之后介绍的投资组合，我们都用 60/40 组合的表现数据来做比较，看看不同投资组合的优劣势。

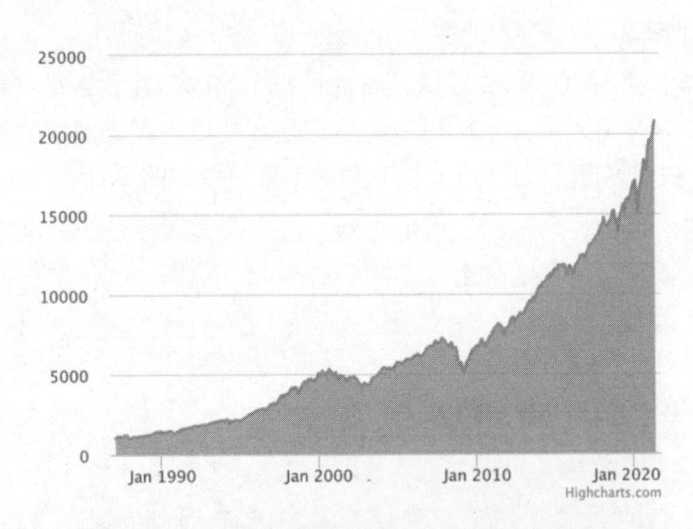

图 11.3　60/40 组合在美国市场中的历史收益表现

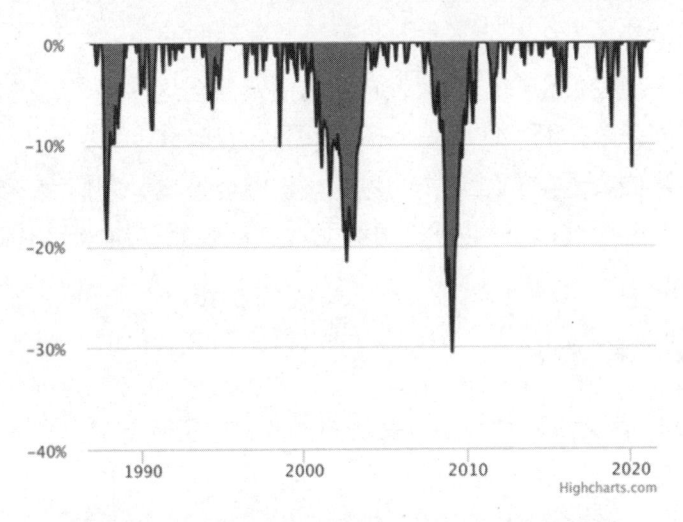

图 11.4　60/40 组合在美国市场中的历史最大回撤

11.3.2　永久组合

永久组合最早是由哈里·布朗（Harry Brown）在 20 世纪 80 年代提出的。哈里·布朗是美国有名的投资人，也非常热衷于向公众讲授投资的奥秘。

他在 1970 年就开始思考一个问题：有没有一种投资策略，在任何市场环境下都能保护投资者，让大家获得安全、稳定、长期的回报，同时又非常简

第 11 章 资产配置，打造自己的"生钱机器"

单，哪怕最不懂投资的人也能使用？

直到 1987 年，哈里·布朗出版了《为什么最周密的投资计划通常会失败》一书，第一次向公众提出了"永久组合"。这本书的副标题是"如何在不确定的世界中获得稳定的利润"，可见永久组合就是哈里·布朗找到的答案。

永久组合究竟是什么样的呢？非常简单，永久组合是由股票、债券、黄金和现金（或者国库券）等按比例构成的，如图 11.5 所示。

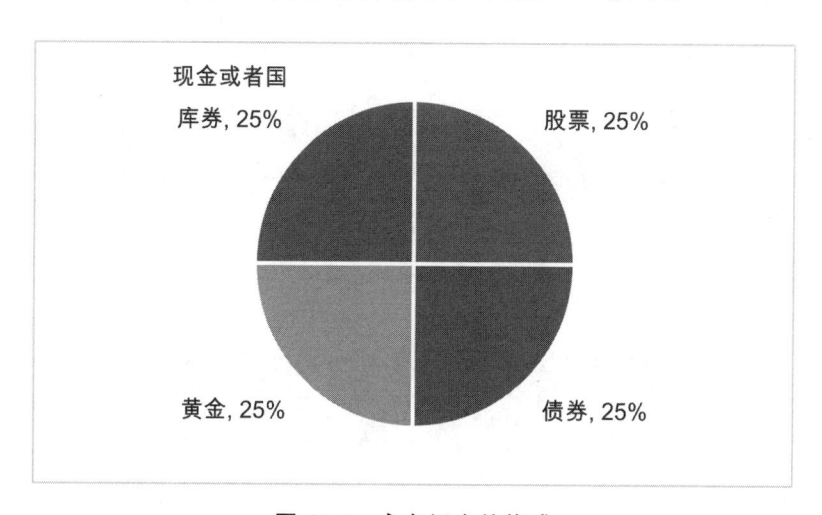

图 11.5 永久组合的构成

注：国库券是国家发行的期限在一年以下的国债，我国目前已经不多见了，可以使用货币基金来代替。

永久组合一经推出就获得了行业的认可和市场的欢迎。通过模拟永久组合自 1978 年到 2021 年 4 月 30 日的表现，我们得到其年平均收益率是 8.37%，标准差是 7.19%，最大回撤是 12.62%，发生在 2008 年金融危机期间。图 11.6 所示是永久组合的历史收益表现。

如果你在 1978 年 1 月投资 1000 美元到永久组合，那么在 2021 年 4 月 30 日，你的资产达到 32556.95 美元。永久组合在历史上每年的最大回撤如图 11.7 所示。

除两次大的金融危机之外，永久组合的历史回撤都在 7% 以内。即使 2008 年在金融危机的影响下，永久组合的最大回撤也只有 12.62%，对比之前列举的单个资产类别，永久组合对最大回撤的控制是非常好的。

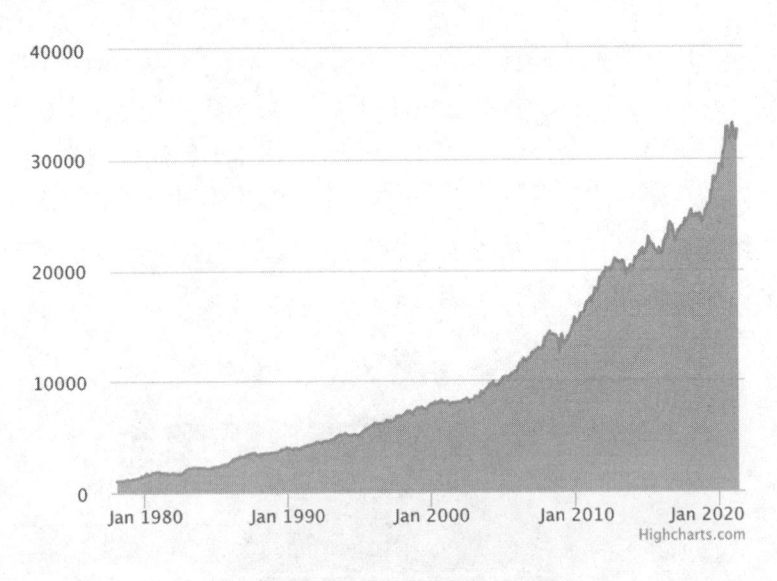

图 11.6　永久组合的历史收益表现

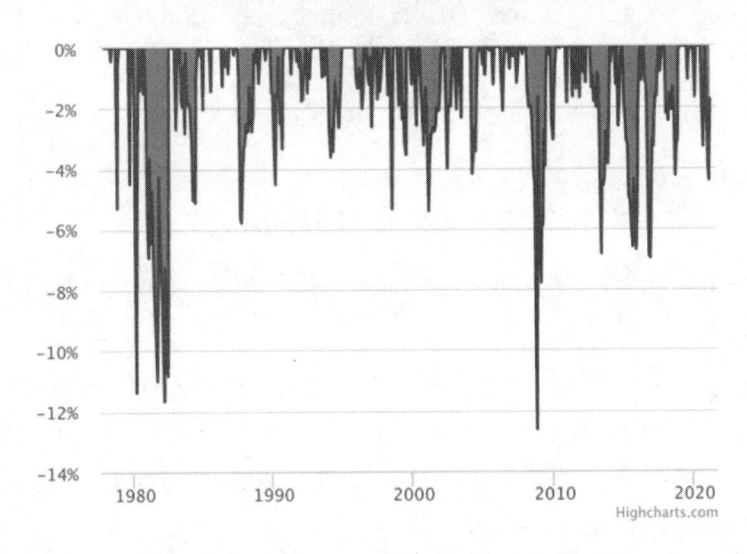

图 11.7　永久组合在历史上每年的最大回撤

和 60/40 组合相比，永久组合的年平均收益率要略低于 60/40 组合，但是其对最大回撤的控制要比 60/40 组合好得多。

11.3.3　斯文森组合

对于耶鲁大学捐赠基金会的掌舵人戴维·斯文森，我们应该不陌生了，本书多次引用了他对市场和投资的深刻观点。戴维·斯文森通过多元化投资组合将耶鲁大学捐赠基金从 1985 年的 10 亿美元增加到 2020 年的 312 亿美元，成为一代传奇投资人，也让其他美国大学的基金运作深受启发。在其著作《开创性投资组合管理》中，他介绍了几乎重塑投资界的“耶鲁模式”，这本书现已进入许多商学院的必读清单。

耶鲁大学捐赠基金的资产配置从 1989 年开始经历了巨大的变化，一开始和所有大学捐赠基金一样，只投资股票、债券和房地产，开始慢慢加入非上市公司股票、绝对收益、自然资源等，如图 11.8 所示。

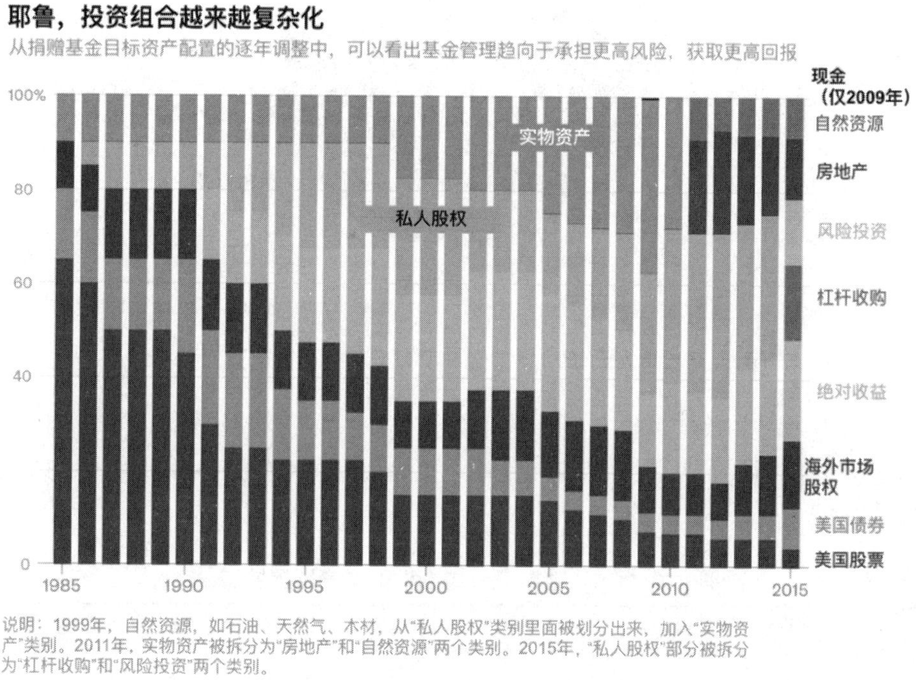
耶鲁，投资组合越来越复杂化
从捐赠基金目标资产配置的逐年调整中，可以看出基金管理趋向于承担更高风险，获取更高回报
100%
80
60
40
0
1985
1990
1995
2000
2005
2010
2015
实物资产
私人股权
现金（仅2009年）
自然资源
房地产
风险投资
杠杆收购
绝对收益
海外市场股权
美国债券
美国股票
说明：1999年，自然资源，如石油、天然气、木材，从“私人股权”类别里面被划分出来，加入“实物资产”类别。2011年，实物资产被拆分为“房地产”和“自然资源”两个类别。2015年，“私人股权”部分被拆分为“杠杆收购”和“风险投资”两个类别。

图 11.8　耶鲁大学捐赠基金的资产配置头寸变化（1985 年—2015 年）

通过 2020 年耶鲁大学公布的 2021 年资产配置目标头寸，我们看到其中美国国内股票和债券的比例已经很低了，新增加的绝对收益、风险投资、杠杆收购和自然资源的比例都在大大提升，如图 11.9 所示。我们从中可以看出耶鲁大学捐赠基金和戴维·斯文森对资产配置与风险分散的理解和实践。

我们发现在 2021 年的资产配置目标头寸里面，占比例最大的三个类别分别是绝对收益、风险投资和杠杆收购，一共占到头寸的 64.5%。然而，对普通投资者来说，这三个类别几乎都是无法参与的。那么，"耶鲁模式"对普通投资者来说还有实践价值吗？

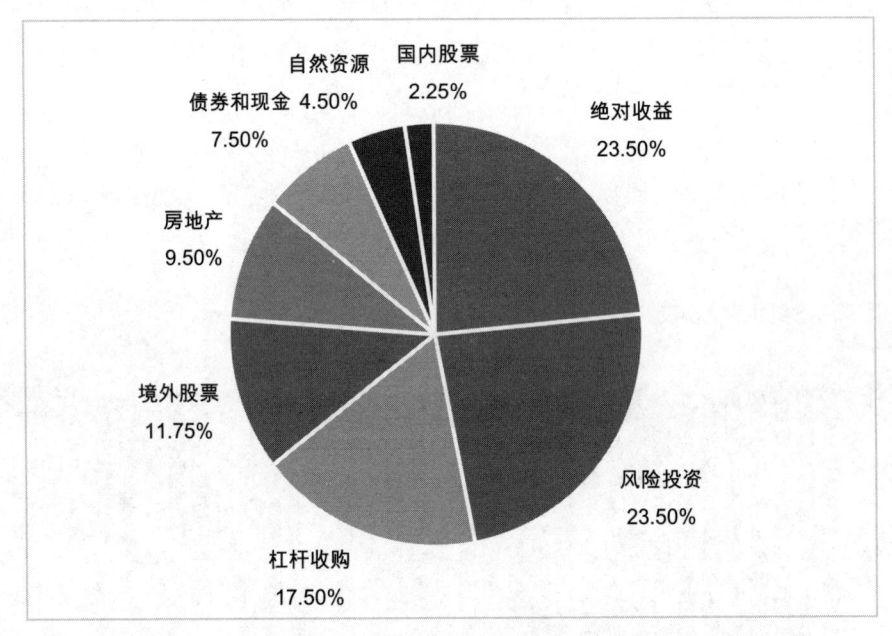

图 11.9　耶鲁大学捐赠基金在 2021 年的资产配置目标头寸

戴维·斯文森给普通投资者提供了一个简化版的策略，即"稻草人组合"，不过人们更习惯称其为"斯文森组合"。我们来看一下这个投资组合的构成，如表 11.5 所示。

表 11.5　"斯文森组合"的资产配置方案

资产	比例
美国大盘股	30%
其他发达国家的股票	15%
新兴市场国家的股票	10%
三十年期美国国债	15%
通货膨胀保值债券	15%
房地产信托基金	15%

注：其中，通货膨胀保值债券是美国财政部发行的一种与通货膨胀挂钩的债券，通胀上升，债券价格也会上涨，反之同理，我国目前没有类似的产品。

第 11 章 资产配置，打造自己的"生钱机器"

"斯文森组合"是一个股票占 70%、债券占 30%的组合。70%的股票又分成了美国大盘股、其他发达国家的股票、新兴市场国家的股票和房地产信托基金。30%的债券分为三十年期美国国债和通货膨胀保值债券，如图 11.10 所示。

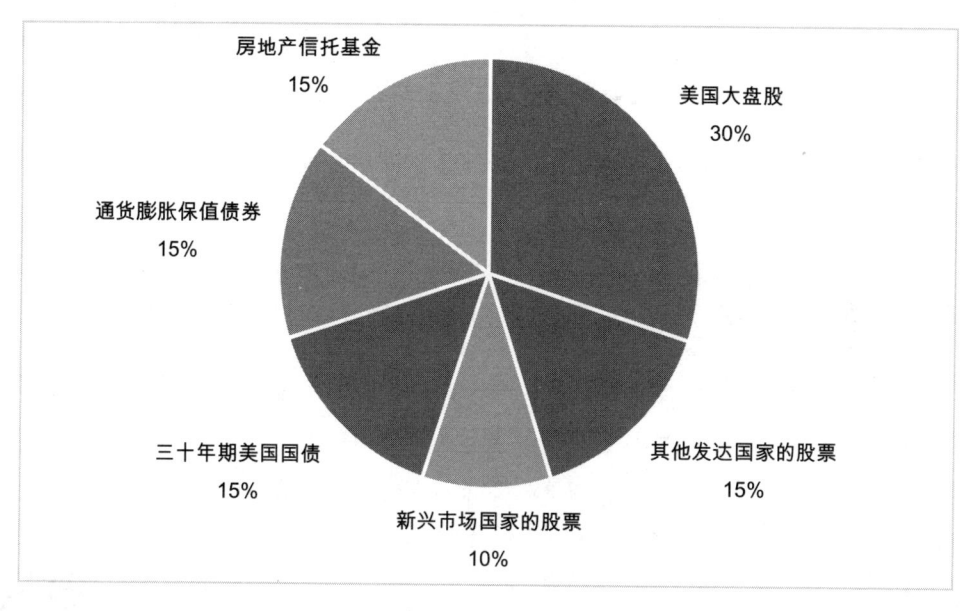

图 11.10 "斯文森组合"的资产配置方案

我们来看看这个组合的历史表现。从 2001 年 1 月到 2021 年 4 月，"斯文森组合"的年平均收益率是 8.43%，标准差是 10.96%，最大回撤是 39.46%。

11.3.4 全天候策略（All Weather Strategy）

全天候策略是一种可以应对任何"市场天气"的策略，目标是不论市场朝哪个方向发展，全天候策略都可以相对稳定地获取收益。全天候策略出自雷·达里奥（Ray Dalio）和他掌管的桥水基金。

雷·达里奥按照通货膨胀的预期和经济增长的预期，将市场归结为 4 种经济季节，代表可能出现的 4 种不同的经济环境，它们最终会导致资产价格的上涨或者下跌，如图 11.11 所示。

和大自然的四季不同的是，经济季节的出现并没有按照一定的顺序，总是来得出其不意。

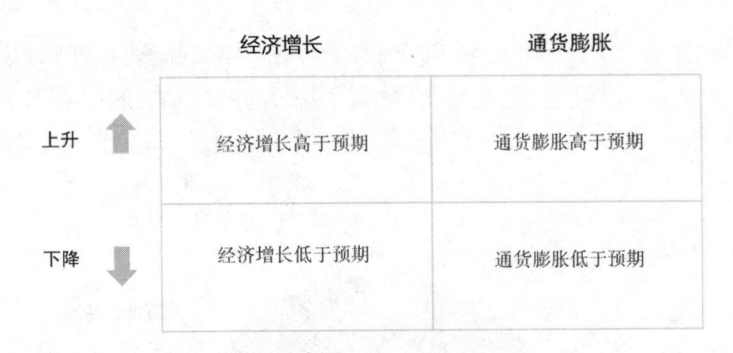

	经济增长	通货膨胀
上升 ↑	经济增长高于预期	通货膨胀高于预期
下降 ↓	经济增长低于预期	通货膨胀低于预期

图 11.11　基于通货膨胀和经济增长的预期划分的 4 个经济季节

图片来源：《钱：7 步创造终身收入》。

全天候策略的思想是，如果只有 4 种潜在的经济季节或者 4 种经济环境，那么你应该把你的资金分成 4 等份，分别配置到 4 个经济季节中对自己最有利的不同类型的资产上。这听起来很厉害，但是就连雷·达里奥自己也说，他管理的全天候投资策略对冲基金，用的是需要高超技巧才能掌握的复杂投资工具，他们还经常运用杠杆借钱融资来让收益最大化。

那么作为普通投资者，是不是就不能体验到这种策略的好处呢？

好在雷·达里奥也给普通投资者做过一个简化的全天候策略，效果虽然没有桥水基金在用的好，但是原则是一致的。让我们来看看简化的全天候策略的资产配置方案，如表 11.6 所示。

表 11.6　简化的全天候策略的资产配置方案

资产	比例
股票	30%
中期国债（期限是 7~10 年）	15%
长期国债（期限是 20~25 年）	40%
黄金	7.5%
大宗商品	7.5%

首先，把 30% 的资产配置在股票上。在这个篮子里，要进一步分散投资，你可以买股票指数基金。

其次，把 15% 的资产配置在中期国债（期限是 7～10 年）上，把 40% 的资产配置在长期国债（期限是 20～25 年）上。因为股票的风险（即波动性）是债券的 3 倍，所以要用更多的债券才能平衡股票的波动性。全天候策略的

第 11 章 资产配置，打造自己的"生钱机器"

核心理念是平衡风险及波动性，而不是平衡资金额度。

最后，配置 7.50% 的资产到黄金上和 7.50% 的资产到大宗商品上。雷·达里奥是这样解释的："你必须在这个组合里配置一块资产，能在加速通货膨胀的时候表现得很好，所以你要配置一部分资产到黄金和大宗商品上。黄金和大宗商品的价格波动性很大。因为会出现这样的经济情况，快速通货膨胀形成股债双杀，股票和债券同时受到严重打击。"

至此形成了图 11.12 所示的资产配置比例。

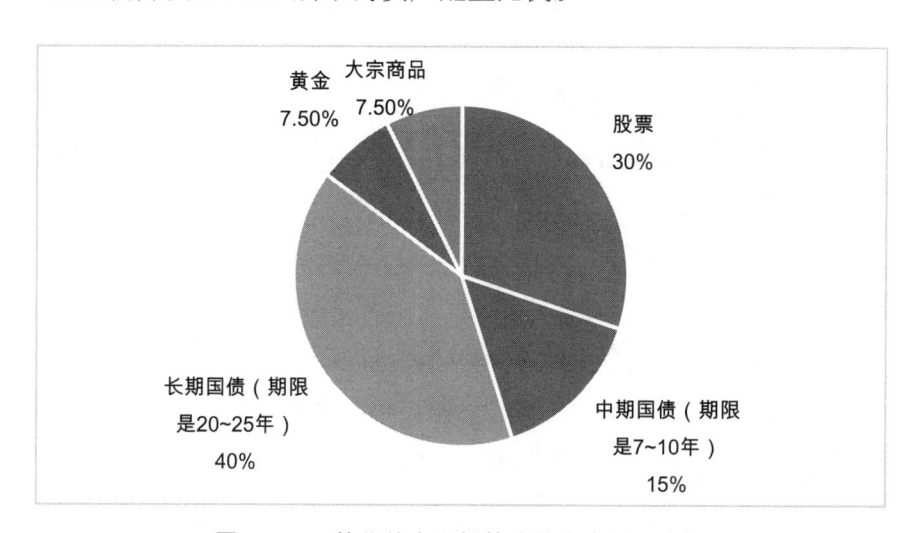

图 11.12 简化的全天候策略的资产配置比例

从 2002 年 7 月到 2021 年 4 月，模拟的全天候策略的年平均收益率是 7.92%，波动标准差是 6.90%，历史最大回撤是 12.19%，在波动和最大回撤方面还是表现得非常好的。

我们比较一下介绍的四种不同的投资组合，考虑到可比性，我们取过去 10 年作为考察区间，如表 11.7 所示。

表 11.7 四种投资组合在过去 10 年中的市场表现比较

组合名称	10 年的平均收益率	波动标准差	最大回撤
60/40 组合	9.88%	8.48%	−12.29%
永久组合	5.95%	6.17%	−6.98%
斯文森组合	8.96%	9.21%	−13.19%
全天候策略	7.21%	5.97%	−6.93%

需要注意的是，每一个投资组合都有适合的市场环境，即使确定了资产大类，不同产品标的的选择也会有一些影响，所以并不能说之前表现好的组合之后一定也表现好。这些投资组合都是投资大师们带给我们的启发，我们应该像投资大师一样，细心、耐心地打磨自己的投资组合。

11.3.5　核心—卫星投资组合

上面的几个投资组合都相对比较具体，核心—卫星组合则是一个大概的框架，给了投资者很多发挥的空间。

核心—卫星投资组合，顾名思义，由两部分组成，即核心部分和卫星部分。

核心部分由跟踪主要指数的被动管理型基金构成，如标准普尔500指数基金、沪深300指数基金，所占比例不低于50%。

卫星部分由主动管理型的资产构成，这部分就非常灵活了，投资者可以根据自己的喜好和风险承受能力自行选择。

核心—卫星组合的构建案例如图11.13所示。

在图11.13所示的核心—卫星组合中，核心资产占到60%，选择了覆盖大部分市场的股票宽基指数基金；卫星资产占40%，分成4份，每份占10%。

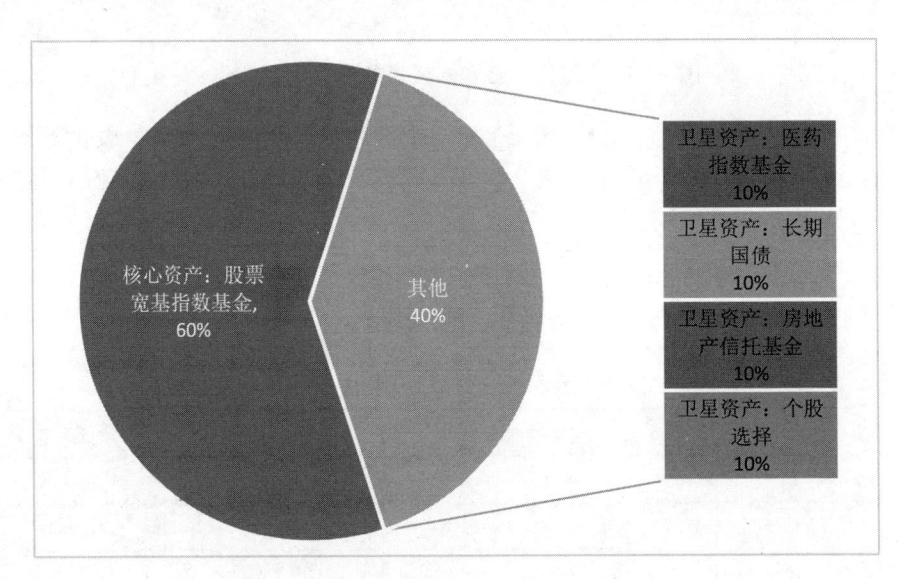

图 11.13　核心—卫星组合的构建案例

第 11 章　资产配置，打造自己的"生钱机器"

在这个组合里面，投资者可以按照自己的喜好和风险偏好来选择资产。例如，在这个案例里面，投资者选择了长期国债和房地产信托基金，各占10%，还选择了具有更高风险的医药指数基金，占到10%，最后剩下10%，用来满足自己选择交易的需求，用主动管理的方式选择一些个股。

核心—卫星组合的优势一方面表现在用股票指数基金打造坚实的核心部分，用卫星部分进一步分散风险；另一方面给投资者留下一些空间可以做主动管理，投资者可以投资一些高风险、高收益的资产，如个股、艺术品、非上市公司的股票等。

不过需要注意的是，在核心—卫星组合里面，主动管理型资产所占的比例不应该超过15%，保持在5%~10%是比较合理的。

核心—卫星组合是一个组合的构建框架，可以和之前介绍的组合方式结合。例如，核心部分使用60/40组合，占比80%，在卫星部分中，10%是房地产信托基金，剩下10%是个股选择，如图11.14所示。

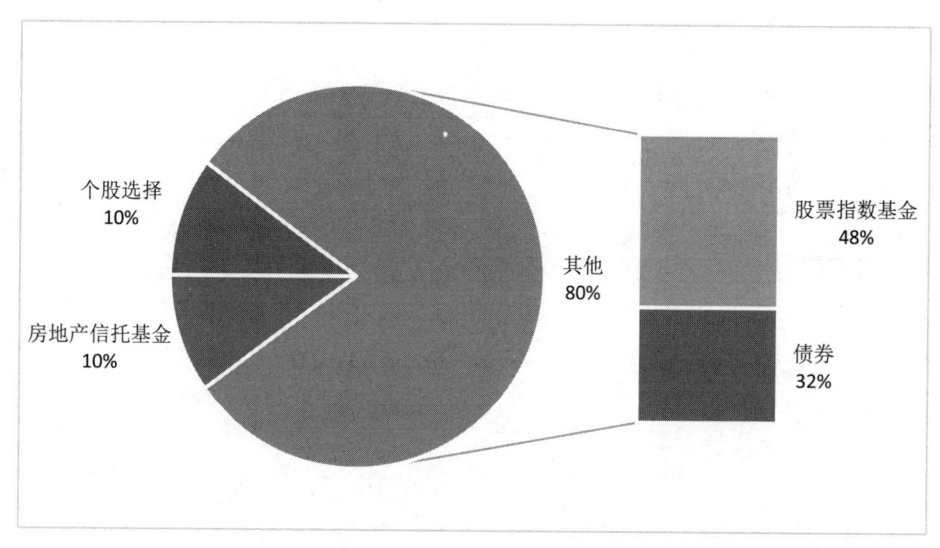

图 11.14　核心—卫星组合和 60/40 组合结合的投资组合示意图

除此之外，大家可以根据自己的风险偏好和资产喜好构建自己的投资组合，和时间做朋友，打造属于自己的"生钱机器"。

11.4 投资组合的再平衡

不管你选择哪一种投资组合方式,都需要在投资组合构建一段时间之后做投资组合再平衡(Portfolio Rebalance)。

11.4.1 什么是投资组合再平衡

在投资组合建立之初,我们会给每一种资产设定一个目标百分比,通常叫作"头寸"。随着时间的流逝和市场的变化,每一种资产的头寸会发生变化。例如,在一段时间内股票资产涨幅很大,那么股票在投资组合中的比例就会超出目标头寸。此时,我们要卖出股票资产,买入其他头寸降低的资产,让投资组合依然保持我们设定好的结构比例。

所以,投资组合再平衡是周期性的,通过卖出头寸增加的资产,买入头寸降低的资产,来让投资组合保持最初的资产配置水平和风险水平。

我们用最简单的60/40组合来举例,如表11.8所示。

表11.8 60/40组合的再平衡示例

资产名称	目标头寸	偏离头寸情况一	偏离头寸情况二
股票指数基金	60%	50%	70%
债券	40%	50%	30%
操作		卖出债券,买入股票指数基金	卖出股票指数基金,买入债券

11.4.2 投资组合再平衡的好处

投资组合再平衡有两个基本假设。

首先,不同资产之间会有轮动效应:不同资产适合不同的市场环境,不会有一直上涨的资产,每种资产都有自己的价格变化周期,不同资产上涨和下跌的时间段不尽相同。

其次是"均值回归"假设:当某一种资产的价格经历了大幅的上涨或者下跌时,从长期来看,价格有向中间回归的趋势,这也是股票市场中的"价格回调"。

基于这两个假设,投资组合再平衡的好处就很容易理解了。

第 11 章 资产配置，打造自己的"生钱机器"

1．投资组合再平衡可以帮助投资者增加实现长期投资目标的可能性

我们在设定投资组合的时候，是按照长期的历史数据来判断年均收益率目标的。例如，我们设置的投资组合的复利年收益率是 10%，在 15 年后资产应该能达到原来的 4 倍。但是，市场是不断变化的，波动不可预期，有可能 15 年后正好赶上大萧条，或者这 15 年都是大牛市，资产很可能超出预期范围。投资组合再平衡可以保证风险、收益的相对平衡，从长期来看，可以增加实现目标收益率的可能性。

但是，我们要注意一点，投资组合再平衡并不会提升收益率，只是增加实现目标收益率的可能性。因为投资组合再平衡在牛市的时候，把因上涨偏离目标头寸的股票卖出，买入债券，如果牛市一直持续，就会降低收益率，而不是提升。

投资组合再平衡只是让收益率能够更接近我们的目标，让收益率的预期更可控。这也再次显示了投资组合长期、稳健、可预期的特点，投资组合一定不是在短期内可以用来以小博大的工具。

2．投资组合再平衡限制了资产配置与目标配置的偏离程度，达到风险控制的目的

投资组合再平衡会将偏离原始设置的资产调整到目标头寸，从而避免将投资组合过度集中于某一类资产，避免一些不必要的财务风险和流动性风险产生。特别是一些波动比较大的资产，如股票等，会在短时间内上涨很多，如果不及时做再平衡，很可能在接下来的时间里迅速跌回到原来的位置，或者更低。

同时，当某一类资产的价格由于增长偏离初始头寸的时候，意味着这类资产可能处于被高估的风险当中，投资组合再平衡可以减少此类风险出现的可能性。

3．投资组合再平衡可以减少非理性交易

在整体上，指数基金、定投、投资组合都在教大家如何利用被动管理型基金这种投资工具，建立简单的投资规则，实现分散风险、降低投资成本的目标，甚至在长期收益上击败市场。

期间最大的敌人就是我们自己的情绪或行为：市场下跌时的恐惧、市场上涨时的贪婪，以及被一些表现好的资产吸引而产生的追涨杀跌的冲动。

投资组合再平衡在资产配置的基础上进一步释放了择时的压力。你不需要频繁地去判断一类资产的价格是高了还是低了,只需看你愿意配置多少比例的资产在它上面,当超出这个比例时你可以卖一些,当低于这个比例时你可以买一些,如此简单。投资组合再平衡也可以算是一种仓位控制手段。

投资组合再平衡本身就是巴菲特那句"在别人贪婪时恐慌,在别人恐慌时贪婪"的最好实践。例如,你采用的是 60/40 组合,股票占 60%,债券占 40%,一旦股市大涨,当所有人都吵着要"开户进场""卖房加仓"的时候,投资组合再平衡规则会要求你适量卖出股票,实现逆向操作,避免了情绪化的干扰。

11.4.3 投资组合再平衡的步骤

投资组合再平衡的操作非常简单,一共有三步。

1. 查看自己的投资组合

很多人的投资组合分布在不同的账户里面,我们需要把它们汇总在一个表格里面,方便跟踪和检查。用一个最简单的 Excel 表格就可以完成这件事情,如表 11.9 所示。

表 11.9 投资组合的资产配置统计表格示例

资产类别	目标头寸	资产价值	目前头寸	目标资产价值	差距
国内股票	30%	87,231	32.5%	80,529	−6,702
境外股票	25%	60,872	22.7%	67,108	6,236
债券	25%	58,894	21.9%	67,108	8,214
房地产	15%	45,992	17.1%	40,265	−5,727
黄金	5%	15,442	5.8%	13,422	−2,020
总计	100%	268,431	100.0%	268,431	0

投资组合的资产配置统计表格将作为我们进行投资组合再平衡的基础。

2. 确定资产配置的目标头寸

对大多数普通投资者来说,资产配置的目标头寸就是我们建立投资组合时的初始头寸。但是,一些有经验的投资者会根据市场变化,每年对投资组合做略微的调整。例如,耶鲁大学捐赠基金会每年都会公布第二年的组合目标头寸,会在上一年的基础上做稍许的调整。

投资新手可以按照本书介绍的经典投资组合,设定一个组合比例,在之后的 1~3 年就按照目标头寸不变来做投资组合再平衡。随着对市场的熟悉和对投资组合理念的理解更加深刻,投资新手可以逐步调整自己的组合目标头寸。

3. 交易操作

确定了目标头寸,就可以进行买卖操作了。卖出超出目标头寸的资产,买入低于目标头寸的资产,让整个组合达到平衡。在实际操作中,我们会遇到一个现实的问题:因为价格在变化,我们很难分毫不差地把头寸对整齐。这个时候我们可以将资产头寸调整到一个目标区间内,这个区间可以根据基准目标头寸和投资者的风险偏好确定。例如,当股票的基准目标头寸为 60%,投资者的偏离容忍度为 5% 时,股票头寸的目标区间就是 55%~65%,这个区间之内都是再平衡可以接受的范围。对于目标头寸原本就小的资产,偏离度要相应地下调。例如,当黄金的基准目标头寸为 5% 时,偏离度设置在 1% 就比较合适,这个时候黄金的目标区间就是 4%~6%。

目标区间给投资组合再平衡提供了一些灵活度,也让投资者在操作的时候更轻松。

11.4.4 多久做一次投资组合再平衡

投资组合再平衡的步骤很简单,但是在实际操作过程中,投资者会遇到一个很现实的问题:应该多久做一次投资组合再平衡。

这个问题在投资界没有定论。投资组合再平衡做得太频繁,会增加交易成本,而且可能使投资者错失个别资产的大行情;投资组合再平衡的间隔周期太长,又会使投资者错失过程中的许多波动,也就是那些可以高抛低吸的机会。

在实践过程中,通常有两种确定投资组合再平衡的频率的方法。

第一种,以固定的时间周期为依据做再平衡。

这种方法简单明了,设定一个时间周期,到期就打开投资组合的资产配置统计表格来做再平衡。原则上至少每年做一次投资组合再平衡,时间太久就失去了再平衡的意义。通常我们建议以半年或者一年为周期来做投资组合再平衡。

在设定投资组合再平衡的周期的时候，还需要考虑一个因素，就是资产类别。对于大多数的股债组合，以半年或者一年为周期做投资组合再平衡就足够了。但是如果组合中加入了其他资产，如对冲基金、大宗商品等，对这些高波动的资产就要特别关注，有时候固定周期的投资组合再平衡不一定能够有效地控制风险。所以，投资新手要慎重选择这些高波动资产，如果选择将它们加入投资组合中，建议控制比例，不要高于10%。

第二种，以偏离度为投资组合再平衡的标准。

当投资组合的资产头寸偏离目标头寸一定比例的时候，我们就要进行投资组合再平衡。例如，当某一类资产偏离目标头寸20%以上的时候，就进行一次再平衡操作。

这种方法的一个最大的缺点就是要求投资者时刻关注自己的投资组合，更新资产头寸，不然就会错过进行再平衡的时机。

以上两种确定投资组合再平衡的频率的方法仅供大家参考。实际上，很多实证研究显示，我们应该保证每年做一次投资组合再平衡。除此之外，多一点儿或者少一点儿再平衡，对组合的影响不是很大，关键还是在于制定好规则，并有纪律地执行。

11.5　国内市场的资产选择

在介绍投资组合的时候，我们使用的是美国的数据，主要原因是国内金融市场发展比较晚，数据不如成熟市场的齐全。但是，我们介绍的构建投资组合的思路和方案，是可以应用到国内市场的。

我们就推荐的投资组合中用到的资产类别，给出了相应的国内市场中的指数，大家可以对照本书前面的内容，以指数为线索选择指数基金，在实操中搭建自己的投资组合。

要提醒大家的是，这里给出的并不是投资推荐，只是想给大家提供一些投资组合的运用思路。我们在选择具体投资产品的时候，还是要去基金平台查询产品的最新信息。按照我们之前介绍的选择指数基金的标准，考察成立

第 11 章 资产配置，打造自己的"生钱机器"

时间、规模、运作成本等因素，做出自己的选择。A 股市场可以用来构建投资组合的不同资产类别的指数如表 11.10 所示。

表 11.10 A 股市场可以用来构建投资组合的不同资产类别的指数

资产类别	跟踪指数	说明
国内股票	沪深 300 指数	比较有代表性的 A 股大盘宽基指数，指数成熟，相关产品丰富
	上证 50 指数	沪市大盘股，行业比较集中，成分股数量较少
	中证 500 指数	综合反映中国 A 股市场中一批中小市值公司的股票价格表现
境外股票	标准普尔 500 指数	包含美国市值较大、流通性较好的 500 只股票，指数成熟，相关产品丰富
	标准普尔全市场指数	包含美国市场几乎所有股票，在真正意义上覆盖整个市场，指数成熟，相关产品丰富
	纳斯达克 100 指数	包含纳斯达克证券交易所市值较大、流动性较好的 100 只非金融类股票，代表美国市场的新兴科技股，比标准普尔 500 指数和标准普尔全市场指数的风险偏高
债券	上证国债指数	样本由在上海证券交易所上市的固定利率国债构成，包含不同期限的国债
	上证 10 年期国债指数	样本由剩余期限为 7 到 10 年且在上海证券交易所挂牌的国债组成
	上证 5 年期国债指数	由剩余期限为 4 到 7 年且在上海证券交易所挂牌的国债组成
	上证城投债指数	由沪市剩余期限在 1 年以上、债项评级为投资级以上的信用债券样本组成

对于境外股票，投资者也有很多渠道可以直接投资，如购买以境外股票指数为跟踪标的的指数基金。

除此之外，还有两个大的资产类别，即黄金和房地产。

黄金最方便的投资方式是通过黄金 ETF 来配置。黄金 ETF 是指以黄金为基础资产进行投资，紧密跟踪黄金价格，并在证券交易所上市的开放式基金。投资者可以通过证券交易所中的二级市场购买黄金 ETF。黄金 ETF 的运作机制与股票ETF总体上类似。区别主要在于标的指数从股票价格指数变为单一的商品价格，成分股从一篮子股票变为单一的实物商品。

对房地产的投资有以下几种方式。第一种是直接购买房产，但是直接购买房产需要的资金量比较大，对普通投资者来说有一种替代方式是购买房地产信托投资基金（英文全称为Real Estate Investment Trusts，简称REITs）。房地产信托投资基金以物业项目的产权或房屋抵押贷款为基础资产，投资者可以通过ETF或者场外公募基金投资REITs。因为REITs直接挂钩房地产，在资产配置当中有非常重要的风险分散作用，所以非常受欢迎。

但要注意的是，目前我国的REITs还在发展阶段，还没有面向普通投资者的公募REITs。首批基于基础设施的公募REITs已经进入试点准备阶段，很快就会推向市场。我们相信基于商业地产和住宅的REITs也会很快出现在中国市场上。

最后，投资组合中的其他资产，如风险投资、古董、艺术品等，标准化程度低，风险高，投资渠道对普通投资者来说不容易接触到，我们就不多加说明了。

反侵权盗版声明

电子工业出版社依法对本作品享有专有出版权。任何未经权利人书面许可，复制、销售或通过信息网络传播本作品的行为；歪曲、篡改、剽窃本作品的行为，均违反《中华人民共和国著作权法》，其行为人应承担相应的民事责任和行政责任，构成犯罪的，将被依法追究刑事责任。

为了维护市场秩序，保护权利人的合法权益，我社将依法查处和打击侵权盗版的单位和个人。欢迎社会各界人士积极举报侵权盗版行为，本社将奖励举报有功人员，并保证举报人的信息不被泄露。

举报电话：（010）88254396；（010）88258888
传　　真：（010）88254397
E-mail：dbqq@phei.com.cn
通信地址：北京市万寿路 173 信箱
　　　　　电子工业出版社总编办公室
邮　　编：100036